普通高等院校
网络与新媒体专业系列教材

New
　Media
　　Advertising

新媒体广告

王静 主编

清华大学出版社
北京

内 容 简 介

随着网络与新媒体技术数字化、智能化的升级迭代,我国广告产业发展正在进入智慧社会的新时代。为全面贯彻落实党的二十大精神,顺应数字经济发展的新挑战,本书立足于中国本土背景和本土特色,深度契合数字技术发展脉络,内容涵盖了众多商业场景下的广告实务与价值创新,全面性、历时性梳理出新媒体广告的发展源流与未来趋势。

本书将广告服务视为有效促进数字经济高质量发展的重要力量,积极响应习近平总书记"广告宣传也要讲导向"重要精神指示,注重对互联广告法规、伦理与产业健康发展问题的回应,旨在培养具有家国情怀的创新性与复合性的传媒人才。

本书可作为我国本科院校及高职高专院校通用教材,适用学科涵盖网络与新媒体、营销、广告、新闻传播、视觉传达等,也可作为相关课程的参考教材,帮助读者扩展知识面。

本书封面贴有清华大学出版社防伪标签,无标签者不得销售。
版权所有,侵权必究。举报:010-62782989,beiqinquan@tup.tsinghua.edu.cn。

图书在版编目(CIP)数据

新媒体广告/王静主编. —北京:清华大学出版社,2023.12
普通高等院校网络与新媒体专业系列教材
ISBN 978-7-302-65084-3

Ⅰ.①新… Ⅱ.①王… Ⅲ.①传播媒介—广告—高等学校—教材 Ⅳ.①F713.8

中国国家版本馆 CIP 数据核字 (2023) 第 252992 号

责任编辑:施 猛 张 敏
封面设计:常雪影
版式设计:孔祥峰
责任校对:马遥遥
责任印制:丛怀宇

出版发行:清华大学出版社
网　　址:https://www.tup.com.cn,https://www.wqxuetang.com
地　　址:北京清华大学学研大厦 A 座　　　邮　编:100084
社 总 机:010-83470000　　　　　　　　　邮　购:010-62786544
投稿与读者服务:010-62776969,c-service@tup.tsinghua.edu.cn
质 量 反 馈:010-62772015,zhiliang@tup.tsinghua.edu.cn
印 装 者:北京同文印刷有限责任公司
经　　销:全国新华书店
开　　本:185mm×260mm　　印　张:12.25　　字　数:269 千字
版　　次:2023 年 12 月第 1 版　　印　次:2023 年 12 月第 1 次印刷
定　　价:49.00 元

产品编号:099471-01

前　言

一、技术是时代的座驾：移动通信技术成为媒介底层技术

尤瓦尔·诺亚·赫拉利(Yuval Noah Harari)曾在《来来简史》中写道，"历史不会允许真空，如果饥荒、瘟疫和战争的发生概率不断减小，必然要有其他事情成为新的人类议题"。这番对未来的大胆预言在如今看来仍然令人印象深刻，因为它确实在某种程度上被应验了。20世纪90年代以来，数字和通信技术的发展带来以互联网、移动互联网、大数据、人工智能、5G为标志的一系列变革，颠覆了社会生产方式，改变了社会结构，影响了人们的生活和思维方式。如今，元宇宙启发未来媒介形态，ChatGPT深化人机交互，一个数据化、全沉浸、可永生的赛博(源于希腊文Kyber，多指电脑仿生，人工智能)未来似乎就在人们眼前。技术的迭代之快令人瞠目结舌，时代的风向标不断变换，一个新风口也许还未得到充分开发便成为泡沫。此情此景，我们有必要"透过后视镜来观察目前"，倒着放映过去的技术爆炸[①]，看清技术如何成为社会发展的底层逻辑。

传媒经历了从口语，到文字、印刷，再到电子和网络的发展过程，传播观念由物质的运输到心灵沟通、无线电传输、象征符的传递，这是传播的历史，也是媒介的演变史。人类社会在传播中发展，从工业革命到信息革命，无论发明了多少新物件，无论产业发生了多大变革，无论社会风貌发生了多大变迁，有一条线都是贯穿始终的——传播的范围扩大、速度变快、方式更便捷，而这一切都是因为媒介技术的革新。

"技术是时代的座驾"，媒介技术哲学学者马丁·海德格尔(Martin Heidegger)如是说道。在海德格尔的眼中，传统技术的本质是解蔽(指排除主观之种种障碍因素，以准确反映客观实际)，而现代技术以"座驾"的方式构造世界。现代技术的本质是"座驾"，是一种世界的构造，它与传统技术有着本质区别：传统技术受文化的约束和支配，而现代技术反过来构造、支配文化。印刷技术的发明带来报业的繁荣，声音和影像传输技术的出现使广播电视进入黄金时代，移动通信技术的发明和迭代则促使移动互联网快速更新、不断完善。即使每一种大众媒介都有其底层支撑技术，但移动通信技术作为座驾而建构的是一个全新的时代——一个技术具有惊人再生力和毁灭性影响力的时代。

[①] 胡泳.数字位移：重新思考数字化[M].北京：中国人民大学出版社，2020：3-4.

不同于印刷技术、声音和影像传输技术的被动迭代，移动通信技术始终以自我否定的形式更新。1G时代，移动语音通信起步，人类借此进入移动通信时代；2G时代，数字技术与互联网相关技术开始融合，新的媒介形态——手机出现，人类进入数字时代；3G时代，智能手机崛起并大规模普及，各类互联网技术有了用户基础，人类真正进入移动互联网时代；4G时代，带宽更高、网速更快、资费降低、智能手机大幅降价，移动互联网迎来爆发式发展；5G时代，技术进一步推进移动化和智能化两大媒体发展的趋向，以ChatGPT为代表的AIGC技术的异军突起标志着万物皆媒、人机共生的智媒时代来临。

从1G时代到5G时代，移动通信技术已然成为媒介底层技术，并渗透进各行各业，全面重塑了社会形态，构造了新的社会文化。

二、巴别塔的想象——Web 1.0时代

在厚载人类美好未来愿景的Web 1.0时代，技术成为社会基建的起始点。以半开放、中心化、信息化、互动性、连接性为特点的Web 1.0时代是以技术创新为主导的时代。信息技术的运用和变革对网站的新生与发展起到了关键性的作用：新浪最初以技术平台起家，搜狐以搜索技术起家，腾讯以即时通信技术起家，盛大以网络游戏起家。在社会层面，信息工业与网络经济兴起带来了更多元的社会文化，对人类共通的理想世界的隐喻——"巴别塔的阶梯"隐隐出现：论坛兴起，承载着人们主动表达的期许；网络大众传播发展，一个开放与中心并存的传播环境形成。

同时，信息工业与经济的兴起带来了传媒产业的新气象，作为信息传播活动的广告亦产生了门户网站广告和搜索引擎广告两种新形态，并带来了新的商业模式。依托信息容量巨大的门户网站，通过投放与网站定位契合的广告，门户网站广告以其传播效果集中而受到广告主青睐。而基于搜索引擎的广告在10年间便完成了从新生事物到主流广告模式的蜕变：从只有"用户"没有"客户"的雏形到以"竞价排名"为代表的付费模式形成，再从单纯的关键词广告形式拓展到内容关联广告形式，搜索引擎广告虽起源于Web 1.0时代，却在Web 2.0甚至Web 3.0时代仍在继续发展[①]。

虽然Web 1.0时代的新广告模式有缺陷，但此时用户中心逻辑开始建立，数据驱动思维开始形成，它为互联网下半场的Web 2.0时代，乃至于智能化的Web 3.0时代的新媒体广告发展奠定了基础。纵使人们对Web 1.0时代的巴别塔式想象最终破灭于对空言说的无奈中，但此番愿景与技术向善的理念结合，将引领人类继续走向更美好的未来。

三、微粒化社会的形成——Web 2.0时代

经过多年的技术发展，我们进入了一个数字化的时代，或者说一种数字化生存状

---

① 舒咏平，鲍立泉. 新媒体广告[M]. 2版. 北京：高等教育出版社，2016：158-159.

态。Web 2.0是指由用户主导生成内容的互联网应用模式。它是一种用户参与的架构，相比Web 1.0的"只读"，Web 2.0具有强烈的交互性、个性化等特征。

互联网在2004年左右经历了蜕变，其在网速、光纤基础设施和搜索引擎等方面有了较大的发展，因此用户对社交、音乐、视频分享和支付交易的需求大幅上升。用户对社交属性的需求也催生出了许多互联网企业，这些企业创造了新的媒介形式——社交媒体。社交媒体是以开放性、交互性、流动性为技术逻辑的Web 2.0时代最具创造性的媒介发明之一。它是搭建在虚拟空间的"咖啡馆"，是人类信息共享、交流互动、传递民主的集合体。虎扑、百度贴吧等社交媒体平台为用户提供了社交功能；百度为用户搜索海量互联网信息提供了捷径。这种更具互动性的全新互联网体验为用户带来了许多新的功能，并提升了用户体验。在Web 2.0时代，技术的发展使得用户的身份发生了很大的转变——用户成为中心。

可以说，用户中心地位的深化对各行各业的底层逻辑产生了深远影响。在广告领域，广告主愈发看中消费者在广告中的卷入度，品牌更是鼓励消费者参与对话，由此，社交媒体广告、电商广告等形态兴起。从广告领域的细小切口中可以看见，一个个体被看见、被听见，新的连接和组合形成颗粒度更小的微粒化社会到来了，社交媒体传播的Web 2.0时代有了全新的社会价值。

四、数字交往的未来——Web 3.0时代

自20世纪末以来，任何一轮新技术革命浪潮都会对个人以及社会产生深远的影响。尽管我们还无从得知Web 3.0能否成为下一代互联网的最终形态，但是中国互联网正在用最新的技术和应用勾勒新一代互联网的模样。

Web 3.0最大的突破是解决了数据属于谁的问题，可以实现"我的数据我做主"。天津大学教授李克秋表示，在Web 3.0时代，用户所创数字内容的所有权和控制权都归属于用户，用户所创造的价值可以由用户自主选择与他人签订协议进行分配。在这种情况下，数字内容不仅是简单的数据，而是用户的数字资产，应该得到资产级别的保障。对于数据的保护，一位Web 3.0创业人士曾言："用户通过私钥把数据写在底层区块链上，相当于让用户有了'数据钱包'，有了这层保护，别人看不见也不能随便拿走数据。"

由于数据归用户，Web 3.0将构建一个用户共创共建、共享共治的新型互联网经济系统，从而催生更多新业态。无论是数字版权热度的高涨，还是"元宇宙"从概念走向现实，Web 3.0在很大程度上改变了人们的生活以及商业和交易方式。Web 3.0作为互联网的下一代，将带来全新的机遇和变革。它在推动去中心化、安全可信和用户主导的互联网发展的同时，也对广告业产生了深远的影响。

随着虚拟现实(virtual reality，VR)技术、增加现实(augmented reality，AR)、人工智能技术的成熟，媒体行业将再次迎来变革。新媒体广告只有在内容和传播方式上充分利用新技术的优势，把握未来的发展趋势，才能在技术不断更迭的新媒体时代立于不败之

地。而回到开篇，海德格尔对技术"座驾"性质的描述，还有另一个隐含意义：能够驾驭技术从而影响时代进程的，永远是具有主体意识的人。因此，在万物皆媒、人机共生的智能化Web 3.0时代，技术作为构建社会的底层逻辑构成人类生产生活方式的基础，它与人类之间是相辅相成、相互成就的。

  本书的很多知识源于他人的研究，感谢在广告学、传播学、信息学、心理学、营销学、社会学等相关学科不停探索、善于分享的专家学者。为完成本书的撰写，我的研究生史明明、苏博雅、张猛、汤晓庆、刘梅杰、刘思莹、黄思颖同学参与了资料收集、案例分析、文字校对等工作，熊莹女士无私奉献了数字营销领域的最新资讯，感谢他们付出的努力。感谢清华大学出版社的编辑，感谢他们的信任与支持！

王 静
2023年4月

目 录

第1章 从传统到数字：新媒体广告演进 ……001

1.1 新媒体广告概述 …… 001
　1.1.1 新媒体广告概念 …… 001
　1.1.2 新媒体广告的演进 …… 003
　1.1.3 新媒体广告的特点 …… 006
1.2 新媒体广告类型 …… 009
　1.2.1 门户网站广告 …… 009
　1.2.2 搜索引擎广告 …… 013
　1.2.3 社交媒体广告 …… 017
　1.2.4 电商平台广告 …… 018
　1.2.5 户外新媒体广告 …… 021
　1.2.6 其他广告形态 …… 023
1.3 新媒体广告理论 …… 023
　1.3.1 消费者行为模式变迁 …… 023
　1.3.2 新媒体营销相关理论 …… 025
　1.3.3 新媒体营销经典模式 …… 028
　1.3.4 品牌理论发展与进化 …… 029
1.4 新媒体广告及相关领域 …… 031
　1.4.1 广告与营销 …… 032
　1.4.2 广告与传播 …… 035
　1.4.3 广告与公关 …… 036
　1.4.4 广告与品牌 …… 037
综合讨论与练习 …… 038

第2章 从群体到个体：数字时代的用户洞察 …… 039

2.1 新媒体时代的用户 …… 039
　2.1.1 什么是用户 …… 039
　2.1.2 新媒体用户特征 …… 040
　2.1.3 新媒体用户的新变化 …… 041
　2.1.4 新媒体时代的新群体 …… 043
2.2 新媒体广告如何做用户洞察 …… 046
　2.2.1 用户洞察的意义 …… 046
　2.2.2 用户洞察的阶段 …… 046
　2.2.3 用户洞察的方法 …… 047
2.3 如何基于用户洞察进行广告运营 …… 050
　2.3.1 描绘用户画像：识别用户 …… 050
　2.3.2 开展精准营销：触达用户 …… 051
　2.3.3 管理生命周期：沉淀用户 …… 052
　2.3.4 建立用户关系：管理用户 …… 053
综合讨论与练习 …… 058

第3章 从理论到方法：新媒体广告创意观 …… 059

3.1 新媒体广告创意观的变革 …… 059
　3.1.1 广告创意的定义及特点 …… 059
　3.1.2 新媒体广告创意观念变化 …… 061

3.2 新媒体广告创意方法与思维的变革 ………… 063
3.2.1 方法变革：从经验驱动创意到数据驱动创意 ……… 063
3.2.2 思维变革：创意传播的4I法则 ………… 065
3.2.3 新媒体广告创意核心："科艺结合"下对人性的洞察 ………… 067

3.3 新媒体广告创意生产模式的变革 ………… 068
3.3.1 PGC时代的创意生产模式 … 069
3.3.2 UGC时代的创意生产模式 ………… 070
3.3.3 PUGC时代的创意生产模式 ………… 071
3.3.4 AIGC时代的创意生产模式 ………… 072
3.3.5 AIUGC时代的创意生产模式 ………… 075

3.4 以创益传播讲好中国故事 …… 076
3.4.1 什么是创益传播 ………… 076
3.4.2 创益传播的特点 ………… 077
3.4.3 广告创意表达的策略 …… 078
3.4.4 广告，讲好中国故事 …… 080

3.5 新媒体广告创意案例 ………… 081

综合讨论与练习 ………… 085

第4章 从技术到场景：新媒体广告的创新应用 ………… 086

4.1 搜索广告 ………… 086
4.1.1 概念提出 ………… 086
4.1.2 应用原理 ………… 087
4.1.3 应用场景 ………… 088
4.1.4 应用案例 ………… 090

4.2 KOL广告 ………… 092
4.2.1 概念提出 ………… 092
4.2.2 应用案例 ………… 093

4.3 信息流广告 ………… 094
4.3.1 概念提出 ………… 094
4.3.2 应用原理 ………… 095
4.3.3 应用场景 ………… 095
4.3.4 应用案例 ………… 098

4.4 计算广告 ………… 098
4.4.1 概念提出 ………… 098
4.4.2 应用原理 ………… 100
4.4.3 应用场景 ………… 101
4.4.4 应用案例 ………… 101

综合讨论与练习 ………… 102

第5章 从投放到评估：新媒体广告新标准 ………… 103

5.1 广告主投放策略转向 ………… 103
5.1.1 移动互联新媒体渐成主流 … 103
5.1.2 广告投放方式新变化 …… 104

5.2 新媒体广告投放的计费模式 ………… 107
5.2.1 按浏览量计费 ………… 109
5.2.2 按点击量计费 ………… 110
5.2.3 按投放效果计费 ………… 111
5.2.4 按参与计费 ………… 112

5.3 新媒体广告精准化投放策略 ………… 114
5.3.1 新媒体广告精准化投放技术 ………… 114
5.3.2 新媒体广告精准化投放工具 ………… 117
5.3.3 新媒体广告精准化投放流程 ………… 119

5.4 新媒体广告效果监测 ………… 121
5.4.1 新媒体广告效果 ………… 121
5.4.2 新媒体广告效果监测的含义、流程和原则 ………… 122
5.4.3 新媒体广告效果监测的方法与工具 ………… 124

  5.4.4 新媒体广告效果监测指标……126
  5.4.5 新媒体广告效果监测体系……130
 综合讨论与练习……………………130

第6章 从管理到创新：新媒体广告新业态……………131

 6.1 新媒体广告市场环境新变化………………………131
  6.1.1 广告市场不再只属于广告行业……………………131
  6.1.2 新技术越来越广泛应用于广告行业………………132
  6.1.3 广告客户趋向"去乙方化"…………133
  6.1.4 多样化的新型广告公司正逐渐流行…………………133
  6.1.5 市场由规模经济转向范围经济与平台生态的建构……134
 6.2 新媒体广告新业态…………135
  6.2.1 用户洞察类企业………135
  6.2.2 创意生产类企业………136
  6.2.3 创意执行类企业………140
  6.2.4 媒介投放类企业………144
  6.2.5 效果测评类企业………147
  6.2.6 海外广告新业态………147
 6.3 新媒体广告发展过程中的阻碍……………………148
  6.3.1 机器生产广告版权归属不明问题…………………148
  6.3.2 广告创意与媒介技术的分离和抵触问题…………149
  6.3.3 计算广告决策模型短视问题…………………………152
  6.3.4 新媒体广告发展下用户人格权和隐私权被侵犯问题……153
  6.3.5 广告内容可信度低和低俗化倾向问题………………154
  6.3.6 广告流量造假问题……155
 6.4 新媒体广告监管与法规……157
  6.4.1 新媒体广告监管发展现状…158
  6.4.2 新媒体广告监管新法规……162
  6.4.3 新媒体广告行业自律………164
 6.5 新媒体广告从业人员及组织的社会责任与素养………166
  6.5.1 新媒体广告从业人员及组织的社会责任……………166
  6.5.2 新媒体广告从业人员的素养…………………………169
 综合讨论与练习……………………171

第7章 未来广告的展望………………172

 7.1 未来数字经济发展趋势……172
 7.2 未来媒体发展趋势…………174
 7.3 未来技术发展趋势…………177
 7.4 未来AIGC广告趋势 ………178
  7.4.1 AIGC应用中的主要技术……178
  7.4.2 AIGC在广告行业的应用……179
  7.4.3 AIGC的发展可能存在的风险……………………182
 综合讨论与练习……………………183

附录 新媒体广告术语……………184

第1章 从传统到数字：新媒体广告演进

本章承接前言中对当下以媒介化、数字化、智能化为特征的媒介环境的论述，聚焦于广告领域在这一大传播环境中的历时性演化进程和共时性发展特征：从广告到新媒体广告的演变历史切入，以技术为逻辑，描述广告活动在各个媒介时代的发展形态；在此背景下，对新媒体广告的概念进行梳理并重新界定，充分探讨新媒体广告的新特点，并与以往的广告相区分；以媒介形态对新媒体广告进行分类，将新媒体广告相关理论以品牌、用户、广告、营销等类目归类整理，并进一步阐释了相关学科间的关系及影响。

1.1 新媒体广告概述

1.1.1 新媒体广告概念

随着媒介技术和社会经济的不断发展，新媒体广告已然成为广告产业的中流砥柱，新媒体广告的形式也愈发多元。国家市场监督管理总局广告监管司公布的数据显示，2021年全国广告业务收入首次突破1万亿元，达到11 799.26亿元，其中新媒体广告营业收入占比再创新高，达到64.99%。在这种情况下，厘清新媒体广告的概念对行业发展和广告监管都具有较大意义。

媒介技术和广告形态是互为演进的动力因素，作为广告传播的载体，媒介技术的特性决定广告形态的复杂演化[1]。因此，在解读新媒体广告概念之前，需要弄清楚何谓新媒体。

新媒体概念是由美国哥伦比亚广播电视网技术研究所所长彼得·卡尔·戈德马克（Peter Carl Goldmark）率先于1967年提出的。作为一个动态化的学术概念，新媒体的外延随着技术的进步不断扩大，内涵也随着传媒产品的不断创新而更加丰富多彩[2]。纸媒相对于口语传播是一种新媒体，广播相对于纸媒是一种新媒体，电视相对于广播是一种新媒体。互联网时代到来后，互联网便成为新媒体。对于新媒体概念的解读必须立足于时代背景。因此，本书所提及的新媒体，是指进入互联网时代后的新媒体。

有些学者从新媒体所应用的技术和装置出发，认为新媒体是指利用数字技术，通过网络渠道，以计算机、移动终端、数字电视等智能设备为终端，向受众传播信息的媒

---

[1] 苏娜. 媒介技术与广告形态的演进动力关系研究[J]. 传媒，2016，244(23): 74-76.
[2] 陈唯真. 在新媒体时代传统科技期刊如何实现跨越式发展[J]. 中国科技期刊研究，2013，24(3): 561-563.

介[①]；有些学者从新媒体的具体形态出发，认为新媒体是包含数字杂志、数字报纸、数字广播、手机短信、移动电视、网络、桌面视窗、数字电视、数字电影、触摸媒体等在内的媒体形态[②]；有些学者从媒介发展的历程出发，认为新媒体是相对于传统意义上的报刊、广播、电视等大众传播媒体而言的，指随着传播新技术的发展和传媒市场的进一步细分而产生的新型传播媒体[③]；有些学者从新媒体的特点出发，认为新媒体是能够实现个性化、实时化、互动化和细分化的传播媒体。

基于以上观点，本文将新媒体的概念解读为运用计算机技术和互联网技术，以数字化的方式传播信息，实现个性化、实时化、精准化的沟通交流和互动的媒介形态。

回归到本书的主题——新媒体广告。在对新媒体概念解读的基础上，需要进一步厘清新媒体广告的概念。与新媒体的概念一样，新媒体广告同样是一个动态化的概念，品牌方和广告公司会充分利用各种新兴的传播媒介对消费者进行信息传达和互动交流以实现营销目的。因此，本书所提及的新媒体广告，亦指进入互联网时代后的新媒体广告。

新媒体的广告：
新内涵与新特点

关于新媒体广告概念的提出者是谁，并没有一个确切的答案，因为这一概念的发展和演变是由多个人和多个组织共同推动的。新媒体广告概念最早可以追溯到20世纪90年代中后期，随着互联网技术的发展和普及，企业可以通过互联网制作和传播广告，任何人只要有一台装有适当软件的计算机就可以访问这些广告[④]。极高的便利性和营销效率使广告商和广告主都十分热衷于使用这种营销方式。也就是在此时，一些广告从业者开始将这些发布在互联网上的广告称为"新媒体广告"。

学界对于新媒体广告概念的解读一直较为积极。2011年，崔磊和舒咏平在总结以往研究的基础上提出，新媒体广告是指体现在以数字传输为基础、可实现信息即时互动、终端显现为网络链接的多媒体视频上，有利于广告主与目标受众信息沟通的品牌传播行为与形态。2019年，黄合水与方菲在《新闻与传播研究》发表《广告的演变及其本质——基于1622条教科书广告定义的语义网络分析》一文，文中提出数字媒体时代的广告是"观念或广告主商品信息的传播"，这一说法也可以理解为国内学者对新媒体广告主流认知。2020年，韩飞燕提出新媒体广告是广告主通过以在线网络的数字传输为基础、可实现信息即时互动、以多媒体作为信息呈现方式的媒体形态，有意识地向受众传播品牌及产品信息的传播活动[⑤]。

综上可知，学界对于新媒体广告的定义大同小异，都是基于传播学的理论框架，传播者是广告主(企业)，传播渠道是数字媒介，传播内容是品牌营销的多媒体内容，传播对象是消费者，传播效果是希望品牌和消费者产生联系和互动从而实现营销目标。本书

[①] 廖美红，林珍，余宇. 新媒体广告与文案写作[M]. 北京：中国工信出版集团，2020.
[②] 王烨. 新媒体冲击下传统期刊的发展对策研究[J]. 网络财富，2010(12)：237-238.
[③] 高丽华. 新媒体经营[M]. 北京：机械工业出版社，2009.
[④] Reza Kiani, G. Marketing Opportunities in the Digital World[J]. Internet Research, 1998, 8(2)：185-194.
[⑤] 韩燕飞. 我国新媒体广告现状与发展趋势研究[J]. 中州大学学报，2020，37(2)：67-71.

认为，在"高度流动"①的技术背景下，广告的新概念、新现象与新趋势不断涌现。随着社交媒体、电商平台、数字营销服务中台的诞生与发展，新型的商业场景与广告模式也在不断裂变与创新，已远远超越传统广告的服务领域。因此，对于新媒体广告的界定，必须基于技术赋能视角，在变与不变中准确把握广告的本质与未来。

基于上述分析，本书认为新媒体广告是以数字化技术赋能品牌与用户间的精准传播、深度互动以及品效合一的一种广告形式。总体来看，新媒体广告作为一种传播手段，其本质仍然是为实现由生产到消费的转化，是我国深化数字经济发展不可或缺的"助推器"。同时，传播效果与营销效益是广告始终如一的追求，观念或商品信息的精准到达与深度互动在数字技术的不断突破下得以实现，因此，品效合一已经成为新媒体广告的重要特质。值得注意的是，在新兴的营销领域中，许多平台型企业并未将其广告业务纳入到广告的范畴，如小红书将其广告服务称为灵感营销，阿里旗下的重要广告服务平台被称为阿里妈妈。

可见，业界正努力地隐藏自身的广告属性。究其原因有两方面：一方面，由于用户愈发强烈的广告回避行为，广告公司不愿过于直白地讨论新媒体广告；另一方面，在全链路营销的大背景下，新媒体广告不再单独存在，而是作为全链路营销的一个重要组成部分②。

这与数字经济主导下的广告模式趋向于营销一体化的发展高度吻合，广告归属问题愈加模糊，本书对于新媒体广告的界定显然积极回应了以上问题。

1.1.2 新媒体广告的演进

1994年，法国公司AT&T在HotWired网站上投放了历史上第一批Banner广告(Banner，即横幅广告，是网络广告最早采用的形式，也是当时最常见的形式，它是横跨于网页上的矩形公告牌，当用户点击这些横幅的时候，通常可以链接到广告主的网页)，这是新媒体广告历史上的一个里程碑。随着互联网及相关技术的不断发展，新媒体广告也在不断演进，两者相辅相成。因此，本书从互联网的演进路径对新媒体广告的演进进行分析总结。

不断进化的新媒体

第一阶段：Web 1.0时代

1991年，英国物理学家蒂姆·伯纳斯-李(Tim Berners-Lee)在瑞士日内瓦的欧洲核子研究中心(法语Conseil Européen pour la Recherche Nucléaire，CERN)发明了万维网(world wide web)系统，这标志着Web 1.0时代的开始。这个时期互联网的主要特征是大量使用静态的HTML网页来发布信息，同时开始使用浏览器来获取信息。用户通过计算机访问万维网，就可以在一个又一个网页里寻找互联网资源，并且资源之间还可以实现任意链

---

① 姚曦，郭晓譞. 逻辑与本质：技术赋能的未来广告[J].现代传播(中国传媒大学学报),2022,44(6):122.
② 王静，邢饶佳，张猛. 数字广告：概念、特征与未来[J]. 中国广告，2022(10)：68-73.

接。万维网的便捷性吸引了大量用户,是一个优秀的广告传播媒介。

以Banner广告为基础,门户网站广告随之诞生。雅虎是全球第一家提供互联网导航服务的网站,在内容免费、广告收费的基础上开创了互联网免费模式。作为门户网站,雅虎一方面接受着用户带来的巨大流量,另一方面将这些流量作为资本出售给广告商[1]。这也成为后来Web 1.0时代互联网业界的铁律:广告跟着流量走,流量跟着用户走。此时,新媒体的广告形式以横幅广告、弹窗广告、文字链接广告为主。

1994年,分类目录型搜索引擎出现,搜索引擎广告诞生。2000年,谷歌推出名为AdWords的搜索广告产品,我国的百度也是以点击付费模式的搜索引擎广告获得了长足的发展,终结了以雅虎等门户网站为代表的第一代新媒体广告模式[2]。

搜索引擎类广告主要表现形态为关键词竞价排名。通过搜索引擎优化,当用户进行相关关键词搜索时,可以使付费广告主的网站尽量排名靠前。广告主通过这一过程,可以增加其网站从搜索引擎中获得的流量,这也是搜索引擎优化的意义所在。

总结来看,Web 1.0时代的新媒体广告以万维网为传播渠道,进一步加快了广告的传播速度,扩大了广告传播的覆盖面,真正意义上实现了从传统广告到新媒体广告的飞跃。但其本质上仍然是一种以单向传递信息为主,缺乏与用户的互动且用户参与度较低的广告形式。

第二阶段:Web 2.0时代

伴随着AJAX技术(一种前端技术,可以实现网页无刷新的动态更新)和社交媒体的诞生,互联网发展的第二阶段——Web 2.0时代正式开启。在Web 1.0时代,网站内容的生产和发布主要由网站所有者和管理员控制,用户只是被动地接受信息。而Web 2.0时代更注重用户的交互性,去中心化的社交媒体平台成为信息传播的载体。在媒介赋能下,互联网内容的生产和发布不再是少数人的专利,用户不再是单纯的信息消费,开始拥有了信息生产者的权利[3]。

在Web 2.0时代,智能手机取代计算机成为人们的信息接收终端,人们可以在任何时间、任何地点通过手机接入互联网,但由于手机屏幕尺寸较小,降低了浏览网页和搜索信息的便利性,以微信为代表,更加适合在手机上使用的社交媒体软件成为人们接收和传播信息的主要方式。社交媒体的巨大流量、强大的裂变式传播能力和基于用户大数据的算法推荐技术催生出社交媒体广告,并迅速发展壮大,成为当下新媒体广告的重要形式之一。

Web 2.0时代不仅给线上广告带来了巨大变化,也给传统的线下广告带来了一场革新。随着数字、互联网和移动通信等技术的发展,电子屏幕、LED屏幕等新型广告媒介开始在户外出现,从而开启了户外新媒体广告的时代。这种新型户外广告媒介不再是传

---

[1] 张亚然,陈钟.雅虎:门户网站转型之痛[J].中国广播,2013(5):85-87.
[2] 李凯,邓智文,严建援.搜索引擎营销研究综述及展望[J].外国经济与管理,2014,36(10):13-21.
[3] 段寿建,邓有林.Web技术发展综述与展望[J].计算机时代,2013(3):8-10.

统的静态户外广告,而是可以实现多媒体、互动性和实时性的新型户外广告,更加适应了当代观众对广告的需求和口味①。

总结来看,Web 2.0时代的新媒体广告一改Web 1.0时代的单向传播和粗犷投放模式,演化为一种用户参与度高、投放精准高效的广告形式。

第三阶段:Web 3.0时代

随着5G、大数据、人工智能、区块链、数字孪生、人机交互等技术的发展,元宇宙等概念兴起,互联网正在以不可阻挡的趋势向Web 3.0时代前进,价值互联网、意义互联网、感知互联网等概念层出不穷。虽然真正的Web 3.0时代尚未正式到来,但相关技术已经在新媒体广告产业中得到应用。

数字变革:广告新生态

借助人工智能,企业主不仅可以实现更加精准的广告投放,还可以通过机器学习实现广告的智能化管理和分析,提高广告效果和投资回报率(return on investment,ROI)。利用区块链技术,不同平台之间的用户数据可以实现安全共享,从而打破数据孤岛,保护消费者隐私②。区块链智能合约在解决新媒体广告时代流量造假问题上也大有舞台③;NFT(non-fungible token,非同质化通证)营销的爆火给高度内卷的新媒体广告创意带来新的灵感,通过打造数字藏品来制造稀缺权益,从而让用户积极主动地参与营销活动④;"品牌+虚拟数字人"的营销模式已经逐渐渗透到各行各业,成为新媒体广告策略的重要部分⑤;此外,VR、AR等技术也对新媒体广告的交互方式和具体内容产生了重要影响。

2022年11月30日,美国Open AI研发的聊天机器人程序ChatGPT(chat generative pre-trained transformer,聊天生成式预训练转换器)正式发布,作为一个由Open AI训练的大型语言模型,ChatGPT可以进行各种自然语言处理任务,如文本分类、文本生成、问题回答、机器翻译、语言模型生成等;同时可以根据用户的输入来进行自动回复、预测或者生成自然语言文本,以此来辅助用户完成各种任务。ChatGPT的发布标志着人工智能技术的发展应用进入了新阶段,ChatGPT也将给新媒体广告的发展带来影响。

一方面,ChatGPT能够通过理解和学习人类的语言进行对话,根据聊天的上下文进行互动,解答使用者提出的问题,帮助使用者整理需要的资料,这将极大地改变人们通过搜索引擎获取信息的方式,从而对搜索广告产生剧烈冲击;另一方面,ChatGPT强大的文案撰写和图形处理能力使AIGC(AI-generated content,人工智能生成内容)得到广泛

---

① 杨蕴希. 户外数字广告市场的现状及前景分析[J]. 金融经济,2011(14):43-45.
② 周茂君,潘宁. 赋权与重构:区块链技术对数据孤岛的破解[J]. 新闻与传播评论,2018,71(5):58-67.
③ 柳庆勇. 数字广告流量造假的区块链智能合约治理——基于BAT平台应用的个案研究[J]. 全球传媒学刊
④ 戴莉娟. 品牌纷纷试水,NFT营销到底是什么[J]. 现代广告,2021(3):22-25.
⑤ 高云龙,冯朋莲. 虚拟数字人的数字营销模式探析——以"超写实数字人"AYAYI为例[J]. 对外经贸,2023(1):35-38.

关注。在国内，以特赞等为代表的科技企业已经可以熟练运用人工智能进行文字、图片乃至视频的生成。这对新媒体广告从业者尤其是内容从业者提出了更高的要求，从业者必须努力提升和丰富自己的综合素养，确保自己的工作岗位不被人工智能所取代。

在带来冲击的同时，ChatGPT也将为新媒体广告发展带来机遇。作为大部分基础功能都免费开放的软件，当ChatGPT拥有了巨量的使用者后，广告大概率会成为其核心的商业模式。未来，ChatGPT将对新媒体广告的投放渠道、内容创意、精准匹配等方面产生影响，推动新媒体广告的进一步发展。

总结来看，Web 3.0时代的新媒体广告将更加注重用户个性化和交互性，具有更高的智能化和去中心化程度，以及更加多元的广告内容，已成为未来新媒体广告发展的重要趋势。

回望整个演进历程，新媒体广告从Web 1.0时代到Web 3.0时代的不断升级和创新，不仅体现了数字技术不断发展和进步的趋势，更反映了广告主和消费者角色的变化以及两者间不断紧密的关系。

1.1.3 新媒体广告的特点

相比于传统媒体广告，新媒体广告有许多特点，正是这些特点使新媒体广告产业能够迅速发展壮大。本节将对比分析传统媒体广告和新媒体广告，对新媒体广告的特点进行系统的阐述。传统媒体广告和新媒体广告的对比分析如表1-1所示。

表1-1 传统媒体广告和新媒体广告的对比分析

分析维度	传统媒体广告	新媒体广告
广告媒介	报纸、杂志、广播、电视等	门户网站、社交媒体、电商平台、户外数字屏等
广告内容	单一的内容形式、线性阅读方式、单向传播	多元化的广告内容、非线性阅读方式、丰富的交互方式
广告投放	粗犷的投放方式，宽泛的、过时的、碎片的、割裂的营销数据	数据驱动、个性推荐、精准投放
广告购买	广告主委托广告公司采购媒介资源	程序化购买的模式、实时竞价
广告意图	硬广告，不掩饰广告意图	信息流广告、软广告
广告效果	效果监测难度大，时间滞后且存在误差的可能性大	精准监测、实时优化

核心差异：消费者地位的转变，从"生产导向型"转向"消费者导向型"

1. 广告媒介：多样化和平台化的传播媒介

新媒体广告与传统媒体广告最明显的区别是广告发布使用的媒介。顾名思义，传统媒体广告是通过传统媒体发布的广告，这里所指的传统媒体既包含报纸、杂志等纸质媒体，也包含传统意义上的广播、电视等电子媒体。而新媒体广告主要通过门户网站、社交媒体、电商平台、户外数字屏等基于互联网与通信技术的广告媒介进行发布。新媒广告与传统媒体广告在广告媒介上的区别不仅体现在媒介种类上，更体现在由新媒体带来的广告传播新生态。一方面，在信息爆炸时代，消费者的信源是多样且丰富的，因此只依靠单一的媒介发布广告很难实现营销目的。在这种情况下，广告公司开始将多种媒介资源和媒介传播平台进行整合，逐渐建设具有规模化、集约化、共享化的广告传播新生态环境，以提供更加优质的广告媒介服务。另一方面，随着微信、微博等社交媒体巨头的崛起和对用户资源的垄断，平台化已然成为当今媒介生态的重要特点。平台化媒介不仅为用户提供信息的接收和交换，更渗入生活的方方面面，从而使现代社会经历一场快速平台化的进程[1]。平台化媒介的强大流量使其成为新媒体广告投放的重要媒介，并且逐渐产生垄断，成为广告传播生态环境中的绝对核心。

2. 广告内容：多元化和互动化的内容形式

相比于传统媒体广告，新媒体广告在广告内容上实现了极大的创新。传统媒体广告主要以文字、图片、视频、音频等单一的内容形式为主，而新媒体广告将这些内容形式整合在一起，借助HTML[2]等技术进行呈现，广告的内容形式更加丰富。新媒体改变了用户的线性阅读方式，用户有了更加自由的选择内容的权利。同时，新媒体打破了传统媒体的单向传播模式，让用户和内容、用户与用户实现互动。例如，通过社交媒体、即时通信工具、直播平台等媒体可以让用户实现双向互动，甚至多向互动。用户可以有发表评论、点赞、转发、分享等行为，也可以在直播中与主播进行实时互动。随着媒介赋权与消费者话语权的不断提高，广告内容从传统的单线程传播变为双向、多向的互动传播，因此，广告从业者在策划广告内容时不仅要考虑广告本身的内容质量，也要考虑广告内容能否引发消费者的参与互动。未来，以元宇宙为代表的技术体系将继续对新媒体广告的内容形式和交互方式产生影响。

3. 广告投放：数据化和精准化的投放方式

在传统媒体广告时期，若想让广告更有效果，则必须通过扩大投放范围来实现，这种粗犷的投放方式成本高且效率低。即使进行数据分析辅助广告决策，传统媒体广告的营销数据往往也是宽泛的、过时的、碎片的、割裂的，难以实现广告的精准触达。而数据驱动是新媒体最重要的特点之一，新媒体能够将所有消费者使用新媒体的行为记录下来，其中不仅包括消费者的品牌体验，也包括消费者的日常浏览偏向、兴趣爱好等信息。利用大数据技术，广告主可以从海量的网络消费者数据中找出有价值的信息和规律，以预测消费者的需求和偏好，从而向消费者提供更符合他们各自需求的广告信息，

---

[1] 姬德强，朱泓宇. 传播与媒体研究的平台化转向：概念基础、理论路径与动力机制[J]. 现代传播(中国传媒大学学报)，2021，43(11)：33-38.

[2] HTML的全称为超文本标记语言，是一种标记语言。它包括一系列标签，通过这些标签可以将网络上的文档格式统一，使分散的Internet资源链接为一个逻辑整体。HTML文本是由HTML命令组成的描述性文本，HTML命令可以说明文字、图形、动画、声音、表格、链接等。

实现在正确的时间将最合适的广告信息提供给最合适的网络消费者的最终目的[①]。例如，搜索引擎广告可以通过关键词的竞价排名，实现精准匹配用户的搜索意图；社交媒体广告可以通过用户的兴趣标签和行为数据，实现精准定位目标受众；电商营销可以通过用户的观看时长、互动信息、下单复购等数据，实现对电商销售转化的提升。

4. 广告购买：程序化和自动化的购买模式

传统媒体广告购买模式是广告主委托广告公司采购媒介资源，比如某卫视黄金时段的广告位。而在新媒体广告时代，广告与消费者的触点从固定的广告位变成了新媒体平台对消费者的精准推送，因此需要对广告购买的方式进行更新。2012年，中国第一个广告交易平台——阿里巴巴TANX出现，之后百度BES、腾讯ADX等流量交易平台相继开放[②]，这标志着广告程序化购买模式在中国的开始。通过大数据技术将用户在新媒体平台上接触信息的触点转化为流量，然后广告主采取RTB(real time bidding，实时竞价)购买这些用户触点进行广告投放。在程序化购买模式下，广告主能够实时竞价获取广告曝光机会，而RTB广告交易平台可以根据广告主的需求，将广告展示给特定的受众，从而提高了广告投放的精准度和效果。同时，这种交易模式可以通过程序化自动化的方式进行，极大地提高了广告资源的利用率。

5. 广告意图：植入化、隐藏化的营销渗透

传统媒体广告强调直接明了，通过介绍产品自身的优点和附加价值激发消费者的购买欲望。在这一时期，广告具有非常明显的营销特征，消费者可以非常容易地区分广告和其他媒介内容。新媒体广告，尤其是社交媒体广告与传统媒体广告的一个重要区别是新媒体广告不断致力于隐藏营销内容中的广告意图。在广告形式上，新媒体广告将自身镶嵌在社交媒体的信息流之中[③]，它以一种更加自然、无感知的方式融入用户的阅读体验中，降低了用户回避广告行为发生的概率，从而可以达到更好的广告效果。消费者可能以为它只是一条朋友圈，一条微博，一段偶然刷到的抖音短视频，却在浏览后潜移默化地受到广告影响。在广告内容上，软广告逐渐取代硬广告成为社交媒体上的主流广告形态。以UGC(user generated content，用户生成内容)为例，大量广告公司或品牌主会雇佣具有一定粉丝基础和社会影响力的自媒体创作者通过产品使用体验分享的方式进行广告投放，消费者虽然清楚自己看的是广告，但由于广告内容比较精彩且没有较直接和强制的购买引导，往往不会对其产生排斥，反而产生购买欲望。

---

① 李凯，严建援，林漳希.信息系统领域网络精准广告研究综述[J].南开管理评论，2015，18(2)：147-160.
② 李儒俊，卢维林.程序化购买广告模式研究[J].传媒，2017(1)：67-70.
③ 李彪.信息流广告：发展缘起、基本模式及未来趋势[J].新闻与写作，2019(10)：54-58.

6. 广告效果：可视化和可优化的效果监测

传统媒体广告的效果监测数据多来自调查、统计数据和市场研究，监测难度大、监测时间滞后且存在误差的可能性大。因此，许多效果不佳甚至给品牌和产品带来负面影响的广告很难得到及时的修改或下架。而新媒体广告主要采用数据分析、人工智能等技术手段对广告的点击量、用户互动程度、用户口碑、购买转化率进行实时抓取与分析，监测更加精准且及时。大数据技术不仅能够实现广告效果的实时反馈，还能对可能产生的结果进行预测，从而使广告主提前采取措施应对变化[①]。例如，移动应用程序广告可以通过A/B测试(A/B测试是一种新兴的网页优化方法，可以用于增加转化率、注册率等网页指标。简单来说，就是为同一个目标制定两个方案，让一部分用户使用 A 方案，另一部分用户使用 B 方案，记录下用户的使用情况，看哪个方案更符合设计)、用户行为追踪等手段，不断优化广告的展示位置、展示时间和展示方式，提高广告的点击率和转化率；电商平台广告可以通过实时竞价、定向投放等技术手段，优化广告的曝光量和转化率。

新媒体广告与传统媒体广告在广告媒介、广告内容、广告投放、广告购买、广告意图和广告效果方面都存在着较大的区别，而这些区别都指向了新媒体广告与传统媒体广告的核心差异——消费者地位的转变。传统媒体广告时期，广告行业本身的商业性致使广告的内容和广告的传播形式都向广告主看齐，都是为了满足广告主的需求，广告主直接影响着广告公司的广告内容和形式，属于"生产导向型"的广告传播模式。在新媒体环境下，虽然广告的最终目的仍然是实现营销目的，但转变成通过满足消费者需求，以实现消费者价值的方式来达成营销目的。广告内容和形式更多的是受到消费者的影响，整个广告行业正在逐渐从"生产导向型"向"消费者导向型"转变。

1.2　新媒体广告类型

1.2.1　门户网站广告

1998—2002年，互联网诞生之初，网络上的信息多如牛毛且没有被分类，大多数网民面对海量信息无从下手。此时，雅虎这类以提供搜索服务为主的网站扮演了引导网民入门的角色，成为网民进入互联网的门户。这种能使人们更方便地浏览信息、接收电子邮件和搜索内容，享受一次性完成或一步到位的便捷式信息网站，被称为门户网站(portals)。

广义上的门户网站是一个应用框架，它将各种应用系统、数据资源和互联网资源集成到一个信息管理平台，并向用户提供统一的界面，使用户可以快速地建立与客户、内部员工之间的信息通道，使用户能够传送存储在内部和外部的各种信息。

---

① 王淼. 数据驱动的互联网广告效果监测研究[J]. 广告大观(理论版)，2017，545(4)：31-46.

狭义上的门户网站，是指通向某类综合性互联网信息资源并提供有关信息服务的应用系统。国际门户网站有雅虎等，我国门户网站有新浪、网易、搜狐、腾讯、百度、人民网、凤凰网等。门户网站在发展过程中逐渐演变出综合性门户网站、垂直性门户网站、地方性门户网站、企业官网和导航门户五大类型。

门户网站广告，是指新媒体广告人员将文字、图片、视频等广告信息，放置在网站的特定位置予以展示，以达到营销、推广目的的广告。门户网站广告主要有三大特点：第一，广告与网站定位契合，尤其是垂直性门户网站，如财经证券门户网站，通常情况下会投放更多财经类相关广告；第二，信息容量大，门户网站的广告占据了大量页面且承载着大量信息，这些广告几乎都设置了超链接，用户点击广告后，就会跳转到包含更多信息的广告主的落地页，由此用户能够了解更多广告主的产品及服务，给用户留下印象；第三，门户网站广告的传播效果集中，"首页"的传播效果最佳，特定板块位置的广告次之。

门户网站有PC端、移动端App、微网站三大端口，新媒体广告人员选择的投放端口不同，广告的类型也有所不同。

1. PC端门户网站广告

PC端门户网站特有广告类型主要有以下8种。

(1) 按钮广告，即图标广告，主要用于宣传商标或品牌等特定标志。

(2) 焦点图广告，一种网站内容的展现形式。

门户网站中的按钮广告、焦点图广告如图1-1所示。

图1-1　门户网站中的按钮广告、焦点图广告

(3) 弹窗广告。网站用户浏览网页时自动弹出的广告即为弹窗广告。

(4) 通栏广告，一种常见的图片形式的新媒体广告，其展示区在搜索结果列表的上方，展示尺寸较大，可展示较多广告内容。

(5) 动图轮播广告，指在门户网站中以动态图片形式轮番播出的广告。

门户网站中的弹窗广告、通栏广告、动图轮播广告如图1-2所示。

图1-2　门户网站中的弹窗广告、通栏广告、动图轮播广告

(6) 边栏广告。边栏广告与通栏广告类似，但位置不同，其位于门户网站页面的侧边，以图片形式展现，如图1-3所示。

图1-3　门户网站中的边栏广告

(7) 文字链接广告，指用户通过一般性的简短文字链接，直接跳转到广告内容页面的广告。

(8) 全屏广告，指打开网页时出现的较大尺寸图形的网络广告。

2. 移动端App门户网站广告

移动端App门户网站特有广告类型主要有以下5种。

(1) 开屏广告，指用户打开移动端软件时，自动弹出的一个占满屏幕的广告。

(2) 信息流广告。信息流广告在社交平台上较为常见，狭义上的信息流广告是指出现在社交媒体用户好友动态中的广告。但是，除社交媒体之外，其他媒体平台上与产品功能混排在一起的原生广告，也是信息流广告。

门户网站中的开屏广告、信息流广告如图1-4所示。

图1-4 门户网站中的开屏广告、信息流广告

(3) 顶部/底部图片广告。在门户网站的移动端App中，图片广告通常位于文章内容的顶部或底部。

(4) 积分墙广告。积分墙是在一个软件内展示各种积分任务，以供用户完成任务获得积分的页面。积分墙广告则是指通过积分墙进行宣传的广告。

(5) 榜单广告。榜单广告是指某些在门户网站的移动App上以榜单形式存在的文章。这类文章将一些信息汇总做成榜单，通过展示榜单，间接宣传榜单上的内容。

PC端和移动端App均能投放的广告类型主要有以下两种。

(1) 文章页面广告。通俗地说，文章页面广告就是"软文"，即文字广告。"软文"的精妙之处在于"软"，文章的内容与广告信息巧妙融合，既达到了广告宣传的目的，又不会让用户反感。"软文"可以精准地吸引目标用户。

(2) 搜索词引导广告。搜索词引导广告是指用户在门户网站上搜索某一关键词时出现的广告。在这些广告中，有一些内容是引导用户阅读的。

3. 微网站广告

微网站是门户网站在数字化时代的新展现形式。微网站将企业信息、服务、活动等内容通过微信网页的方式进行表现，不但提高了信息量，也使信息的展现更加赏心悦目，进一步提高用户体验。投放于微网站上的广告类型与PC端和移动端App基本一致，但基于微网站的开发与HTML5技术相关，因此微网站中可以投放H5互动广告。H5广告是一种新的社交媒体广告形式,是利用HTML5移动页面将各种广告内容以交互的手法呈现出来。相较于传统自媒体广告,H5广告具有用户创造、离线储存、深度交互等社交特点[①],其传播途径主要依靠社交媒体用户间的分享和转发。作为一种新颖的广告形式,H5广告是互联网时代商品营销的发展趋势[②]。另外,值得一提的是,微网站的开发基于HTML5技术,因而微网站上可以投放H5广告,但H5广告本身可以独立于微网站而存在。

1.2.2 搜索引擎广告

狭义的搜索引擎(search engine)是指根据一定的策略、运用特定的计算机程序从互联网上采集信息,在对信息进行组织和处理后,为用户提供检索服务,将检索的相关信息展示给用户的系统。从使用角度而言,搜索引擎非常便捷,它提供了一个包含搜索框的页面,用户在搜索框内输入词语,通过浏览器提交给搜索引擎后,搜索引擎会迅速返回与用户输入的内容相关的信息列表。

广义的搜索引擎是指提供搜索服务的网络平台,除了专门的搜索引擎网站,还包括带有搜索功能的其他综合性或垂直性网站。将"搜索引擎"这一概念放到新媒体广告传播的语境中进行讨论时,通常理解为广义上的搜索引擎。

在搜索引擎中,常见的用户使用方式有以下几种:在购物平台淘宝上搜索商品,了解商品信息,筛选出自身需要的商品;在生活服务平台美团上搜索附近的餐厅,寻找合适的就餐地点;在电影互联网平台猫眼上搜索近期上映的电影,并购票和选座;在音乐软件酷狗上搜索想听的音乐,享受美妙的音乐等。

按照搜索引擎平台对搜索引擎分类的标准,搜索引擎可分为五大类型,即网站类搜索引擎、内容类搜索引擎、商品类搜索引擎、关系类搜索引擎和社交类搜索引擎。

根据广告投放形式,可将搜索引擎广告分为以下四大类型。

1. 关键词广告

关键词广告是搜索引擎广告中最具代表性的一种广告形式,用户使用搜索引擎时,几乎都会看到关键词广告。这类广告由广告主根据自身产品或服务的内容、特点,确定相关的搜索关键词、撰写广告内容并自主投放,当用户搜索这些关键词时,相应的广告信息就会展示在搜索结果页面上。搜索引擎平台将关键词广告分为竞价排名广告和固定排名广告两类。

(1) 竞价排名广告。竞价排名是指搜索引擎平台不为关键词设置特定的点击价格,而是由广告主对每次点击广告自行设定可支付的价格,搜索引擎平台根据广告主设定的价格并辅以一定规则对每个广告主所投放的广告进行排序。竞价排名广告就是利用搜索

---

① 张华鑫,祝金玲,梁楠,等. 基于微信平台的H5宣传页面优势与局限性研究——以交互式移动营销产品为例[J]. 通讯世界,2018(9): 273-275.
② 席悦,王烨娣,蒋玉石,等. H5广告对消费者购买意愿的影响研究:以微信平台为例[J]. 信息系统学报,2019(2): 53-68.

引擎的排名机制,通过向搜索引擎支付费用获得高排名的一种广告方式。

以百度为例,百度会根据广告主的信用状况、关键词的质量度、关键词出价等条件对广告进行排序,排名最前的广告将被优先展示在搜索结果首页左侧,剩下的广告将依次排序。除了页面左侧的竞价排名广告,搜索平台会在页面右侧根据关键词展示一些推荐广告。在关键词限定性较强的情况下,搜索平台还会在页面底部设置竞价广告和关键词推荐广告。

(2) 固定排名广告。固定排名广告是指由搜索引擎平台为广告主提供关键词,将广告主的网站置于搜索结果页面的固定位置加以展示的广告。固定排名广告与竞价排名广告的区别在于固定排名广告的费用一定、位置固定。一般来说,市场占有率高、企业广告资源丰富的搜索引擎平台采用竞价排名广告模式,而市场占有率低、企业广告资源匮乏的搜索引擎平台采用固定排名广告模式。

2. 品牌广告

对于大型品牌的广告主来说,关键词广告无法综合、全面地展示品牌信息。为了迎合广告主的需求,一些搜索引擎平台在传统关键词广告的基础上,开发出涵盖图片、文字、链接等多种形式的可展示广告主品牌信息的品牌广告。

当用户搜索品牌全称或简称时,在搜索结果页面的最上方会出现一个展示品牌信息的"迷你官网",包括品牌描述、品牌标识、官网链接等内容,并在页面右侧广告位同时展现该品牌的产品广告,让用户无须经过网页跳转便可直接了解品牌的官网信息,如图1-5所示。

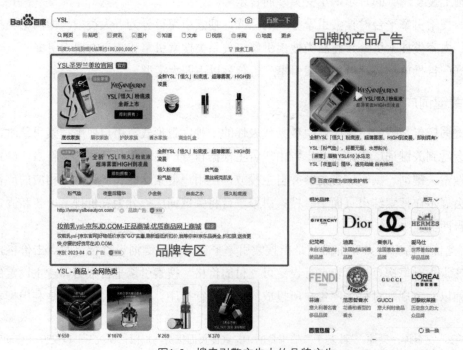

图1-5 搜索引擎广告中的品牌广告

3. 小程序应用

小程序应用是指品牌在搜索引擎平台上提供特定功能或服务，帮助用户解决问题，间接宣传自身品牌的应用。用户搜索关键词后，可跳转至品牌官网获取自己想要的服务。

4. 移动端信息流广告

手机上网的速度越来越快，技术越来越成熟，更多用户选择在移动端搜索自己想要的信息。移动端搜索引擎大多应用视频、图片等形式推出信息流广告，在基于用户兴趣主动推送的个性化内容中，插入广告信息。通常认为，这是为了应对来自视频应用、社交网站广告的挑战。

但在数字时代，新媒体广告中的搜索引擎广告的类型呈现交叉融合的现象，在数字营销的传播背景下，对搜索引擎广告的应用主要体现在竞价排名和搜索引擎优化(search engine optimization，SEO)两个方面。

1) 竞价排名

在网络营销中，竞价排名的选用时机有以下几个。

第一，在搜索引擎优化的效果没有出现之前或者仅部分出现之前。为了让网站尽快获取排名，竞价排名是不错的选择。使用竞价排名，广告主可以相对控制广告支出。通过竞价排名的点击情况，可以为搜索引擎优化提供参考性的数据。

第二，在搜索引擎优化的效果出现之后的适当时期，可以同时展开竞价排名的广告。这个时期一般是节假日，比如圣诞节到春节这样的消费旺季。在网站举行短期促销活动的时候，使用SEO可能来不及，这个时候使用竞价排名是一个很好的方法。

第三，在使用SEO进行努力后，如果有些核心的关键字仍然不能获得较好的位置，那么就需要采用竞价排名来作为补充，以免失掉重要的潜在消费者。

第四，在搜索引擎自然波动的时候，如果某些核心的关键字自然排名下降，那么这个时候适时地使用竞价排名来弥补，等到下一轮SEO工作后自然排名重新上去时再把竞价排名撤下来节省成本，这样就可以稳定网站的业务量，对各个方面都有好处。

第五，如果网站资金充裕，那么自然排名和竞价排名同时出现并不会降低推广的效果，而且还会有"1+1＞2"的更好的效果出现。

第六，因为搜索引擎公司的规定和限制，有些关键字并不开通竞价排名，如品牌类关键字，这个时候只能使用SEO方法来进行这些特殊关键字的推广。

第七，如果是新出现的网上销售项目，并不确定是否可行或并不清楚市场的大小的时候，针对这些试验性的项目，采用竞价排名会是一个很好的市场调查方法。[1]

2) 搜索引擎优化

搜索引擎优化SEO是数字时代较为流行的网络营销方式，主要目的是增加特定关键

---

[1] 周宁，李鹏. 网络营销：网商成功之道 [M]. 2版. 北京：电子工业出版社，2009.

字的曝光率以增加网站的能见度，进而增加销售的机会。搜索引擎优化分为站外优化和站内优化两种。

（1）站外搜索引擎优化，也可以说是脱离站点的搜索引擎技术，命名源自外部站点对网站在搜索引擎排名的影响，这些外部的因素是超出网站的控制的。最有用和功能最强大的外部站点因素就是反向链接，即我们所说的外部链接。毫无疑问，外部链接对于一个站点收录进搜索引擎结果页面起到了重要作用。

（2）站内搜索引擎优化的重要因素在于域名选择。选择域名有大量的学问，最重要的一点是尽量选择包括关键词的域名。其次查看这个域名之前是否有注册过。如果先前有高质量的站点和它做反向链接，那么便可受益；但是也存在一种可能：先前做反向链接的都是些质量不好的站点，那么就可能会影响优化的效果。

综上，搜索引擎广告有四大特点。

第一，精准地锁定目标用户。搜索引擎广告既可以在用户搜索特定关键词时触发，也可以关联用户的搜索行为、网络浏览行为等数据，从而更加精准地为广告主锁定目标用户，并实时投放为其量身定做的广告。由于用户的搜索行为是主动的，所以广告的到达率[1]和转化率[2]也较高。

第二，投放门槛低，投入可控。搜索引擎广告大多采用CPC广告计费模式[3]，广告主只有在获得广告点击、流量甚至销售量时才需要付费。这使广告的投放门槛降低，让一些中小企业乃至个人都可以加入广告投放的行列。CPC广告计费模式还赋予了广告主定价权，广告主既可以针对每个关键词自主定价，还能够根据竞争对手的出价和用户的需求等情况灵活调整定价，这使广告主的推广力度和资金投入更加可控，从而不断优化其投资回报率。搜索引擎广告的形式通常比较简单，只需将关键信息(如标题、摘要等)以文字形式表达出来即可，不需要复杂的广告设计，这降低了广告设计和制作的成本。

第三，自主投放，操作简单，灵活度高。传统广告及不少其他类型网络广告的投放都有策划、设计、排期的过程，搜索引擎广告则没有。搜索引擎平台为广告主提供了操作便捷的广告管理服务，如百度营销中心。通过这些平台，广告主和新媒体广告人员可以自主地对广告覆盖人群、投放价格、物料模板等广告参数进行控制，实现一站式服务。广告主和新媒体广告人员可自主编辑广告内容，对广告内容享有修改和优化权；可自由选择广告时间，让广告在特定时间出现；还能设置广告费用上限，一旦广告累计支出超出设定金额，广告将被自动下架。

第四，广告效果可跟踪。搜索引擎广告投放后，新媒体广告人员可在后台随时查询有关投放效果的数据，生成完整的报告，并根据数据调整既有的投放策略，以进一步提

---

[1] 广告到达率是反映广告媒体可用性的重要指标，它用来衡量一定时期内，目标受众当中有多大比例会看到、读到或听到所传播的广告信息。

[2] 广告转化率是用来反映网络广告对产品销售情况影响程度的指标，主要是指受网络广告影响而发生购买、注册或信息需求行为的浏览者占总广告点击人数的比例。

[3] CPC广告计费模式(cost per click，CPC)指根据用户在某一时间段内对某个或者某些关键词广告点击的次数付费的广告计费方式，称作按点击量计费。

升广告效果和投资回报率。

1.2.3　社交媒体广告

从Web 1.0时代中心化特点下的"只读"到Web 2.0时代的去中心化和开放互动，信息产业和互联网新技术的每一次更迭都会给人们的生活带来巨大的影响。社交媒体便是以开放性、交互性、流动性为技术逻辑的Web 2.0时代最具创造性的媒介发明之一，它是传统广场与围观的延续，也是信息共享、交流互动的开放空间。中国的社交媒体发展大致经历了以BBS为代表的早期社交网络时代——以Facebook为代表的休闲娱乐型社交网络时代——以微博为代表的微信息社交网络时代——垂直社交网络应用时代四个阶段[1]。

随着笔记本电脑、手机、iPad等普及带来的移动终端智能化，用户的消费习惯、消费心理及消费模式发生了改变，互联网的迅速发展使得传统广告无法满足社交媒体时代的广告需求，这一背景使社交媒体广告得以发展。今天的社交媒体广告是符合社交媒体语境的、能激发受众"广泛参与、互动分享"的、可能是来自企业方也可能是来自消费者的各种品牌相关信息[2]。

就广告形态而言，社交媒体广告的类型可以分为信息流广告和非信息流广告两大类[3]。

短视频广告新生态

1. 信息流广告

信息流广告(news feed Ads)是原生广告[4]的一种形式。信息流是按时间顺序呈现的一系列内容，信息流广告即在信息流中发布具有相关性的内容信息以产生价值，并提升用户体验的特定商业模式。简而言之，就是广告与内容合二为一。信息流广告基于大数据的算法分析，有精准投放、高转化率等特征，并依靠用户口碑传播做到商业价值和用户体验之间的平衡。

社交媒体广告中的信息流广告主要包括推文广告、短视频广告、小程序广告、HTML5广告等。

2. 非信息流广告

与信息流广告相对应的是非信息流广告。社交媒体广告中的非信息流广告包括直播带货、开屏广告、插屏广告、激励视频广告等。

搭载于社交媒体上的广告主要以实现用户互动为特征。具体而言，社交媒体广告的首要任务是吸引受众注意，进而刺激表达与触动分享，使消费者获得良好体验，并最终

---

[1] 清科研究中心. 微信息社交及垂直社交双模式引中国社交网络华丽前行[EB/OL]. (2011-10-17)[2023-04-21]. http://tech.hexun.com/2011-10-17/134275950.html.
[2] 舒咏平, 鲍立泉. 新媒体广告 [M]. 2版. 北京：高等教育出版社, 2016：2.
[3] 王静, 邢饶佳, 张猛. 数字广告：概念、特征与未来[J]. 中国广告, 2022(10)：68-73.
[4] 原生广告(native advertising)是社交媒体时代一种在内容中发布相关广告价值的信息，以此触发消费者购物欲求。

整合互动。

　　社交媒体开放、自由、促进信息与文化流动的特点赋予了用户平等的交流权利，因此一种新的社会连接得以形成，这种新的社会连接又搭建了新的交往空间。于是，以互动为基础的交流环境允许个人或组织生产并传播内容，用户能够在此环境中建立、扩大和巩固关系网络，进而网络口碑传播成为实现广告传播效果的重要途径。

　　口碑传播(word-of-mouth communication)是指消费者之间进行的包括产品、服务特点、消费体验等的非正式信息的传播。口碑传播具有互动、迅速和少有商业偏见的特点，相比其他形式的互动具有更强的可信度和说服力。消费者的口碑传播源主要来自私人关系(如家庭成员、同事、朋友等)，不同类型的消费者和不同的产品会有一定的差异[1]。社交媒体广告引发的口碑传播主要是有利于企业主在产品、服务、企业社会责任、领导人4个维度的信誉建构。这也是社交媒体之所以具备强大广告价值的原因：它能够通过企业一系列"承诺兑现"行为的酝酿发酵形成良好的口碑效应，重塑品牌与消费者之间的关系[2]。而从更宏观的角度来看，对品牌而言，社交媒体上的良好口碑传播可以塑造品牌形象，积累品牌资产，沉淀品牌文化。

1.2.4　电商平台广告

1. 电商平台的内涵

　　电子商务是指利用互联网及现代通信技术进行的任何形式的商务运作、管理活动或信息交换活动。它包括企业内部的协调与沟通、企业之间的合作及网上交易三方面的内容。电商平台即电子商务平台，是借助互联网技术为手段，为企业或个人提供以电子交易方式进行交易活动的平台[3]。电子商务将传统的商务流程电子化、数字化，不仅突破了时空界限，使得交易活动可以不受时间、地点的限制，也大大减少了人力资源，降低了成本，并且大大增强了商品的流通性。当前，电商平台便捷、低成本的特性吸引了越来越多的传统实体企业和品牌商涌入电商平台宣传和销售自身的产品，甚至有许多中小企业仅在电商平台售卖商品，在此背景下，新媒体广告形式应运而生。国内著名的电子商务平台有阿里巴巴、淘宝、京东商城、苏宁易购、唯品会等。

2. 电商平台广告的类型

　　电商平台广告有以下6种类型。

　　(1) 开屏广告。App开启后全屏沉浸式展示广告，打开应用即可触发广告，右上角展示5s(可手动跳过)按钮，视觉冲击感强，如图1-6所示。

---

[1] East R, Hammond K, Lomax W. Measuring the Impact of Positive and Negative Word of Mouth on Brand Purchase Probability[J]. International Journal of Research in Marketing, 2008, 25(3): 215-224.
[2] 舒咏平，鲍立泉. 新媒体广告 [M]. 2版. 北京：高等教育出版社，2016：2.
[3] 白东蕊，岳云康. 电子商务概论[M]. 2版. 北京：人民邮电出版社，2013.

(2) 插屏广告。进入页面，屏幕展现浮层广告，点击实现落地页跳转，如图1-7所示。这类广告投放较为灵活，打开应用即可触发广告。

图1-6　开屏广告　　　　　　　　　图1-7　插屏广告

(3) 信息流广告。在滑动资讯内容时，信息流广告在固定位置展现，如图1-8所示。信息流广告与App内容自然融合，视觉体验效果好，是内容高度契合的原生广告。

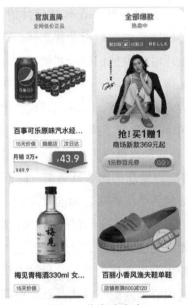

图1-8　信息流广告

(4) Banner广告。Banner广告一般出现在App的上端(见图1-9)，是较常见的一种硬广形式广告位，通常又被称为"万能广告位"。

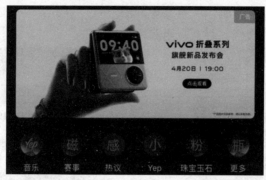

图1-9　Banner广告

(5) 沉浸式视频广告。沉浸式视频广告与原生的视频信息流无缝衔接，视频信息流广告与内容无缝衔接，能产生沉浸式感受，使得视角更聚焦、重点更突出，用户分散注意力的可能性更低。

(6) 激励视频广告。激励视频广告精准定位目标用户，高转化率，用户主动选择观看30s左右的全屏视频广告，适用于获取激励奖品的场景，如获得积分、购物币、数字资产等。

3. 电商平台广告的特点

电商平台广告的特点主要集中表现在以下几个方面。

(1) "脱媒"式渠道带来的强交易性。在传统媒体时代，广告与商品交易是分裂的，受众是在看到自己感兴趣的广告内容后再前往实体店购买。这种分裂性会预留较长的思考时间给受众，因而在这段时间内他们的购买欲望可能会降低，使得转化率较低。而电商平台尽可能地缩短了品牌和消费者之间的距离，直接营销渠道模式以邮购、电话营销、电视购物、厂家直销等方式而存在。互联网时代的电商平台把此类模式推向新的高度，批发、零售、代理等中间商价值下降，新型物流运送企业迅速兴起，"生产企业—电商平台—物流企业(电商自营或第三方)—消费者"渠道模式在一些领域正在替代传统模式[①]。电商平台能够将广告受众的购买欲望第一时间转化为实际的购买行为，很大程度缩短了受众接受广告信息到产生购买行为的时间。

(2) 大数据下的定制化与精准性。电商平台的商家能够检测到广告受众在网购过程中的任何一个阶段的数据，如从发现商品广告、对其产生兴趣、到了解商品详情、做出购买决策等，并将这些数据转化为可视化的结果，反过来优化广告的投放。电商平台利用大数据技术能够根据用户的偏好去匹配个性化商品，根据不同用户的消费特征定制化推荐不同的商品，展开不同的营销。例如，淘宝应用中"看了该宝贝的人还看了""你可能感兴趣的商品"等关联广告，保障了广告的触达率。

(3) 广告效果可监控性与实时调整。电商平台依托于电子、数字技术交易场所，所

---

① 苗月新. 论电商平台营销特征及渠道监管[J]. 中国市场，2020(2)：129-130.

承载客体是信息和数据,把产品功能、质量、价格、销售渠道等信息通过图片、文字、声音呈现在消费者面前。与此同时,商家及广告主利用这些电商广告,实时检测广告的时效性。通过实时数据分析,可以查看用户点击了哪些商品、在哪个页面跳失等,再通过后台的数据分析,来优化页面与调整广告内容,以提高店铺转化率。

1.2.5 户外新媒体广告

1. 户外新媒体广告的概念

户外新媒体是指存在于公共场所的新型媒体形态,包括户外电子屏、楼宇电视和车载电视等,是一种是有别于传统的户外媒体形式(广告牌、灯箱、车体等)的全新的信息传播平台[1]。户外新媒体广告是将信息技术和优势逐渐渗透于户外新媒体之中的广告。

由于人们收入的增加与观念的转变,人们越来越注重户外活动。随着信息技术的快速发展,一些信息技术产品,如3D技术、交互技术、AR/VR技术等也被作为户外新媒体的媒介。新媒体时代下,户外新媒体广告借助新技术全面覆盖城市空间,传播的空间更加多样,信息传播量更大,传播渠道更多样,信息到达率更高。

2. 户外新媒体广告的类型

户外新媒体广告可以分为两大类。

1) 传统内容形式

传统内容形式的户外新媒体广告包括户外LED广告、楼宇新媒体广告、移动车载新媒体广告等。

(1) 户外LED广告。户外LED广告主要包括纯TVC播放、电子杂志式播放、Flash创意方式等,如长沙黄兴路LED媒体、上海徐家汇美罗城门前LED媒体。此类户外广告具有受众到达率较高、视觉冲击力较强、发布时段较长以及覆盖范围广等特点,最重要的一点是可以实现有效互动。

(2) 楼宇新媒体广告。楼宇新媒体广告主要是利用液晶显示屏通过互联网等来控制和操作播放,从而传递信息。此类户外广告具有较强的针对性和较低廉的传播成本,而且可以与大众媒体进行较好的配合,受到很多广告主的青睐。

(3) 移动车载新媒体广告。移动车载新媒体广告是指利用数字化技术,通过类似电视画面的形式,来吸引流动的大众,也被称为交通媒体。此类户外媒体广告具有覆盖面广泛、重复率高的特点,可以给受众留下较为深刻的印象。

2) 新型内容形式

新型内容形式的户外新媒体广告包括互动装置广告、AR/VR广告、裸眼3D广告等。

---

[1] 刘星辉. 户外新媒体广告创意研究[D]. 兰州:兰州大学,2013.

(1) 互动装置广告。户外的互动装置广告的主要特点是用户与互动装置艺术的环境互动。互动装置艺术为用户营造一种沉浸环境，用户可以在沉浸环境中通过与环境的互动，获得一种独特的身心体验。例如，一些品牌会在快闪店中利用嗅觉、直觉、视觉等感官互动的方式使消费者更具体验感。

(2) AR/VR广告。AR(augmented reality)，又称增强现实技术，是将真实世界空间和虚拟信息的内容相结合，通过电脑技术将现实空间中难以感知的信息内容模拟仿真后再叠加，将虚拟的信息应用到真实世界，被人类感官所感知，从而达到超越现实的感官体验[①]。VR(virtual reality)，又称虚拟现实技术，是以计算机技术为主，利用并综合三维图形技术、多媒体技术、仿真技术、显示技术、伺服技术等多种高科技的最新发展成果，借助计算机等设备产生一个逼真的三维视觉、触觉、嗅觉等多种感官体验的虚拟世界，从而使处于虚拟世界中的人产生一种身临其境的感觉[②]。

AR、VR技术"赋能"广告

AR/VR技术为众多领域都增添了新的色彩，促进了各个行业的发展，AR/VR技术的应用无疑也推动了广告产业的改革和创新。传统户外广告具有信息碎片化、缺乏信息互动等缺点，而应用AR/VR技术之后，不仅能进一步强化户外广告极具震撼力的直观视觉冲击，更能补足户外广告信息过于孤立、缺乏情景的缺陷，使户外广告不再只是其他类型广告的前置铺垫，能用户外广告自己的语言，向受众讲述一个完整的"故事"。

(3) 裸眼3D广告。自1922年第一部3D电影问世，到2009年《阿凡达》风靡全球，3D技术逐渐备受重视，并被广泛应用于各种领域。裸眼3D将传统3D技术与户外数字大屏幕相结合，打破了佩戴设备这一束缚，观看舒适度得到了大幅度的改善，其不需要灯光渲染氛围，也不挑剔环境光线，观者可以在可视角度范围内自由观看，无论是效果还是体验感都更胜一筹[③]。2019年5月，裸眼3D开始进入大众视野，一个名为"wave"的巨型LED装置艺术出现在大型商务楼宇顶层。这块屏幕是由三星电子打造的曲面LED屏，是韩国第一块智能型电子屏幕。裸眼3D广告的动态的视觉表达，为广告设计开创了一个崭新的局面；奇思妙想、别有风趣的动态画面，不仅增强了动态户外广告宣传的感染力，还能积极调动受众全身的感官去感知、了解品牌，在跨越时空的互动中形成新型的身体"在场"感。我国在重庆解放碑、成都太古里等地点也有类似的裸眼3D大屏，此类新兴户外广告成为城市的地标性景观之一。图1-10是位于成都太古里街头的裸眼3D广告，两只熊猫俏皮可爱，吸引了不少路人的目光。

---

① 赵艺，姜正馨. 增强现实广告中的沉浸体验及应用研究[J]. 艺术科技, 2019(9): 50-52.
② 胡小强. 虚拟现实技术[M]. 北京: 北京邮电大学出版社, 2005.
③ 陈佳欣. 浅析裸眼3D在户外广告中的应用发展[J]. 丝网印刷, 2022(14): 30-33.

图1-10　成都太古里裸眼3D广告

1.2.6　其他广告形态

广告形态的分类标准不是唯一的，从发展历程、媒介形态、技术逻辑等不同维度都可以对广告形态进行划分，不同类型的广告之间并不是绝对割裂的，它们具有许多的共同之处。因此，以媒介形态进行划分只是其中的一种方式，难以囊括所有的广告形态。在数字化时代，随着技术的发展也不断涌现出很多新兴的广告形态，如具备沉浸感的数字可穿戴设备广告、近年来热度持续高涨的NFT数字藏品，以及在跨界营销中被广泛使用的品牌虚拟人等。

互联网时代的强链接——场景广告

在过去的几十年里，广告形态不断融合与创新。不难发现，社交媒体平台几乎包括了不限于搜索引擎广告、网页广告、AR广告等所有广告形式，社交媒体与电商平台的新模式，也意味着更多广告形态的融合与碰撞。此外，ChatGPT产品的诞生，也让广告业开始重新思考广告的逻辑与未来。以ChatGPT为代表的AIGC、自然语言处理技术是

基于受众深度体验的互动广告

否会使搜索引擎广告黯然失色，新的广告形态又是否会由此诞生，这都是需要时间去验证的。因此，在信息技术极速发展的背景下，广告形态也在不断发生改变。

1.3　新媒体广告理论

1.3.1　消费者行为模式变迁

消费者行为模式是消费者行为过程的模型化表达，反映了消费者的行为过程和行为习惯[1]。1898年，美国广告学家埃尔莫·刘易斯(Elmo Lewis)提出AIDA模型，后期被

---

[1] Schiffman Leon G, Kanuk L, Hansen H. Consumer behavior[M]. London:Financial Times/Prentice Hall, 2013.

修正为AIDMA模型，该模型适用于传统大众媒体环境。在该环境下广告主处于中心地位，受众被视为被动的信息接受者，并且反馈渠道不通畅；企业主要通过中心化的大众媒体投放商品信息以吸引消费者注意，进而激发其兴趣和购买欲，并强化消费者记忆，最终促成购买。随着互联网的快速发展，数字化程度加深，传统消费模式发生变化。2005年，日本电通集团提出了基于互联网消费行为的AISAS模型，认为在互联网时代，搜索(search)和分享(share)对消费者的决策有着重要影响，这是对AIDMA模型的发展[①]。而进入移动互联网时代，技术的发展使得消费环境进一步变迁：场景化和智能化的特点凸显，个性化定制和精准推送使得企业和消费者之间的互动性进一步加强。2011年，中国互联网数据中心(Data Center of the China Internet，DCCI)发布SICAS模型，构建了一个非线性、多点双向的模型。不同于AISAS模型的主动搜索，消费者可以根据企业的个性化推荐信息选择商品，消费者购买后的经验分享也能为其他消费者的购买决策提供重要参考[②]。

1. AIDMA模型

AIDMA模型是由美国广告人刘易斯提出的具有代表性的消费心理模式，它总结了消费者在购买商品前的心理过程，即消费者先是注意商品及其广告，对商品感兴趣，并产生出一种需求，最后是记忆及采取购买行动。他将这个过程概括为以下5个部分：attention(注意)——interest(兴趣)——desire(消费欲望)——memory(记忆)——action(行动)。AIDMA模型是典型的营销与传播创意时代的营销理论，通过对消费者行为进行深度剖析，以促进购买行为的产生。

从AIDMA到SICAS新媒体广告理论演进

AIDMA模型反映出能够接受企业营销活动并最终产生购买的消费者的数量，随着AIDMA模型的5个阶段呈现逐级递减，企业的营销效果在营销过程中逐渐降低。这一模型表明企业通过大量营销活动，形成最终真实消费的顾客总是少数的。

2. AISAS模型

AISAS模型是针对互联网与无线应用时代消费者生活形态的变化而提出的一种全新的消费者行为分析模型，即attention(引起注意)——interest(引起兴趣)——search(进行搜索)——action(购买行动)——share(人人分享)。该模型以消费者购物心理为基本出发点，是信息爆炸时代下注意力经济在营销领域的应用。

AISAS模型是对AIDMA模型的发展，也是适用于社交媒体时代的消费者行为模式理论。以微博营销为例，AI(attention-interest)阶段即粉丝聚集阶段。微博中有大量基于兴趣爱好聚集的趣缘社群，企业将目标用户聚集在企业的微博平台是微博营销最重要的一步，在这里聚集的粉丝是更精准的用户，便于企业对其提供针对性的信息与服务，利

---

① 袁海霞，陈俊，白琳. 电商平台商品标题优化的有效性及其杠杆机制[J]. 北京理工大学学报(社会科学版)，2019，21(2)：116-126.
② 阳翼. 数字消费者行为学[M]. 北京：中国人民大学出版社，2022.

于后期建立品牌形象，积累忠实客户。而SAS(search-action-share)阶段即粉丝互动分享阶段。微博的即时搜索、超链接、评论、分享等功能可以使用户自主获得丰富多样的产品或服务信息，也可以使企业与粉丝、粉丝与粉丝之间完成多层次的互动。在AISAS模型视域下的微博营销中，前期积累的粉丝越多，越容易开展企业与粉丝的互动，也越有利于激发社交媒体中的口碑传播效应，从而促成消费行为，重塑品牌与消费者间的关系[①]。

3. SICAS模型

SICAS模型是社会化媒体时代的营销新模式，也是Web 2.0时代互联网大数据营销模型。《2011中国社会化营销蓝皮书》指出，网络时代，用户消费模式随着互联网与用户行为轨迹的变化不断完善，正在由AISAS模型转变为SICAS模型，即sense(品牌与用户相互感知)——interest&interactive(产生兴趣并形成互动)——connect&communicate(建立联系并交互沟通)——action(产生购买)——share(体验与分享)。在SICAS生态里，广告主或品牌通过分布式、多触点，在品牌、商家与用户之间建立动态感知网络，建立强有力的联系，进行个性化和精准营销。

与AIDMA、AISAS模型相比，SICAS模型将营销重心完全向用户需求侧偏移，不仅揭示了全数字营销环境到来之际的消费行为特征与规律，还从整体视角揭露消费者与品牌间的多维关系。以出版文化品牌为例，首先，基于消费者需求展开的SICAS模型与出版文化品牌的社会效益属性相符，能使出版文化品牌深入用户心理，生产高质量内容；其次，SICAS模型强调关注用户生命周期的流程管理，利于品牌明确各环节服务重点，有针对性地调整服务策略；最后，SICAS模型重视营销链路的协同与扩散，顺应从传统到数字的营销革命大势，为出版文化品牌提供更为开放多元的运营思路，有助于释放消费潜能，加强品牌建设与维护[②]。

1.3.2 新媒体营销相关理论

随着信息技术的发展，我们进入了一个新媒体蓬勃发展的时代，互联网、移动智能终端、楼宇电视等新媒体充斥着我们的眼球，极大程度改变了受众媒介接触行为的同时，也在营销市场上刮起一阵阵旋风，让营销市场的竞争更为激烈。为顺应媒介环境的巨大变化，新媒体营销成为企业紧跟时代潮流的不可避免的话题。与此同时，营销的目的和对象也发生了变化，在工业革命时代形成的营销理论和体系很难再适应时代的变化，营销的各种理论和策略也在不断实践中得到升华和发展。

1. 新媒体营销的核心法则

无论是以满足市场需求为目标的4P理论，还是以追求顾客满意为目标的4C理论，都反映的是不同时期的营销特征。新媒体营销则以"4I"理论为核心法则，即趣味法则

[①] 张秀英. 基于AISAS模式的微博营销策略研究[J]. 商业时代，2012，581(34)：27-28.
[②] 林泽瑞. 基于SICAS模型的出版文化品牌营销策略研究[J]. 科技与出版，2022，333(9)：107-113.

(interesting)、利益法则(interests)、互动法则(interaction)、个性法则(individuality)，顺应新媒体时代"以用户为中心"的营销传播策略。

(1) 趣味法则。随着社会文化的高速发展和外界环境的变化，人们越来越需要娱乐。电子传播媒介，特别是互联网的飞速发展，使得人们对娱乐的需求不仅越来越广泛而且对质量的要求也越来越高。消费者在信息的浪潮之中容易产生视觉疲劳，企业只有设计出包含趣味、创意独特的互联网营销或互动广告，才能够得到目标用户的青睐，品牌宣传才能达到更好的效果。因此，互联网时代下的新媒体营销需要遵循趣味法则，设计出有趣又好玩的营销内容瞬间抓住消费者的眼球，并利用互联网的传播效应扩大品牌知名度。随着新生代用户的崛起，用户对于娱乐的要求使得趣味法则不仅仅在于创造有趣的营销内容，传播渠道上的趣味互动、产品的个性化设计等都是当下新媒体营销所常用的方式。

(2) 利益法则。消费者购买的是利益，能够满足消费者需求，给消费者带来所需的利益的产品服务或品牌对消费者而言才是有意义的[①]。营销的目的是给用户提供实际的利益，这是建立顾客忠诚和信任关系的基础。网络是一个信息与服务的虚拟空间，营销活动不能为目标受众提供利益，必然寸步难行。因此，企业或品牌商需要对用户的消费心理进行分析，把握用户所需，并在应对不同的人群时采用不同的营销方式，设法改变用户的行为，从而激起用户的购买欲望。新媒体营销中，企业或品牌商为用户提供的"利益"已经变得泛化，因此用户对于收获的"利益"已不满足于简单的物质，可能还包括信息、资讯、功能或服务、心理满足或者某种荣誉，以及实际的物质利益等[②]。

(3) 互动法则。传统媒体时代的信息是单向线性的向受众流动，是自上而下的，消费者只能被动地接受信息。而在网络媒体时代，信息传播是"集市式"的，信息呈现多向、互动式流动。可见，新媒体与传统媒体具有重要区别：新媒体具有互动性的特征，用户从被动接受消息到产消者的身份转变也印证了互动在新媒体营销中的重要性。新媒体时代下，用户的地位不断提高，让消费者参与新媒体营销的互动与创作，能够使得品牌印记更加深刻。因此，新媒体营销中，企业与品牌商需要将消费者视为一个主体，与消费者之间建立平等互动的交流方式，这样可以为营销带来意想不到的效果。不难想象，在未来，品牌不仅仅由企业方来定义，消费者也是主导者。

(4) 个性法则。新媒体时代下，长尾经济大放异彩，个性在网络营销中的地位由此凸显。个性化营销能让消费者心理产生"焦点关注"的满足感，个性化营销更能投消费者所好，更容易引发互动与购买行动。但是在传统营销环境中，"个性化营销"成本非常高，很难推而广之，只有极少数品牌才能够尝试此方式。但在网络媒体中，数据流让这一切变得便捷、低成本，在未来，一对一行销成为可能。因此，企业或品牌在制定营销策略时，需要有针对性地根据不同消费者特性提供个性化服务，以满足消费者的不同需求。

---

① 史双. 客户终生价值典型动态影响因素研究[D]. 北京：北京邮电大学，2009.
② 解鹏程，赵丽英. 新媒体营销[M]. 北京：人民邮电出版社，2022.

2. 整合营销传播

整合营销传播(integrated marketing communication，IMC)诞生于20世纪80年代。唐•舒尔茨(Don Schultz)、斯坦里•纳本(Stanley Tannenbaum)、罗伯特•劳特朋(Robert Lauterborn)在《整合营销传播》一书中第一次正式提出IMC的概念。他们认为，IMC是企业与消费者全面沟通的一元化策略，能够以消费者为中心，综合运用广告、公关、促销、直销、CI等各种传播手段和渠道将产品信息传递给消费者，实现营销传播效果的最大化[1]。

新媒体时代的到来使得市场营销环境发生了很大变化。新媒体内容形式丰富、互动性强、便捷高效，为企业执行IMC提供了实时高效的传播工具，成为企业营销传播活动的重要渠道。面对消费者、传播方式、市场环境的不断变化，IMC在实践中不断发展与完善，成为新媒体环境下企业营销传播活动的重要战略模式[2]。

随着搜索、移动互联网和社交媒体的兴起，传统的销售手段和技能已经不再高效，为适应时代的发展，只有新的营销工具才能在新兴领域继续发展。在此背景下，美国营销软件厂商HubSpot的副总裁斯科特•布林克(Scott Brinker)提出了MarTech的概念，即营销和技术的融合。新场景、新模式之下的营销人员面临的是不断扩大的消费者接触点、数据和行为领域，如何在纷繁复杂的行为和数据之中找到正确的机会和线索，需要系统化的工具进行分析和自动化处理。MarTech通过简化或自动化营销过程，收集和分析数据，并使目标受众参与营销、同营销人员互动，允许跨团队加强协作，改善与目标人群的沟通，通过最大限度地减少用于追求不准确或不完整见解的资源来降低成本。MarTech的诞生与崛起，或成为企业增长困境的破局之道。

3. 5A客户行为理论

"现代营销学之父"菲利普•科特勒以价值观、连接、大数据、社区、新一代分析技术为基础编写了《营销革命4.0》，并在该著作中提出了著名的"5A 客户行为路径"理论。他认为，数字经济的转型期，消费者的行为模式已经由4A向5A转变，消费路径被重新定义为5A，即认知(aware)、吸引(appeal)、询问(ask)、行动(act)、倡导(advocate)[3]。

5A客户行为理论关注消费者与品牌方的互动、不同消费者之间的横向沟通，以及消费者对品牌的拥护程度，在鼓励品牌注重营销的同时，强调把精力放到加强互动、改善渠道和提升用户体验上，优化品牌与消费者的关键触点，促使消费者产生行为质变。同时，5A客户行为理论鼓励品牌加强利用消费者之间的横向关系，消除消费者对品牌的纵向疑虑，用社区力量影响消费者的决策[4]。

---

[1] Duncan T. Principles of Advertising and IMC[M]. 2nd ed. New York: McGraw - Hill，2005，85.
[2] 高莹. 新媒体时代企业整合营销传播问题研究[J]. 社会科学辑刊，2013(3)：138-141.
[3] 崔明，黎旭阳. 基于5A消费路径的实体书店全渠道营销策略[J]. 科技与出版，2019(10)：86-92.
[4] 赵忻淼，杨涵，张磊. 基于5A理论的国内实体书店营销策略研究[J]. 国际公关，2022(15)：107-109.

1.3.3 新媒体营销经典模式

新媒体营销不是简单地在新媒体平台上策划营销活动,而是让传统的营销理论与模式结合新媒体平台的特征,焕发出新的生机。下面将介绍新媒体营销中常用的几种模式,以帮助读者对新媒体营销有简单的了解。

1. 饥饿营销

饥饿营销一般运用于产品或服务的商业推广,是指产品提供者有意调低产量,以期达到调控供求关系、制造供不应求的"假象"、维持产品较高利润率和品牌附加值目的的一种营销策略。饥饿营销的最终目的不仅是提高价格,更是提升产品或品牌附加值。饥饿营销是一种短期策略,通过实施"欲擒故纵"的策略制造供不应求的现象,以引导消费者心理,刺激用户快速做出购买决定。然而,饥饿营销可以为品牌迅速树立起高价值的形象的同时,也可能会消耗消费者的品牌忠诚度。

2. 事件营销

事件营销是指企业通过策划、组织和利用具有新闻价值、社会影响以及名人效应的人物或事件,引起媒体、社会团体和目标用户的兴趣和关注,以求提高产品或服务的知名度、美誉度,树立良好的品牌形象,并最终促成产品或服务成交的一种营销策略。通常来说,在事件营销中,借助名人或热门事件是快速引发热度和关注事件营销的有效途径。一次成功的事件营销可以让企业花费较少的人力、物力和成本,轻松将产品或品牌推向大众的视野,甚至引起病毒式裂变传播。对于企业来说,容易吸引用户关注,同时有利于提升品牌形象的事件主要包括公益活动、热点事件、危机公关等。

3. 口碑营销

口碑营销是指企业运用各种有效手段,引发目标用户对其产品或服务及企业整体形象进行讨论,并激励用户向其周围的人进行介绍和推荐的一种营销策略。这种营销策略具有成功率高、可信度高的特点。传统的口碑营销通过人与人之间的口口相传进行信息传播,企业努力使用户通过与亲朋好友的交流将产品或服务信息、品牌信息传播开来。而新媒体营销将口碑营销与网络营销结合,利用新媒体平台,将产品的口碑以文字、图片、音视频等形式进行传播,使企业与用户之间形成实时互动,从而获得销售效益。与纯粹的广告、促销、公关、商家推荐等营销方式相比,口碑营销的成本更低,效果更好。

4. 情感营销

情感营销是指从消费者的情感需要出发,策划品牌宣传与产品营销活动,激发消费者的情感需求,引起其心灵共鸣,从而使品牌或产品信息深入人心的一种营销策略。如今是一个情感消费时代,消费者购买产品时不仅看重产品的质量、价格,更多时候需要获得心理上的认可和情感上的满足。人们常在一些物品上寄托情感,一些企业就利用这些情感来开展营销活动，从感官和情感上影响用户。企业可以通过产品命名、形象设计、情感宣传、情感价值和情感氛围的设计等方式实现营销目标，引起用户的共鸣，为品牌树立一种更加立体的形象。新媒体时代的情感营销不仅重视企业与用户的利益交换，同时也更注重为用户营造温馨舒适的营销环境。好的营销环境能促使企业与用户产生更多的情感交流。情感营销能提高用户对品牌的忠诚度，还能使企业在激烈的市场竞争中更具优势。企业除了要具备产品质量好、产品价格合理等硬实力外，还应增强软实力，要尊重用户、为用户着想，赢得用户的信任，从而在市场竞争中博得一席之地。

5. 跨界营销

跨界营销是指根据不同行业、不同产品、不同偏好的用户之间所拥有的共性和联系，使一些原本毫不相干的元素互相融合、互相渗透，从而使彼此的品牌影响力互相覆盖，并赢得目标用户好感的营销模式。

1.3.4　品牌理论发展与进化

品牌是伴随着商品交换产生的。"品牌"一词源自古挪威语Brandr，其意为"打上烙印"①。在物质资料匮乏的早期商品市场，品牌作为产品标识起到了保护产品物权的重要作用。随着商品经济的繁荣和世界市场的拓展，品牌理论日臻完善，成为指导品牌建设的重要思想武器。

从品牌1.0到品牌4.0

1. USP理论

罗瑟·瑞夫斯(Rosser Reeves)于20世纪50年代提出USP理论，USP是英文unique seling proposition的缩写，译为独特的销售主张。USP理论的产生与当时的经济环境有着密切的关系，同时也受到当时营销观念的影响，成为20世纪50年代最主要的广告理论。

罗瑟·瑞夫斯指出，USP理论的内涵包括三个方面：一则广告必须向消费者明确陈述一个消费主张；这一主张必须是独特的，或者是其他同类产品宣传不曾提出或表现过的；这一主张必须对消费者具有强大吸引力和打动力②。随着市场环境和传播媒介的迭新，USP理论在实践中不断发展和创新。

2. 品牌形象理论

品牌形象理论是由美国著名营销专家大卫·奥格威在20世纪60年代中期提出的创意观念。品牌形象论是广告创意策略理论中的一个重要流派。在此策略理论影响下，出现了大量优秀的、成功的广告，而随着市场环境的变化，这些理论也在不断充实和完善。

品牌形象理论的基本观点如下：广告最主要的目标是为塑造品牌服务，力求使广告

---

① 王海忠，王子. 欧洲品牌演进研究：兼论对中国品牌的启示[J]. 中山大学学报(社会科学版)，2012(6)：186.
② 菲利浦·科特勒. 营销管理[M]. 梅汝和，等译. 北京：中国人民大学出版社，2001：385.

中的商品品牌具有较高的知名度；任何一个广告都是对广告品牌的长期投资，广告的诉求重点应具有长远性，为推广一个良好的品牌形象，可以牺牲短期的经济利益；随着同类产品的同一化趋势加强，同类产品的差异性日渐缩小，消费者往往根据对品牌的好恶来选择购买。因此，描绘品牌形象比强调产品的具体功能重要得多。

3. 品牌定位理论

定位理论由美国著名营销专家艾·里斯(Al Ries)与杰克·特劳特(Jack Trout)于20世纪70年代提出，他们提出"定位"概念的出发点是解决品牌市场传播的效率问题，应对传播过度造成的品牌信息难以被消费者注意和接受的问题[1]。里斯和特劳特认为，定位要从一个产品开始，产品可能包括商品、服务、机构，甚至是人，定位是为了产品或品牌在消费者心中找到一个合适的位置。通过对品牌信息的选择、分类和传播目标的确定，可以使自身品牌区别于竞争对手，塑造个性化、差异化的品牌形象，提高消费者对品牌或产品的认知、记忆与联想，提高传播的效果[2]。在定位理论提出之后，营销学界泰斗波特教授和科特勒教授便表达了对此理论的认同，并对决定品牌定位的因素进行了概括，提出一个品牌定位取决于4个因素：目标市场、竞争的性质、消费者的相同点联想和不同点联想。

4. 品牌关系

黑石集团(Blackston)认为品牌关系是消费者与品牌之间的认知、情感、行为的互动过程，品牌关系是品牌个性的逻辑性延伸；品牌如同具有性格特质的个人，企业要了解品牌与消费者之间的关系，不但要思考消费者对品牌的态度与行为，还要考虑品牌对消费者的态度与行为。很多学者也同意品牌关系是一种双向关系的说法。如福尼尔(Fournier)认为品牌关系的定义包括三个方面：互赖或交互的行动与利益；实质或期望的互动，且在特定情况下发展为价值回报；工具与情感的联结。盖普·弗兰金(Giep Franzen)认为品牌关系包括互动与态度两种成分：互动成分是指个人与品牌的互动次数与内容，态度成分则是指个人对品牌的态度与品牌对消费者的态度。综合以上学者观点，品牌关系如人与人之间的关系般，是动态而双向的，是消费者与品牌之间的互赖、工具或情感联结下的认知、情感与行为的互动过程[3]。

5. 整合品牌传播理论

前文所提到的IMC在广告界和营销界大行其道，而当营销和广告进入移动互联网时代，新理论呼之欲出。华南理工大学的段淳林教授在《整合品牌传播：从IMC到IBC理论建构》中明确提出了整合品牌传播理论(IBC)，IBC触及新媒体时代下品牌传播的核

---

[1] 崔灿. 品牌定位与品牌识别的关系研究[J]. 社会科学论坛，2006(9)：110-112.
[2] 罗瑟·瑞夫斯. 实效的广告：达彼思广告公司经营哲学 USP[M]. 张冰梅，译. 呼和浩特：内蒙古人民出版社，1999:80-81，93-98，115.
[3] 王正忠. 品牌关系的理论研究[J]. 当代经济，2011(18)：138-141.

心。该理论产生的重要背景是在移动互联网的高速发展下，传统消费者向社会化消费群体转型。IBC理论构建了基于SoLoMo(SoLoMo是2011年2月由约翰·杜尔提出的概念，指结合社会化(social)、本地化(local)、移动化(mobile)的新型市场营销模式)的品牌传播模式，明确提出品牌应传播其核心价值，品牌核心价值的精髓是文化精神价值。IBC理论主张，在价值整合时代，品牌价值已经从经济价值上升到社会价值的高度，价值整合的过程就是将以品牌核心价值为主的价值观与企业价值观、社会价值观进行整合，实现品牌核心价值系统的普世化，最终使品牌成为某种社会价值的特殊符号，被消费者和社会群体广泛认同[①]。

6. 用户触点全模型

用户触点全模型(comprehensive customer touchpoint Model)是一种综合性的方法，旨在捕捉和理解客户在与品牌、产品或服务互动过程中的所有可能接触点，以帮助企业更好地了解用户的体验和提升品牌价值，并优化他们的市场营销和服务策略。这个模型包括但不限于以下几个关键方面：在购买前阶段，用户主要通过信息搜索(如在线搜索、浏览网站、阅读评价或咨询朋友)来收集信息，从而对不同品牌的产品或服务进行考虑和比较，而企业需要具有品牌意识，可以通过广告、社交媒体、口碑、公共关系活动等建立品牌知名度；在购买、使用以及购买后阶段，企业需要为用户提供优质的服务以及体验，以及积累用户忠诚度；此外，保证跨渠道信息和体验的一致性、注重用户的个性化体验，以及关注社会和环境因素对企业来说是同等重要的。用户触点全模型强调的是一个全面、动态的视角，旨在理解用户在整个购买周期内的体验，从而帮助企业更有效地管理用户关系、优化产品和服务，提高用户的满意度和忠诚度。

在新媒体时代，用户触点全模型需要适应数字化和互联网技术的快速发展，以及用户行为和预期的变化，与此同时，用户触点全模型的关键组成部分也随之转变。品牌可以通过社交媒体、网站和移动应用、在线聊天以及客服机器人优化接触点；技术驱动下的品牌故事和视频内容更具吸引力和价值性，高透明度的新媒体时代也促使品牌更注重社会责任和可持续发展。总而言之，新媒体时代下的用户触点全模型更加强调数字化接触点的优化，内容的创新性和个性化，以及技术在提升用户体验中的应用，这不仅有助于增强用户参与度，还能提升品牌的竞争力和市场适应性。

1.4 新媒体广告及相关领域

由于广告活动自身的复杂性、所涉及主体的多样性，以及其辐射范围的广泛性，基于对广告进行研究而形成的广告学科也无可避免地成为一个复杂的、边缘的、交叉的知识领域[②]。从各个时代不同学者或著名广告人对广告活动的论断来看，广告在发展过程

---

① 段淳林. 整合品牌传播从IMC到IBC理论建构[M]. 北京/西安：世界图书出版公司，2014.
② 祝帅. 心理学、经济学与早期中国广告学的发生[J]. 广告大观(理论版)，2010(5)：79-86.

中必须汲取不同领域、不同学科的营养。

1904年，美国广告人约翰·肯尼迪(John Kennedy)说："广告是印在纸上的推销术。"

1923年，克劳德·霍普金斯(Claude Hopkins)提出："广告的唯一目的是实现销售。"

2001年，中国学者杨海军说："广告从本质上讲就是一种信息传播活动。纵观古今中外，无论广告的表现形式发生何种变化，广告媒体如何快速扩展，广告技术怎样进步，都改变不了广告活动的本质属性：广告是一种信息传播活动。"①

由此可见，广告学科在诞生之初就与营销学、传播学有着密不可分的关系。

1.4.1 广告与营销

1994年，《中华人民共和国广告法》(以下简称《广告法》)对广告的法律规定为："本法所称广告，是指商品经营者或者服务提供者承担费用，通过一定媒介和形式直接或者间接地介绍自己所推销的商品或者所提供的服务的商业广告。"其中，有几个清晰且达成共识的概念："广告主的付费""可识别对广告主有利的信息""非个人的传播"。即便在大众媒体环境下，2015年修订的《广告法》删除了"承担费用"的字样，但这几个核心要素无论置于怎样的媒介环境中，都是不变的②。因而从概念和内涵上，广告就有着经济属性。而在具体的广告实践活动中，广告服务于营销。

营销学对广告学的影响深远而广泛，从宏观架构到具体技巧，无所不包。其中最重要的一点是，明确了广告活动的根本目的，即商品销售③。从广告的历史来看，1904年，美国广告人约翰·肯尼迪提出了"广告是印在纸上的推销术"的著名观点。1923年，克劳德·霍普金斯提出："广告的唯一目的是实现销售。广告是否盈利，取决于广告引起的实际销售。"④20世纪50年代，广告大师罗斯·瑞夫斯提出著名的USP(unique selling proposition，独特销售主张)理论，更是将广告的销售本质发展到极致。该理论认为每一则广告必须向消费者陈述一个消费主张，给予消费者一个竞争产品做不到、不具有或没有宣传过的独特有效的利益承诺，以打动消费者并促进销售。我国著名广告学者张金海教授在《二十世纪广告传播理论研究》中提出"广告完整的表述应该是一种营销传播"的论断，并认为"建立广告是一种营销传播的认识，对广告学理的建构，对广告学基础理论的确立，意义尤为重大"。因此他建议在整体广告运动的基础之上，在营销学和传播学两大学科理论基石之上，来系统建构广告学的基础理论和基本原理，进而建构广告营销传播学的理论体系⑤。

但是，在新媒体环境中，技术逻辑使用户中心地位得以确立，进而技术逻辑与用户逻辑互动，呈现交互性、融合性的特征。在这一大传播环境下，传统意义上界定的纯广

---

① 杨海军.论广告学的学科归属[J].河南大学学报(社会科学版)，2001(1)：105-109.
② 舒咏平，鲍立泉.新媒体广告[M].2版.北京：高等教育出版社，2016.
③ 常燕民.广告学研究的"走进来"与"走出去"——从博弈论视角观照广告学[J].新闻界，2014(17)：38-42.
④ 克劳德·霍普金斯.科学的广告+我的广告生涯[M].北京：华文出版社，2010.
⑤ 姚曦.学科建设与学术理想——张金海广告教育与学术思想研究[J].广告大观(理论版)，2008(4).

告并不是广告主发布商业信息的唯一载体，"广告"可以附着在各种载体之上，如广告主可自我掌控的、付费支出方式多元化的会展、活动、终端、新媒体、关系管理等。而由营销学界提出的"整合营销传播"(integrated marketing communication，IMC)则越来越深入地影响广告界——在IMC的思想体系中，广告、促销、公关等一切传播活动都涵盖于营销活动的范围之内，是一种一元化的过程①。与此同时，全面数字化的时代来临，一种使用数字传播渠道来推广产品和服务的实践活动，从而以及时、相关、定制化和节省成本的方式与消费者进行沟通的方式——数字营销形成②。整合营销传播的理念嵌入数字营销背景，传统意义上的"广告"的生命力受到了极大制约，其核心的"广告策划"几乎丧失了空间。于是，原来作为"营销延伸的广告"的内涵向"品牌传播"的内涵演进③。这也意味着，广告与营销在一定程度上有所脱钩。

新媒体广告的内涵向着"品牌传播"的方向演进，基础的推动力是技术逻辑下的互动性：广告主可以自主地在任意渠道传播广告信息，受众也拥有选择广告信息的权利，于是具有双向对称的"传播"特性得以凸显。而由于可承载广告信息的媒介无限泛化，且媒介的属性又反过来可以影响广告信息的性质，广告主传播的广告信息不仅可以是直接的、功利的产品信息，还可以是突出广告主良好形象的品牌信息，加之产品信息是归属于商标品牌的，于是"品牌传播"便产生了。最后，无论是数字营销环境还是整合营销理念促进的营销传播一体化，都更突出具体的"营销"概念，而其中的"传播"成分应归属于"品牌传播"，从而使得广告研究因有特定对象而具有独立性。也就是说，广告从营销学中独立了出来，于是市场的开拓不再拘泥于产品实物的营销，也可以是产品符号化、信息化的传播。自此，广告学与营销学的关系再度发生变化：新媒体广告中既包含传统媒体上付费的、可识别的商品信息传播，还包括新媒体上广告主各种类型信息内容的品牌传播。这种兼容并包符合广告学科的融合性质，学科间的关联和重组也符合流动的时代特质。

海德格尔曾言"技术是时代的座驾"，我们如今所处的正是一个数字化深入发展、媒介化程度日益加深、技术逻辑深入社会底层的时代。在这个技术深度嵌入社会各个领域以推动其飞速发展的时代中，技术是流动性的，技术逻辑是弥散的，而流动也意味着融合，弥散也意味着一体，可以说，当今时代的技术逻辑就是融合逻辑：媒体融合、跨学科交流、复合型人才。没有哪一个学科可以故步自封地不接受其他领域的渗透、不接受技术的渗透。因而在这个技术主导的融合时代中，广告学与信息技术学、人工智能科学深入交互，也在这种交流互动中深化了与营销学这类传统学科间的关系。

在这里，必须提到与广告密切相关的技术、营销之间的交融，这种交融反哺了新媒体广告的转型升级。2008年，美国营销软件厂商HubSpot副总裁Scott Brinker提出了营销

---

① 唐·E. 舒尔茨，菲利普·J. 凯奇. 全球整合营销传播[M]. 何西军，等译. 北京：中国财政经济出版社，2004.
② 邓剑飞. 数字营销时代广告主品牌传播建议[J]. 经济管理文摘，2021，764(2)：183-184.
③ 唐·E. 舒尔茨，菲利普·J. 凯奇. 全球整合营销传播[M]. 何西军，等译. 北京：中国财政经济出版社，2004.

技术(MarTech)的概念，MarTech是Marketing Technology的简称，其内涵如其字面含义表达，是"营销和技术的融合"，引申定义为营销人员用于在数字营销和离线空间中计划和执行营销活动的任何软件或工具，具体来说，包括但不限于社交媒体、市场策略、营销活动、营销自动化、客户旅程开发、广告营销、重新定位等场景。在营销技术(MarTech)行业内，对于生态的细分已达成基本共识，主要分为以下六类工具。

(1) 广告和促销工具。这类工具有助于简化和优化社交媒体广告、程序化广告、原生广告和搜索引擎优化等工作。

(2) 营销与销售工具。这类工具可以帮助营销人员管理客户，也用于自动化流程，有助于弥合销售和营销团队之间的差距，提升效率和效用。

(3) 内容和体验工具。这类工具帮助营销人员完成内容营销任务，包括内容创建、自动化、策划和联合到内容管理系统(content management，CMS)、搜索引擎优化(SEO)、登录页面和数字资产管理(digtial assets management，DAM)。

(4) 数据工具。这类工具用于简化庞大的信息收集工作，并提供轻松访问，以获得洞察力和可视化数据，以便团队能够做出准确和明智的决策，从客户数据平台(CDP)到数据管理平台(DMP)，再到网络分析软件和预测分析。

(5) 管理工具。这类工具在项目中贯穿整个组织，能改善协作和沟通，具体功能包括项目管理、事件跟踪、招聘、沟通和财务管理。

(6) 社交关系工具。这类工具用于同潜在客户和现有受众建立联系，包括社交媒体管理、监控、电子邮件营销和影响者营销工具，还包括社区管理、现场活动、聊天机器人和呼叫管理。

用主体间关系互动的视角来概括这六种工具，它们分别作用于营销者与消费者的互动、营销者与营销者的互动、营销者与产品的互动、消费者与产品的互动、消费者与消费者的互动，以及产品与产品的互动[①]。

在技术与营销融合的数字营销背景之下，新媒体广告从用户洞察到效果验收的各个环节形成了闭环，且能够通过营销技术(MarTech)工具实现每一次广告与营销活动的良性循环：不断从上一次活动的数据中得出经验，指导下一次活动。由此，技术与营销的融合带来了新媒体广告的转型升级。

综上而言，在数字时代，新媒体广告逐渐从营销学中独立出来，成为具有自身独特性的学科，并且通过积极汲取技术的养分而获得发展。但无论是自立门户还是融合技术逻辑，新媒体广告都是为了更好地服务于营销目标，更好地使广告适应于数字化的传播环境。

---

① 任之光，赵海川，杨凯. 营销科技的发展、应用及研究现状评述与展望[J]. 营销科学学报，2022，2(1)：1-11.

1.4.2 广告与传播

传播学在20世纪初期发端于美国，成熟于20世纪四五十年代。因其对信息传播规律的探讨突破了以往的不少困境与局限，加之与信息时代的到来不谋而合，传播学迅速成为一门显学。喻国明认为："促使传播学成为显学的关键性推动因素是互联网的崛起及其对于现实世界的深刻改变。"①郭庆光将传播定义为社会信息的传递和信息系统的运行，而广告活动正是对商品信息的传递。传播学对广告学的影响，从基于"5W"模式的广告学框架，到议程设置、意见领袖、睡眠效果等具体知识，涉及广告活动的方方面面。

广告学研究"走进"传播学并被官方纳入"传播学"下属的"三级学科"，正是因为广告的信息传播属性广受认可，正如杨海军所说："广告从本质上讲就是一种信息传播活动。纵观古今中外，无论广告的表现形式发生何种变化，广告媒体如何快速扩展，广告技术怎样进步，都改变不了广告活动的本质属性：广告是一种信息传播活动。"

从信息时代到数字时代，传播技术的不断创新与更迭使得传播学研究的环境发生了巨大的变革，传播学也越来越关注信息技术的发展。而作为信息传播的广告，其行业发展也必然会受到信息技术发展的影响。互联网的诞生改变了全球信息连接和传播的方式，此后移动通信技术不断更迭，突破时空局限，并主导了广告产业的变革。2020年，我国正式进入5G商用阶段，具有高速率、高容量、低时延、智能化等特点的第五代移动通信技术使广告形式得到极大丰富，如短视频、长视频、虚拟现实、增强现实、户外广告等都是基于5G技术兴起的，并在广告体验、场景营销、广告技术等方面改变了广告传播实践。

5G技术在提高广告到达率和降低广告屏蔽率的同时能为用户带来更为沉浸式的广告体验，而这样全神贯注的理想型用户体验需要建立在一个基础上：广告创意搭载在合适的媒介形式之上并适时合理触达用户需求端，这就是场景营销。学者黄琦翔认为恰到好处的场景营销涉及三项内容：①确保目标消费者到达率和可见性；②从追踪既有行为转向预测未来行为；③便捷的转化渠道。而在5G技术的加持下，这三项内容的实现成为可能。在场景时代，海量的场景体验与个性化服务需要成熟的广告技术支持，这便在定位、创意、完成、投放、评估、竞价、优化、反馈等广告流程上反向促进了广告技术的升级②。广告业乘着5G技术的东风飞速发展，也意味着广告与信息技术的绑定程度加深。

对于广告学科而言，广告传播实践的变化使得研究议题也不断变化。广告技术研究、技术伦理、效果评估研究等方面吸引了更多学术界的关注，由于传播学的知识涉猎范围更为广泛，传播学科的底蕴也更为深厚，对这些议题的深入研究将更多地涉及传播学方面更深层次的知识，由此，广告学与传播学的学科交流愈发深刻。

---

① 常燕民. 广告学研究的"走进来"与"走出去"——从博弈论视角观照广告学[J]. 新闻界，2014(17)：38-42.
② 黄琦翔. 5G带来的广告传播研究变革：实践与理论[J]. 编辑之友，2019(7)：34-39，44.

1.4.3 广告与公关

不同于广告学与营销学间的关系，新媒体传播环境下，企业的营销行为面临着消费者信任危机加剧、传播环境失控的挑战，作为营销重要工具的广告和公关在目标、内容、手段方面出现了趋同的趋势，界限越来越模糊[1]。"与消费者形成关系"是新媒体营销的基点，因为消费者与企业有关系，才会去接受企业为其定制的信息，受其影响并最终产生行动。广告的目标不再是销售或者建立品牌，而变成与消费者建立关系。广告要精准了解消费者的需求，关心消费者，想消费者之所想，最终成为消费者的朋友，在潜移默化中以关系影响消费者的购买决策。而公关活动不论是在传统媒体时代还是新媒体时代都是以建立关系、维护关系为目的的，只是建立关系的手段变得更加主动、更加方便快捷。由此观之，广告开始与公关目标趋同，将与消费者建立关系作为广告活动的目标。

在趋同的目标的驱使下，广告与公关也会在内容层面进行围绕沟通元的创意传播。在新媒体环境下，若想与消费者建立关系，就必须了解消费者的需求，吸引消费者注意力的传播内容必须是消费者认可的。一方面，公关活动可以通过广告的方式广而告之，扩大传播的影响力；另一方面，广告则可以从调查到拍摄的全过程按照公关事件的方式操作，导演、演员、花絮等都是事件的引爆点。北京大学陈刚教授认为，在数字生活空间中，沟通元是创意传播的核心，广告、公关、病毒视频等都是围绕沟通元的传播手段。所谓的沟通元"是一种基于内容的文化单元，它凝聚了生活者最感兴趣的内容和最容易引起讨论和关注的话题，一旦投入数字生活空间，就会迅速引起关注，激发生活者广泛分享、讨论和参与，并且在传播者和生活者的积极互动过程中，沟通元不断地丰富和再造，并不断地延续传播。"[2]在广告和公关的实践中，可以看到越来越多的通过内容相互配合、共同服务于企业致力于和消费者建立关系的品牌传播现象。有人将这种现象称为公关广告化或者广告公关化。

除内容层面之外，广告与公关使用的手段也很相似，常常通过话题制造的方式达成目的。广告和公关在新媒体环境下都注重通过话题聚焦消费者，以互动形成关系，依托创意与消费者协同传播，不断形成话题，最终与消费者建立关系。信息爆炸使得常规的广告和公关很难吸引受众的眼球。在这种传播环境下，创意必须通过消费者喜欢和感兴趣的内容传递出去，才能引起他们的广泛关注。应对这种转换的方法就是挖掘新媒体传播平台上消费者广泛关注的信息内容，然后通过创意量身打造可以广泛传播的沟通元，进而通过与消费者的互动协同创意创造内容、创造话题，只有这样，才能有效传达品牌信息，并在潜移默化中影响消费者。

---

[1] 莫叶芬，吕薇，朱丹通. 新媒体时代广告与公关的融合研究[J]. 商，2015(20)：207，191.
[2] 陈刚. 创意传播管理：数字时代的营销革命[M]. 北京：机械工业出版社，2012.

1.4.4 广告与品牌

如前文所述，进入数字时代后，由于整合营销传播的理念与数字营销背景的融合，原来作为"营销延伸的广告"的内涵向"品牌传播"的内涵演进。广告中的"传播"成分归属于"品牌传播"，从而使得广告研究因有特定对象而具有独立性。

另外，最开始出现品牌只是为了识别、区分产品，后来随着品牌理论的不断发展更迭，品牌逐渐被赋予意义和内涵，并逐渐转变为品牌与用户之间关系的经营。但是，随着移动互联网的崛起和大数据的加持，技术进步使得媒介环境变迁，从广告策划、创意制作、传播发布到效果评估，广告日益强调"精准"，在重视效果的广告中，品牌似乎变得不再重要。然而事实是，数字时代之下信息渠道越来越碎片化、信息超载、品牌泛滥，刺激用户感官的效果广告越来越难以取得预期的效果[①]。如此一来，通过品牌赋能企业变得尤为重要：只有建设品牌才能使产品获得附加价值，才能使企业实现差异化，才能助力中国的企业走向世界。

广告的最终目的是对品牌的塑造。具体而言，每一则广告都是一个广告文本的一次性叙事，是一次营销沟通活动的叙事，而品牌便是由一则则广告通过叙事构建的世界[②]，它内核稳定，意涵丰富，且能够无限延伸。纵观许多中华老字号，正是凭借品牌之力才能在时代变迁中屹立不倒，然而步入数字化时代后，这些老字号品牌也面临着品牌形象老化的问题，它们需要更新自己的品牌建设手段，以适应消费者群体的变化，适应传播和营销环境的变化。人民网副总裁潘健表示："品牌是高质量发展的重要象征，是企业乃至国家竞争力的综合体现。尤其是对拥有悠久历史，传承独特产品、技艺或服务、理念，取得社会广泛认同的老字号品牌，更是如此。"

数字时代的广告，依托的是各类新兴媒体，新兴媒体是一个相对的、动态的概念，新媒体广告同样是一个动态的概念，这与技术逻辑作为底层逻辑带来的流动性、融合化的数字时代的典型特征是吻合的。具体而言，新媒体广告不仅意味着各项新兴技术的加持，还意味着各类品牌理论的变革与迭代。一方面，技术作为基础性力量全方位渗入广告中，使得新媒体广告对品牌的塑造是全方位的，也是更为细致的：从品牌定位、品牌传播到品牌认同，每一环节都更精准化；另一方面，从麦克卢汉的媒介讯息论出发，媒介形式的变革导致了人们认知、行为方式的变革，进而导致了社会结构变革。当下，媒介与技术深度耦合，为人们的认知、行为引入新的尺度——新消费兴起、流量思维当道、体验为王……在此番现实中，企业必须借助新兴媒体的力量，通过新媒体广告精准定制品牌策略，才能让老品牌重新焕发活力、让新品牌生机勃勃。

品牌跨界营销：
新奇组合与话题
制造

跨界整合营销：
联名共赢

---

① 上海艾瑞市场咨询有限公司. 中国品牌广告营销策略白皮书[C]. 艾瑞咨询系列研究报告，2022：500-557.
② 王菲. 品牌叙事 新闻传播学文库[M]. 北京：中国人民大学出版社，2022.

老字号品牌的各种品牌年轻化策略体现了新媒体广告在数字时代对品牌塑造的力量，如稻香村联名王者荣耀、大白兔联名气味图书馆、六神联名RIO鸡尾酒。新媒体广告的技术特征使其能够更好地服务于品牌塑造，并使品牌更好地适应时代变迁。

品牌塑造是一个全方位、系统化的过程，为了完成塑造品牌的终极目标，广告需要与营销学、传播学、公共关系学等相关学科开展深入交流、融合。从诞生伊始，广告学就是一门融合学科，今天，它作为一门独立的学科体系仍然与其他学科之间具有渗透和跨界的结构关系，其他学科的适时发展也决定了广告学始终具有动态发展的个性。一方面，从广告学内部各门分支学科中有效地汇聚最新研究成果；另一方面，应密切关注广告学学科体系外部其他学科的发展趋势，积极从其他学科体系中汲取营养，围绕着普通广告学的理论体系，不断丰富和完善其基本的结构与内容[①]。

综合讨论与练习

1. 请结合当前的新技术、新趋势，谈一谈数字社会发生了哪些变革？新媒体广告的生态环境发生了哪些变化？

2. 请观察一下身边有哪些新媒体广告？具体形态是什么？具有哪些新特点？请举例说明。

3. 在数字时代，有哪些新广告理念与相关理论值得关注？

4. 在新媒体时代，如何理解广告与相关学科的关联与区隔？

---

① 杨雅霓，王续琨. 广告学的学科结构和跨学科演进走势[J]. 湘潭大学学报(哲学社会科学版)，2022，46(6)：182-185.

第2章 从群体到个体：数字时代的用户洞察

从消费者到用户，反映了广告受众角色的转变，用户这个新身份代表了更主动的参与性；从群体到个体，则反映了用户洞察的精准性。本章以"用户"为核心展开介绍，着重探讨数字化传播环境下的用户洞察的意义与方法。

2.1 新媒体时代的用户

2.1.1 什么是用户

1. 作为信息接收者的用户

尽管互联网也是"新媒体"，但以门户网站为代表的早期传播渠道，依旧沿用的是传统的大众传播模式，因此，它的用户也很大程度上扮演着传统媒体时代受众的角色。在这样传统大众传播的"点对面"模式的延续下，网站扮演着互联网传播中心的角色，它提供了丰富的内容。网站与用户是线性传播的两端，网站是信息的传播者，用户是信息的接收者，两者的地位并不平等，用户在信息获取方面是被动的，网站掌握着传播信息的权利。

因此，早期的门户网站用户是作为传播受众的用户，门户网站具有绝对垄断地位。尽管随着搜索引擎的出现，以及各种信息传播渠道和平台的兴起，丰富了用户获取信息的渠道，用户在内容分发中占据着越来越重要的地位，但用户在互联网络中扮演着信息接收者的角色仍是不可否认的事实。

2. 作为消费者的用户

互联网时代的用户不仅仅是信息的接收者，更是广告内容的消费者。在新媒体时代，广告内容的使用载体不再是报纸、广播、电视等，人们可以在社交平台获得丰富的信息。互联网的诞生使用户在信息搜索和满足自己信息需求上展现更高的活跃性，而消费者的核心本质并未改变。

作为消费者的用户，可以被划为两种类型：一种是主动的消费者，他们会选择自己信任的内容生产者，主动地选择内容、搜寻内容，而不是被动等待内容，这种传播行为既可以对其他消费者产生影响，也可以对生产者起到反馈作用；另一种是被动的消费者，常常表现为惰性依赖，他们懒于搜寻知识，懒于评论，他们依赖算法推送、简化的标题、易于理解的内容，喜欢用最少的时间和精力代价获得最大的收获。例如，小红书采用的信息分发模式是双信息流，用户可以根据自己的兴趣选择浏览内容；而抖音采用无缝下滑式，以短视频内容和强大的算法技术满足惰性用户的需求。

3. 作为生产者的用户

在Web 2.0技术的推动下，传播模式已由传统的大众传播模式转向以个人为中心、以社会网络为传播渠道的个人门户模式。在人人都有麦克风的时代，用户不再只是信息的接收者，而是被赋予了自我表达的权利。作为互联网的一个节点，用户既可以自己生产内容并发布内容，成为一个自媒体，还可以对他人的内容进行点赞、转发，推动信息的放大与扩散。一方面，技术赋权不仅为用户提供了生产信息的渠道，还提供了一种"被看见"的可能性；另一方面，随着生活水平的提高以及教育的普及，内容生产主体正在不断扩大。中国互联网信息中心(CNNIC)官方第51次报告显示，截至2022年12月，我国网民规模为10.67亿人，较2021年12月增长3549万人，同比增加3.4%，互联网普及率达75.6%。

与此同时，在传统媒体时代，大量的资源都倾斜于少数媒体之中，这些媒体无疑处于一种绝对垄断者和权力中心的地位。随着分布式生产的出现，这种传媒产业格局被打破，对于当下的媒体来说，用户参与的分布式生产已经形成。

4. 作为品牌价值共创者的用户

在传统媒体时代，品牌价值由品牌方独立创造，而随着技术的发展，品牌方可以以被区块链世界接受的方式与商业模式去提供产品和品牌服务，并为消费者提供品牌权益和价值增值，令其产生参与品牌传播的意愿。这种品牌关系的转变，使品牌与现有的传播模式连通的同时，也完成了品牌传播价值的全面升级。

被称为"元宇宙概念第一股"的罗布乐思(Roblox)在2021年3月10日进行首次公开募股(initial public offerings，IPO)，他们在招股书中首次从群体创作社区的角度将自己描述为元宇宙公司。以用户自有的数据治理作为经济核心，"共创共享"的群体创作也是元宇宙品牌价值最大化的主力因素。可见，在未来，用户在品牌中的参与度将不断攀升，用户也会越来越被品牌方所重视。

2.1.2 新媒体用户特征

1. 用户的主导权更强

互联网平台使得用户对信息的选择有了更多的权利，同时用户可以自主地生产内容。在新媒体时代，用户毫无疑问地占据着更加主动的地位，在消费层面更加偏好主动选择而不是被动接受。由于技术的发展，用户可以突破时间、空间的限制，有更多的选择机会，同时在不同产品之间的转换成本也更加低廉，这对于企业营销来说是一个挑战。可以说企业在和用户的交易中更加被动，企业在营销方面要考虑更多的竞争对手，一旦用户对企业的产品不满意，就会"用脚投票"，转而投向竞争对手的怀抱。

2. 需求个性化更加凸显

随着生活物质水平的提高，人们的需求不再局限于温饱，而是追求更高的生活质量，兴趣爱好被放大的同时也刺激了不同的消费市场。在新媒体时代，用户的个性更加彰显，在产品的需求层面呈现个性化和多元化的特征，已经不再满足于大众化、同质化的产品，用户要求企业能够提供定制化的产品。由此，市场必须进一步细分才能满足用户个性化与多样化的需求。这对于企业传统的营销来说同样是一个巨大的冲击，要求企业要搭建起来柔性化的营销模式，能够对消费者的各种要求做到快速响应，从而赢得消费者的信任[①]。

3. 更直接地参与内容创作

在传统的模式背景下，品牌将已经制造完成的产品或服务，经过许多途径送达用户手中，在这种情况下，用户完全处于一个被动接受的地位。但是在电子商务的模式下，消费的情形发生了极大改变。一方面，用户可以结合本身的需求，直接与品牌交流自己所需产品的各个方面；另一方面，社交媒体给用户提供了一个相对言论自由的场地，用户在社交媒体的反馈或引起的舆情可以被品牌感知，从而优化自己的产品。而当下，为了更好满足用户的需求，许多品牌从产品研发到产品落地，再到产品宣发，全程全覆盖式邀请用户参与内容创作。

2.1.3 新媒体用户的新变化

1. 角色与身份的变化

从大众传媒时代的单向线性传播到个人门户的崛起，如今"受众"一词已经越来越少被提及，受众的角色与身份经历了一个从被动到主动的变化过程。传统媒体时代缺乏反馈与互动机制，受众只能被动地接收信息。新媒体出现后，双向互动的体验使受众有了与传播者对话、自己发声的机会。到媒体融合、全媒体的今天，"产消者(prosumer)"的概念更是常被提及。"产消者"既是信息的消费者，又是信息的生产者。

用户作为"产消者"的现象其实并不少见，甚至可以说当今社会的绝大部分人都是"产消群体"的一员。例如，用户在微博上的每一条评论与转发、在哔哩哔哩网站上发送的每一条弹幕，都意味着进行了信息的传递与生产[②]。

---

① 王凤锦，陈云昌. 网络时代消费者特征及营销对策[J]. 中国经贸导刊，2016(32)：42-43.
② 徐玥. 从用户变化与内容生产看互联网思维[J]. 新闻研究导刊，2020，11(8)：6-7.

2. 触媒与行为的变化

除了身份的变化，随着技术的不断升级与发展，用户在使用媒体的行为习惯上也发生了巨大的变化。

用户在触媒方面的特征表现为定制化与多屏化。一方面，因为信息内容的不断细分，用户群体呈现定制化的趋势。用户希望根据自身的兴趣来接收相应的内容，期待媒体能够根据不同人群的特点制定专门的内容。另一方面，移动智能终端极大地改变了用户接收信息的方式。不同于传统媒体获取信息来源的单一化，新媒体用户通常是同时使用手机、电视、电脑、平板等多种电子设备。

新媒体时代下，用户的各类行为可以归结为以下几种行为模式。

(1) 社交行为。在社会化媒体盛行的时代，所有的社会化媒体渠道都是围绕着社会关系建立的，这样的社交化社区本身具有双向和多向沟通、交流、合作以及经验分享的特点。而用户作为网络社会中的一个节点，建立各种连接、参与各种网络互动，可以满足自身的现实需求，如自我形象的塑造、精神上的外露与支持、社会的参与等[1]。

(2) 搜索行为。新媒体时代下，搜索行为是用户行为决策的前提之一，用户在不同渠道上对自己需要的信息内容进行搜索。作为信息传播的受众，消费者搜索的信息指导购买决策，信息搜索的结果直接影响其购买行为，因此了解消费者的信息搜索行为对企业战略的制定至关重要。作为重要的信息搜索渠道，移动社交网络为消费者提供了丰富的信息资源。与此同时，网络信息的冗余和质量参差也增加了消费者进行有效信息搜索的难度。如何利用移动社交网络提高产品或服务信息传播的有效性成为企业提高营销效率和效果的关键[2]。

(3) 娱乐行为。随着物质生活质量的逐渐提升，用户将目光放置于对精神生活的追求上，用户想在新媒体中获得娱乐体验的期待越来越高。对于企业或品牌商来说，他们可以采用多种娱乐方式来制定活动，从而与用户展开互动，利用用户的娱乐行为，刺激其购买力。

(4) 购买行为。新媒体时代下，消费者的购买行为是指使用社会化媒体来辅助在线购买产品或服务。当消费者在购物过程中进行互动和协作时，新媒体会对购买行为产生杠杆作用[3]。

3. 环境与心理的变化

新媒体技术的发展带来了更多元的广告内容呈现方式，丰富了用户的体验，激发出了更加开放的消费环境，用户的消费心理和购买心理也随之转变。首先，在需求方面，用户更多倾向于心理需求的满足。传统营销模式下，用户需求由低层次向高层次递升；网络营销模式下，需求的层次性仍然存在，只不过这种层次变化演变成由高层次向低层

---

[1] 彭兰. 新媒体用户研究节点化、媒介化、赛博格化的人[M]. 北京：中国人民大学出版社，2020.
[2] 王丽丽. 基于移动社交网络的消费者信息搜索行为研究[J]. 山东社会科学，2020(10): 183-187.
[3] 杜鹏，佟玲，杨光萍. 新媒体营销微课版[M]. 北京：人民邮电出版社，2021.

次的扩展。用户关心产品的功能卖点，但更关注产品品质；关心价格便宜，但更追求心理满足[1]。其次，互联网给予了用户充分展露自我的空间，用户的个性特质凸显。个性特质表现为消费的价值取向、偏好、品牌情感依赖及独立性，更注重悦己和体验感，因此，当下企业与品牌商制定的营销策划的效果不仅取决于产品本身的特性，还取决于产品特性与消费者个性的契合度。总而言之，在开放包容的社会环境下，用户不仅注重产品的功能，更注重自我表达，更注重品牌传递的价值主张[2]。

2.1.4　新媒体时代的新群体

1. Z世代：消费储备军

Z世代：新一代用户的逻辑

出生于1995—2009年间的人群被定义为Z世代人群，他们是在深度数字化的环境下长大的。随着这一代群体的逐渐成年，他们逐渐取代"80后""90后"，成为社会未来的消费主力军，这也预示着新的消费周期正悄然来临。淘宝服饰事业部联合清渠数据、淘宝教育事业部发布的《2023 淘宝服饰行业春夏趋势白皮书》指出，四大潮流时尚生活趋势表示Z世代的消费心理与消费行为发生巨大转变。Z世代的消费特征主要包括以下几点。

(1) 消费需求升级，彰显个性品位。报告指出，文艺穿搭是2023年风格趋势之一。随着线下演出逐渐恢复，音乐节、live house(小型现场演出)回暖，音乐剧的破圈兴起，吸引了一众文艺爱好者。Z世代在此类演出场景下更关注社交氛围和同伴间的认同，展现更强的精致穿搭意向。

Z世代生活在一个经济高速运转、传播媒介高度发达、各类时尚元素交织充斥、社会包容性变强的信息化时代。在物质基础富余与社会文化越来越包容的背景下，受时下流行的消费理念影响，他们注重对个性化的追求，除了要求产品时尚和前卫之外，还期待产品有更好的品质、更高的辨识度和更好的消费体验。

(2) 媒介化消费，打卡热潮高涨。随着移动终端的普及和社交媒体的发展，由互联网所构建的景观社会不断地影响着媒介化消费。报告指出，年轻群体热衷于打卡一些氛围感强的网红店，强调的是一种周围环境的烘托，他们对IP潮玩类型的探店内容表现出更高兴趣，IP形象线下快闪店及以"围炉煮茶"为代表的新中式场景引发打卡热潮。此外，年轻群体中开始流行一种新型的消费模式——种草式消费，即KOL(key opinion leader，关键意见领袖)在各种社交平台上生产原创内容吸引用户，引发用户主动购买产品的一种营销方法[3]。在小红书平台中，越来越多的笔记以"来某地必打卡"等标签的形式发布。

---

[1] 王凤锦，陈云昌. 网络时代消费者特征及营销对策[J]. 中国经贸导刊，2016(32)：42-43.
[2] 戚小斌. 从消费者心理变化看电商时代营销策略创新[J]. 中国商论，2022(22)：46-49.
[3] 赵婧文. 基于"00后"大学生消费行为特征的营销策略探讨[J]. 商展经济，2023(2)：92-94.

(3) 消费理念转变，注重生活品质。随着物质水平的提高，人们对美好生活的向往不仅仅局限于满足温饱，休闲娱乐已成为大多数人生活中的一部分。由报告的数据可知，自2021年起，中国户外运动时长迎来高速增长，精致露营、滑板、飞盘等小众运动随之兴起，成为年轻人群的生活方式之一。另外，旅游热潮快速反弹，新一线居民涌入国内外旅游城市，如国内的云南、海外的泰国曼谷等地。Z世代展现出对疗愈心智的主要诉求，借此脱离繁忙，拥抱自然。可见，Z世代有很强的消费自主性，他们对贴合自身兴趣的事物表现出强烈的消费欲望和消费能力。

2. 都市白领女性：消费主力军

随着中国女性受教育水平的提升，社会群体中女性自我意识的觉醒，女性消费升级，女性已成为当下消费的主体。QuestMobile发布的《2023年"她经济"洞察报告》显示，女性群体在移动互联网中的渗透率更高，活跃用户数接近6亿人，全网占比升至49.4%，主要由Z世代、银发人群和下沉用户构成。相比于男性，她们的线上消费意愿和高价产品的消费能力都更强。从互联网使用时长上看，女性用户的触网时长持续增长，增速超过全网水平，2023年1月，女性用户月人均触网时长达到163.6小时，同比增长2.0%；具体到应用类型上，女性用户在购物消费、办公、娱乐等多领域活跃度提升，其中综合电商行业增量超过5000万用户。

女性用户在多个领域展现高活跃度，整体上呈现以下三个趋势。

(1) 消费方面。女性用户仍然是"颜值经济"的主要群体，同时，女性用户在汽车、酒类、电竞等男性聚集度高的行业的占比也不断提高。随着女性消费能力的提高，折扣商店、二手交易平台对她们的吸引力有所下降。

(2) 内容方面。在创作端，女性题材的综艺、影视剧集等不断涌现，此类作品受到女性的大量关注，同时，随着内容付费习惯逐步养成，女性优质内容创作者将进一步释放潜力；在用户端，女性用户偏好浏览KOL输出的内容，对内容平台的渗透与黏性均有增长，特别是在抖音、小红书及B站平台，用户增长率较高。

(3) 生活方面。女性用户成为推动旅游市场复苏的关键动力，根据2023年1月的数据，女性用户在头部旅游App及主要游乐园类小程序上的活跃度均有显著上扬。除此之外，女性用户在养宠人群中也占据更高比重，成为宠物经济下品牌的主要沟通对象，加入萌宠元素，推出跨界联名产品是品牌主要采用的营销方式。

报告还指出，在"她经济"浪潮下，越来越多的品牌注重触达女性消费者。对此，报告总结出节日营销、品牌自播和公私域结合三大营销路径。与此同时，女性健康意识增强、"95后"新妈妈登场、热门高性价比国货吸引关注等新兴趋势，也将为品牌营销提供新的思路。例如，著名瑜伽服品牌Lululemon的成功，很大程度上是因为对"她经济"的精准洞察。它将品牌广告词定为"SweatLife"，其用户肖像也多为年轻、受教育程度高、有固定收入和自己的公寓、喜欢运动和旅行的女性，种种举措都展现着对女性消费市场的重视。

3. 银发族：消费潜力军

随着人口老龄化进程的不断加快，中老年群体的消费和养老服务需求日益增长，"银发经济"应运而生，"银发经济"指为银发群体(即老年人)提供产品与服务的经济。

阿里巴巴发布的《老年人数字生活报告》指出，在淘宝、天猫平台有近3000万50岁以上的"剁手军团"，他们平均每人每年网购消费达5000元。毫无疑问，"银发经济"正在成为新的蓝海市场，洞悉把握银发群体消费行为的种种特点，有的放矢地加以布局极为必要——不仅是企业发展的新机遇，更是国民经济扩内需、促消费的重要抓手之一[1]。银发一族正在融入数字时代的各种新潮流，展示老年新风貌。银发一族的消费特征主要包括以下几个。

(1) 享受型消费成为老龄化潮流。《2017年中国老年消费习惯白皮书》的调查数据显示，60%的老年消费者注重"产品质量好"，仅有33%的老年消费者注重"价格便宜"，银发人群对消费产品的质量关注度日益增加，对价格关注度相对降低[2]。可见，当下不少中老年人不再满足于基本生活需要，而是追求多层次的健康服务和精神文化的享受。

(2) 注重便利与实用。银发一族与年轻人快节奏的消费习惯不同，由于精力、体力随着年龄的增加有所下降，中老年人在消费时更为谨慎，斟酌时间更长，追求就近消费，看重便利和实用。另外，在购买过程中，他们还会看重商家是否提供方便、是否有良好的购物环境和服务。因为他们非常重视情感连接，细节处的用心与关怀可以换来中老年用户的支持、喜爱甚至推荐。

4. 小镇青年：消费隐形军

小镇青年指的是小城镇青年，也就是居住在县城或乡镇、具有非农业人口户籍的青年人群。近年来，小镇青年的消费力攀升、消费升级趋势显著，具有一定的品质消费、体验消费、透支消费、攀比消费、女性经济等特征。在消费市场中，小镇青年已经成为无法忽视的存在，成为新一轮消费升级延伸与下沉的主角，他们的生活、工作压力相对较小，休闲时间相对较多，所以更愿意花钱消费，也敢于消费。小镇青年表现出以下几种鲜明的消费趋势。

(1) 消费升级，追求"品质生活"。相对于都市青年，小镇青年的居住开支较低，物价相对便宜，实际可支配收入占比相对更高。较高的受教育程度也使得小镇青年的消费观念有别于上一代，开始对品质和服务有更高的要求，小镇青年的消费能力和水平在不断上升。

(2) 购买力旺盛，"颜值"投入成本攀升。消费观念向都市青年靠拢，追求高品质的产品是个人品位的体现和社交场合的需要：消费品不仅是满足个人生活必需，更是社交场合的需要。由于生活水平和受教育程度的提高，小镇青年的消费观念在向都市青年

---

[1] 晏昱凌. "银发经济"洞察：乐享生活，健康至上[J]. 中国眼镜科技杂志, 2022(9): 6-8.
[2] 原新. 银发消费趋向享乐型、智能化[J]. 人民论坛, 2021(4): 30-32.

靠拢，对品牌的认可度提高。小镇青年敢于花钱，愿意为自己的"颜值"进行较大成本的投入。和都市青年相比，小镇青年在千元以上的护肤美妆产品的消费占比大幅增长。

(3) 泛娱乐领域消费热潮高涨。一方面，受到圈层影响更大，小镇青年受到泛娱乐领域消费热潮的影响，包括游戏、短视频、直播、网络阅读等相关圈层，因而更倾向于对网络新事物的消费。另一方面，由于工作时间不固定，他们有更多休闲娱乐及与朋友相聚的时间，因此文旅消费的分量在小镇青年的生活中越来越重，打卡网红店、刷抖音、拍快手成为小镇青年的休闲娱乐新风向标。

2.2 新媒体广告如何做用户洞察

2.2.1 用户洞察的意义

用户洞察(user insight)是指研究用户的行为或态度并发现真相或提出深刻见解的过程。彼得·德鲁克(Peter Drucker)说："消费者购买的商品很少是公司以为它正在卖的那些。""现代营销学之父"菲利普·科特勒(Philip Kotler)在论"定位"时表示，所有优秀的营销策划必须开始于一个"R"，即调研/洞察(research)。企业或品牌商若想"以引领客户需求为目标"，则需要先于市场的发现与洞察。一个产品的诞生来源于对用户的洞察，一个产品能够持续受人追捧则建立于洞察用户后对产品进行的迭代。

用户洞察面面观

用户洞察的目的主要包括4个维度，即品牌认知、消费特征、需求挖掘、触媒习惯。一次有价值且深入的用户洞察，可以从过去的用户群体中找到经验及不足之处，从而不断改进产品；可以从现有的用户画像中找寻品牌自身定位，精准把控用户人群；还可以从已有的数据洞察未来，从中寻找商机，用以填补当下市场空缺。

近年来，大数据应用、AI交互设计在自然语言处理、深度学习、情感计算等应用领域不断取得进展，为探寻准确、高效、经济的消费者心智洞察方法提供了技术支撑和方法路径。目前，消费者洞察在以下几个层面实现了更深入的数据挖掘：在消费者的价值观及消费动机层面，品牌可以根据可量化的颗粒度连接和分析消费者的兴趣和价值观，挖掘其行为背后的动机；在消费者的社会关系网络层面，品牌可以挖掘和分析消费者在不同终端的多维度行为，揭示其潜在的关系特性，分析社群文化对消费者决策可能产生的影响指标；在消费者的多维感知层面，消费者对数字媒体的感知拓展为视觉、听觉、触觉、温度、情感等各维度，实现了身体多维感知能力的联动与交融，从而获得了品牌全感知体验，品牌可以通过量化数据进行消费者洞察。

2.2.2 用户洞察的阶段

随着互联网等新技术的发展和社会环境的变化，关于用户洞察方面

数字时代的
用户洞察

的研究成果不断更新、升级。下面介绍用户洞察的四个阶段：一是数据采集，二是数据清洗，三是数据挖掘，四是得出结论与可视化。

1. 数据采集

用户洞察的首要工作就是采集数据，数据采集的完整性直接影响用户洞察的精准性。数据采集的途径主要有以下几种：①问卷调查和访谈；②现有数据库访问；③通过大数据进行数据爬取；④特定软件采集。

2. 数据清洗

数据清洗是按照预设规则，对所采数据进行筛查，清除无效数据、重复数据、错误数据等数据杂质，将庞大的杂乱数据精简成优质数据。进行数据清洗时，同样要保证数据的准确率。一般清洗步骤如下：①根据预设规则自动对待处理数据进行清洗，根据预设算法自动去除杂质数据；②二次清洗，根据预设规则自动清洗字段，如"品类""品牌""SKU"(库存单位)；③对判断有异议的数据提示人工介入判断。

3. 数据挖掘

数据挖掘是从大量的、不完全的、有噪声的、模糊的、随机的实际应用数据中，提取隐含在其中的、人们事先不知道的、但又有潜在有用信息和知识的过程。数据挖掘的主要工作是对所分析的问题进行用户建模与挖掘，该阶段常用数理统计、数据挖掘以及机器学习等方法。数据挖掘可以帮助企业更好地了解市场需求和客户行为，从而制定更加精准的营销策略。通过分析客户的购买历史、购买频率、购买偏好等信息，企业可以更好地了解客户需求，从而针对性地推出产品和服务。

4. 得出结论与可视化

通过数据挖掘完成用户洞察，品牌可以得到用户画像，从而满足用户洞察需求。将数据可视化有助于结论展示和应用。

洞察是商业营销的根基，优秀的用户洞察能够为品牌带来具备商业价值的营销创意。在海量信息时代，如果品牌缺乏对数据的分析处理能力和对市场的洞察能力，便无法实现自身的准确定位，找到潜在市场用户。相反，通过对用户的深入洞察，品牌可以在传播过程中传达其产品定位的差异化，进而从功能及情感上满足用户需求。

2.2.3 用户洞察的方法

1. 基于大数据的用户洞察

(1) Cookie数据(储存在用户本地终端上的数据)提供用户数据资源。利用Cookie是大数据时代洞察用户的一种基本方法和数据原点，Cookie是服务器暂存在用户电脑上的资料，是网站为了辨别用户身份，进行Session跟踪(一种维持某用户状态或数据的方式)而储存在用户本地终端上的数据,由用户客户端计算机暂时或永久保存的信息。

利用Cookie数据进行用户洞察表现为通过对每一个Cookie进行分析,找到该用户的关注点、兴趣点。Cookie就像用户留下的一串串脚印,根据这些脚印,企业可以知道用户的兴趣爱好,并以此为基础来投放广告。

(2) 搜索数据揭示兴趣。搜索平台就像企业和用户之间的一个信息接口,为企业信息的发布提供了一块展板,同时也满足了用户的信息获取需求。搜索数据类别包括用户搜索行为数据、网站或页面数据、内容数据、数据库连接信息、搜索算法模型等。平台凭借海量的用户搜索行为数据,对这些数据进行结构化分析,从而揭示用户喜好与习惯。

(3) 社交数据发现身份。随着移动互联网的兴起,浏览新闻、刷微博、翻看朋友圈等已成为大多数人每天的习惯,而这些触媒行为都变成一个个数据被记录下来。社交数据包括以下几种:①社交指数数据,如浏览量、粉丝数、发布量、评论数等;②文本内容数据,如热门话题、活动、动态新闻等;③用户行为数据,如用户访问、用户评论、用户浏览等;④其他数据,如关系数据、位置数据、传播数据等。

2021年9月的数据显示,TtikTok的月活跃用户已达10亿人次。可见,庞大的数据使得企业可以充分利用社交媒体对用户展开洞察,从中发掘用户信息,并根据分析结果来开展精准营销活动。

(4) 电商数据体现消费动态。如今,网购已经成为人们生活中非常重要的一种消费模式,相比以淘宝、京东及拼多多为代表的传统电商渠道,以抖音电商为代表的直播电商发展迅猛,并在短时间内迅速崛起,中国电商行业正处在变道增长的关键节点。利用电商数据来进行用户洞察将为行业持续增长带来巨大的价值。

以淘宝指数为例,淘宝指数包括长周期走势、人群特性、成交排行与市场细分4个维度,分别反映淘宝上任一关键词的搜索和成交走势、不同商品的消费人群特征、基于淘宝搜索和成交的排行榜,以及不同标签的人买过什么商品的市场细分。

(5) 跨屏数据打破数据界限。依靠"PC+移动"的数据才是大数据时代进行用户洞察的理想方法,这种方法囊括PC端和移动端的数据,既有用户的基本属性(如性别、年龄等),又有用户全网浏览、搜索及购物行为的数据。相对于前面几种方法,这种方法能构建用户行为模型,即对从用户知晓商品、查询信息、比较商品到购买的整个过程进行分析,实现用户行为的还原,描绘清晰的用户画像[①]。

2. 基于人工智能的用户洞察

基于大数据的用户洞察方式在大数据的环境下具有数据范围广、数据真实性高、成本低等优势,但仍面临着数据来源有限多样性不足、数据属性限于过往预测性不足、数据类型单一立体性不足等缺点,而基于人工智能技术的用户洞察所具有的信息获取能力、丰富的信息分析层次、预测能力恰巧弥补了以上不足。基于人工智能的用户洞察体

---

① 王磊. 基于大数据的消费者洞察研究[J]. 河南机电高等专科学校学报, 2018, 26(2): 54-55, 77.

现为以下几个方面。

(1) 文本分析。基于自然语言理解(natural language understanding，NLU)的用户洞察能够对大数据带来的大量杂乱无章的消费者信息和数据进行处理，通过非结构化文本数据分析，对消费者的特征进行认知、理解和判断，全景式地展现真实鲜活的用户画像，主要步骤如下。

第一步，收集用户相关数据。例如，一款商品在多个主流电商，或者同一个电商的数百个卖家店铺中的销量、价格、评论及用户昵称等信息；或者客服系统中的用户咨询记录，呼叫中心的用户电话录音等数据。

第二步，挖掘用户特征属性。尽一切可能识别用户特征并打上标签，既包括显式地收集直接存在的用户年龄、性别、地点等信息，又包括隐式地从用户数据中推断出可能的特征属性，如消费能力、有无子女等。

第三步，识别购买阶段和决策因子。识别用户的态度主要与咨询、试用、下单、付款、收货、售后、维修的哪个阶段相关，以及用户决策受到了哪些因素的影响。

第四步，分析用户口碑。从消费者数据中分析口碑详情，他们发出的评论，是对品牌、产品、型号、规格、产品属性的正面意见还是负面态度？态度是否强烈？等等。

(2) 眼球追踪。眼球追踪技术发展已久，已经在教育、生物等很多领域得到了广泛的应用。例如，在身份认证方面，通过捕捉眼球瞳孔识别的方式来确认不同人员的身份；在心理学实验中，可通过人瞳孔的变化与眼睛的注视点来判断一个人的心理状况。同样地，在广告领域，品牌可以通过捕捉用户眼球的运动和眼睛停留时间的长短来判断消费者的喜好，从而达到用户洞察的目的。例如，谷歌曾用眼球追踪技术来测量人们盯着广告的时长，并根据瞳孔扩张情况判断他们对广告的情绪反应[①]，目的是以眼球识别系统对用户的喜好进行分析，帮助谷歌优化广告，更精准地推出广告。

眼球追踪技术在广告的视觉效果分析领域发挥着越来越重要的作用。眼球追踪技术能够准确捕捉消费者对产品宣传画面的注意力分布数据，然后通过专业的眼动分析工具将数据进行实时处理与分析，帮助商家发现广告营销中存在的问题，直接掌握用户真实的关注点，精准调整广告策略。

(3) 语音识别。随着Alexa、BBCiPlayer、度秘、天猫精灵等不断涌入智能语音市场，Siri早已不是可供人们"调戏"的唯一对象。如今，AI技术让语音识别功能日趋智能化，逐渐成为人们习惯使用的一种搜索和互动方式。语音识别技术不仅可以应用于智能助手、语音控制、自动化客服等领域，还有望为社会残障人士提供更便捷的沟通交流工具。国内如阿里巴巴、百度、讯飞等也在语音识别领域不断更新，达到了国际领先水平并飞速发展。

智能语音技术的升级实现了营销传播模式的革新。例如，将语音交互应用于营销传播中，品牌不仅可以利用语音识别出用户的性别及年龄，还可以通过使用语义情感分析

---

① 叶纯敏. 谷歌眼球追踪：你看线下广告了吗[J]. 金融科技时代，2013(9): 19.

用户语音内容，以优化广告。随着深度神经网络的发展以及品牌对用户洞察不断的探索与创新，现有的语音情感模型技术提供了将语音情感识别转化成对谱图的情绪标签分类的功能，这意味着品牌可以通过对用户语音内容及情感的进一步分析，展开用户洞察，使得品牌更深层次地与用户产生链接，了解用户需求[①]。

2.3 如何基于用户洞察进行广告运营

2.3.1 描绘用户画像：识别用户

1. 用户画像的定义

用户画像最早由阿兰·库珀(Alan Cooper)提出，是根据用户的属性、用户偏好、生活习惯、用户行为等信息而抽象出来的标签化用户模型，核心是对用户信息标签化。用户画像常见的应用场景有以下几个：①用户特征洞察；②增强数据分析；③精细化运营；④数据产品应用。

2. 构建用户画像的方法

用户画像的构建一般可以分为目标分析、标签体系构建、画像构建三步。

(1) 目标分析。无论是为了实现精准营销、增加产品销量，还是为了优化产品、提高用户体验，构建用户画像的前提是明确构建用户画像的目标，这也是设计标签体系的基础。构建用户画像的目标要建立在对数据深入分析的基础之上，一般可分为业务目标分析和可用数据分析。

(2) 标签体系构建。用户标签是对用户在平台内所产生的业务数据、行为数据、日志数据等进行分析提炼后生成具有差异性特征的形容词。近两年的互联网生态中，流量红利已经逐渐消退，只有通过精细化运营这一种方式，才能提升整体产品或服务价值及用户黏性；只有留存用户，才能实现业务增长。标签体系就是服务于精细化运营的重要手段，是实现千人千面精细化运营的重要支撑。标签体系不是一成不变的，每个公司的产品、运营、商务对标签的诉求有较大的差异，随着业务的发展，标签体系也会发生变化。

(3) 画像构建。在完成目标分析、标签体系构建之后，便可进行画像构建。用户标签的刻画是一个长期的工作，难以一步到位，需要不断地扩充和优化。如果一次性构建用户画像，可能会有目标不明确、需求相互冲突、构建效率低等问题，因此在构建过程中需将项目进行分期，每一期只构建某一类标签。用户画像构建过程中用到的技术有数据统计、机器学习和自然语言处理技术(NLP)等。

---

① 阳翼. 数字消费者行为学[M]. 北京：中国人民大学出版社，2022.

2.3.2 开展精准营销：触达用户

基于大数据和人工智能建立的"用户画像"给营销者提供了精确了解每一个消费者的途径，企业可以根据构成用户画像的标签将用户与商品或信息进行匹配，将符合消费者需求的商品信息通过不同渠道推送给用户，达到更好的营销效果。

1. 精准定位人群，有效推送信息

企业想要实现信息的有效推送，首先需要精准定位人群，找出用户最可能喜欢的东西，并推荐给用户。目前，基于"用户画像"的精准推荐算法主要包括基于知识的精准推荐、基于协同过滤的精准推荐两种方法。

(1) 基于知识的精准推荐。当基于大数据的"用户画像"建立以后，营销人员可以知道用户在画像中高频出现的标签，根据标签由系统自动完成商品推荐。基于知识推荐的操作方法简单，处理速度快，是一种较为常见的推荐方法。但由于推荐规则是营销人员提前设置好的，受营销人员个人水平限制，可能出现推荐与用户需求不匹配的情况。所以，这种方法在大数据背景下的营销实践中很少单独使用。

(2) 基于协同过滤的精准推荐。协同过滤推荐方法的风靡，始于亚马逊(Amazon)的图书推荐系统。所谓协同过滤(collaborative filtering，CF)算法，其基本思想是通过用户的行为去挖掘某种相似性(用户之间的相似或者物品之间的相似)，通过相似性为用户做决策和推荐。其中，这些数据仅仅是用户的行为数据(评价、购买、加载等)，而不依赖于任何附加信息(物品自身特征和用户自身特征)。目前应用比较广泛的协同过滤算法是基于邻域的方法，而这种方法主要有两种算法：一是基于用户的协同过滤算法(user-CF)——给用户推荐与他兴趣相似的其他用户喜欢的产品，即人以群分；二是基于物品的协同过滤算法(item-CF)——给用户推荐与他之前喜欢的物品相似的物品，即物以群分。

2. 精准构建场景，有效把握心理

消费场景是指直接面对消费者的场景，也是当前场景营销发生的主要领域，如场景营销、场景金融、场景教育等都属于消费场景。为更好地把握新媒体时代下用户个性化和多样化的消费心理，当前营销需要通过构建用户画像实现高度个性化的场景营销。

大数据分析技术可以帮助营销人员挖掘消费者更多的瞬间兴趣内容并为此构建动态标签，建立更加接近消费者处于"当时"场景中实时状态的画像，更动态化的用户画像可以确保营销过程呈现的信息富有感情。人工智能技术可以更加细致地划分消费场景，增加消费场景的粒度，呈现动态的消费场景，促进自动化的场景营销实现。

3. 精准提炼卖点，有效进行沟通

营销之父菲利普·科特勒(Philip Kotler)曾定义过产品的卖点：产品的卖点是与竞争产品相比的差异化优势。卖点提炼是产品传播的中心，也是产品火爆的关键。

"用户画像"帮助营销者通过基准模型获得消费者更为真实的想法，帮助企业精准把握消费者关注的利益点。而企业也要及时根据"用户画像"中的3D动态模型,结合消费者即时心理状态与消费行为,根据反馈与消费者展开有效沟通,从而不断调整策略。

2.3.3　管理生命周期:沉淀用户

传统的品牌建设,有一个很重要的指标是形成品牌资产,也就是戴维·阿克(David Aaker)在《管理品牌资产》里说的"品牌五度",即知名度、感知质量、品牌联想、其他品牌专有资产、忠诚度。然而,不论当今的环境和品牌玩法如何变化,用户资产运营仍是品牌建设、增值非常重要的一项任务。而数据时代对互联网整个行业的影响是巨大的,品牌需要处理海量的用户数据资产,只有充分整合由庞大的信息资源库得到的有效数据信息,才能为品牌提供正确的决策依据。

在增量时期,比的是谁占据市场的比例更大,流量思维能够支撑平台并实现快速增长。但进入大体量的存量经济环境,如何在竞争激烈的市场中稳稳站牢则是企业安身立命的根本。

"用户运营""用户至上"这些概念近些年常被提及,用户的重要性是不容置疑的。但进入精细化发展的周期,深挖用户价值的可能性,让用户能直接为企业财务指标输送价值是品牌不得不重视的命题。在今天的商业语境下,"用户品牌"一方面要坚持为用户创造价值,与用户共生共建;另一方面要把用户作为非常重要的品牌资产进行管理运营和维护,解决变现难题,而"用户资产化"则是其中的关键步骤。企业用户数据资产管理的实施路径如下所述。

1. 建立企业用户数据资产管理规范

数据资产能够在企业内部流通的特性对企业来说十分重要,除了能够直接交易的数据资产,只有在企业内部充分流通的数据资产,才能为企业创造更大的价值。然而,企业各个部门有着各自的业务系统,各部门系统之间由于缺乏统一规范,存在数据不兼容的问题,导致出现"信息孤岛"的现象,企业内部数据资源难以有效共享,企业数据资产的流通性有待提高。因此,建立数据资产管理制度以形成统一的数据标准十分重要,可以为企业做出合理决策、调整经营方式提供可靠的信息保障。

2. 构建立体化数据中台

数据中台以元数据管理和标准管理为基础,通过建立组织保障和制度规范,构建多领域包括数据质量、数据安全、数据资源的核心解决方案和技术能力,最终为企业和用户提供高效的数据服务。利用数据中台,将分散在不同信息系统数据库中的数据通过ETL(extract-transform load)过程,为企业业务提供数据API(application programming interface),为企业、客户以及各业务单元提供相应的数据服务,满足不同业务场景的数据分析需求。数据中台从需求分析、架构设计、部署测试、运维等流程,将多种资源充分云化,形成了一整套不断循环、自我增长和逐步完善的数据体系,为用户提供"一站式"数据服务。在这个不断完善的数据体系中,企业可以全面梳理数据资产,连接并打通数据孤岛,构建全域数据中心,实现业务数据化。

3. 打造高效管理团队

企业的数据资产的管理工作庞杂,各部门难以独立进行企业数据资产的管理。首先,业务部门不具备专业技术,难以靠自身收集有关数据并为其赋能创造价值。其次,信息数据部门虽然可以将源于业务部门的数据信息收集起来,但不具备专业分析这些信息的能力。因此,成立数据资产管理团队、设立专门的数据资产管理部门的必要性不言而喻。

在企业数据化转型的过程中,确立明确的管理目标,通过实现数据资产的可视化、自动化和智能化运营,提高数据与技术支持,让数据资产管理团队从纷繁复杂的数据管理工作中解放出来,降低成本投入并加速企业的高效运作。

4. 企业数据资产安全管理

安全管理是企业数据资产管理中的重要工作,数据一旦变为可交易的产品,数据价值不可避免地与数据安全性相关联。企业数据资产涉及企业经营管理、商业机密以及指挥中枢等重要活动,尤其是数字化企业,数据资产意义更为重大,其安全性直接影响企业的生存与发展[1]。

消费者行为数据化、渠道联动化和品牌生态化在未来的不断演进,将构建出新的营销环境,同时也将对品牌方和营销服务商的营销能力提出更高的要求。未来如果要在营销层面推动品牌增长,则需要兼顾对用户全周期的贯穿式运营能力、对公域与私域场景的全域营销覆盖能力,以及对品牌不同发展阶段的复合式营销能力的管理。从用户层变化来看,随着品牌方数智化的演进,品牌方能够洞察用户全周期画像和行为轨迹,实现真正意义上的用户全周期资产管理。

2.3.4 建立用户关系:管理用户

1. 积累用户数据

中国经济目前正处于转型升级的新时期,在新消费者需求、新品牌竞争和新技术发展的共同驱动下,中国品牌营销领域涌现了诸多新机遇与新思考。

新媒体时代下,品牌正在不断提高对自身发展阶段的认知,以便针对自身所处阶段制定相应的营销策略和用户运营策略。任何品牌的发展都会经历从萌芽期走向成长期和成熟期,企业只有明确不同阶段的营销战略重心,有针对性地制定营销策略,才能全面提升品牌竞争力,保持持续增长。

而目前,流量红利市场已趋于饱和,企业若想提升品牌价值,则需要不断探索新路

---

[1] 陶欣雅,辛晖.大数据背景下企业用户数据资产管理与实践探索[J].现代商业,2022(10):134-136.

径。对于用户的多样化需求,企业可以采用形式多样的品牌强化方式来满足。与此同时,企业还可以通过品牌延伸进一步满足用户需求,从而提升品牌价值。品牌延伸指的是企业把原有的品牌用到新产品上,以此来降低新产品的营销成本,并尽快促成新产品推广成功的策略。品牌延伸是对品牌资源的深度开发与利用,可以强化品牌的利益,并拓展与之相关的产品类别,从而使企业获得最大利润。

此外,品牌作为企业的核心资本之一,越来越受到企业主的重视。企业之间的品牌联合作为社会资源的一部分和提升品牌价值的一种有效手段,成为新时代品牌竞争的利器,利用次级品牌知识的杠杆效应,可以创造、强化与竞争对手的差异点,有效提升企业品牌价值,创建品牌资产。

品牌价值是指某个品牌在消费者心中的具体形象,是这个品牌在消费者心中的价值体现,它既是同类商品相互区别的主要标志,也是品牌管理的核心要素。实际上,品牌价值的大小就是消费者对于某个企业的信任程度,只有被消费者信任并支持的品牌才能成为企业的无形资产,才能帮助企业在激烈的市场竞争中摘得胜利果实[①]。企业应该抓住当今互联网的发展趋势,重视提升品牌价值的可持续性,才能不断积累用户数据。

2. 管理用户标签

随着流量焦虑的逐渐升级,越来越多的企业开始追求对存量用户的精细化运营。如何尽一切可能延长用户的生命周期,并且在用户的生命周期内尽一切可能产生商业价值,是用户运营的核心命题。而要实现这一目标,第一步就是要更好地认识用户,实现深度的用户洞察。构建用户画像的过程就是对用户信息进行标签化管理的过程。建设品牌时,需要对用户标签体系从0到1进行建设,才能要更好地应用标签体系赋能用户运营,实现全用户生命周期价值的增长。

1) 标签的分类

从属性来看,标签可分为人口标签、会员标签、行为标签、交易标签、消费标签和营销标签。每个一级类目下可根据观察维度进一步拆分子类目标签,以会员标签为例,我们可以从会员等级、忠诚度、会员活动参与度、入会路径、当前生命周期、自传播能力等维度进行观察,综合各项标签数据,可以得到宏观的会员体系健康指数或微观的个体会员满意度。

从来源类型上来看,标签可分为事实标签、模型标签和策略标签。事实标签是基于用户实际信息的记录;模型标签则是通过用户分析模型处理后,二次加工生成的用户洞察性标签;策略标签是根据具体的业务分析及营销规划制定的群组性标签,可供运营人员直接进行活动分组及行为洞察。

---

① 朱伯伦. 网络环境下的企业品牌价值提升分析[J]. 商场现代化,2013(23): 62-64.

2) 用户标签体系构建的基本流程

(1) 全渠道获取标签数据。明确指标及营销所需标签数据之后，我们需要从后端打通所有原始数据收集的通道，并对原始数据进行身份识别，做去重、去刷单、去无效、去异常等数据清洗工作，从中提取对业务有帮助的特征数据。

(2) 模型标签的获取。获得原始数据后，我们可以基于用户分析模型对用户数据进行二次加工，从而获取模型标签。主流的分析模型有4种：用户状态模型、用户忠诚度模型、用户价值模型、用户分群模型。

(3) 打造用户标签体系。标签体系建设的短期目标是通过打造"渠道""内容""时间"的黄金组合优化用户前端旅程体验，提升单次营销活动效果；长期目标是通过定制化的服务，优化前端用户旅程，延长用户生命周期，提升CLV(customer lifetime value，用户生命周期价值)。

(4) 标签策略验证及动态设定。企业利用标签体系进行个性化营销时会不自觉地进行"常识推测"或借鉴他人的增长策略，比如给购买摩卡口味咖啡的用户推荐巧克力风味的甜点，给长期不来消费的用户推送优惠券。这样主观的操作往往只能支撑单次的营销活动，甚至会因为人为观测偏差影响数据的完整表达。

要想获得能给业务带来实际增长的标签体系，生成可持续的用户运营策略，需要在标签体系中引入"假设—测试—验证—定义"的迭代过程，只有不断迭代挖掘与试验，才会找到可以准确刻画用户的标签体系和更多业务增长点。

3. 分层运营用户

想必许多消费者都遇到过这样的情况：在不同的手机和账号下看到的商品价格不一样。不同用户不同价格、用户等级，甚至是积分，都属于用户分层的不同表现形式。用户分层是精细化运营中非常重要的一个环节，分层后根据用户数据的变化不断做出策略调整，最终形成一套数据分发逻辑。

(1) 用户分层的逻辑。用户分层和用户画像息息相关，根据用户的基础属性、用户行为属性、用户消费特征、用户生命周期等特征进行用户分层。

例如，微博的用户大致可分为内容消费者和内容生产者，而内容生产者又分为各领域的专业内容生产者，专业生产者又可根据粉丝的数量进行划分，如拥有5万粉丝以下的内容生产者称为F1，拥有5万～10万粉丝的内容生产者称为F2。这样根据用户的等级采取定制化的运营措施，包括但不限于资源扶持、曝光推荐、活动曝光等，为他们制定一个成长计划，最终达到内容生产和需求相结合的目的，促成整个平台的健康发展。针对内容消费者，每个用户都会有自己的专属标签，平台会根据用户的内容消费习惯推荐内容，甚至还会主动给用户推送内容，让用户不断地在平台上消费内容。

在一些内容消费平台，可以根据用户是否有消费行为，单次消费金额是多少来进行用户分层，最终目的是让没有消费行为的用户产生消费，让已经有消费行为的用户再次消费。

对于一般的互联网公司来说，根据用户的行为轨迹和消费特征来进行用户分层，是最基本的用户分层。用户的性别、年龄和地区可能不容易获得，但是只要用户在产品内留下足迹，就可以根据用户的行为轨迹来进行用户分层。

按照用户的登录、打开、浏览、浏览时长、消费等行为，我们可以将用户简单地分为四大类：高活跃高消费人群、高活跃低消费人群、低活跃高消费人群、低活跃低消费人群。

(2) 用户分层后的运营策略。将用户分层分级后，需要根据不同用户的数据表现形式，结合不同的资源位，将产品推送给用户。通常有两种推送逻辑：一是通过用户分层结合资源位的用户运营思维；二是运营主动配置资源位来进行分发的用户运营逻辑，这种是大多数公司常规的做法。

第一种推送逻辑有缺陷，因为用户量级越大，划分的用户集也就越多，届时运营需要一一配置，工作量太大，可能会出现错过时间节点的情况。而第二种按照数据分发的逻辑恰巧弥补了这一缺陷。在数据分发下，不同行为的用户会主动划分到不同的用户集合，形成一条长长的"待完成"的时间轴，再在线上提前制定不同的策略，通过不同的运营策略去转化用户，这样既能节约了人力，也能提高流量的利用效率。例如，淘宝的"猜你喜欢"便是利用了数据分发逻辑，数据里有对每个用户的行为定位，淘宝会根据用户行为以及搜索记录的变化，定制化地给每个用户推送可能感兴趣的商品。

4. 构建品牌关系

面对数字技术驱动下的新规则，消费者与品牌关系的变化伴随着消费者的整个消费决策过程而显现。消费者从多维度与品牌传播信息进行互动，呈现时刻活跃的"关系"：从关系分享中引发消费需求，从品牌社群中产生集体参与创作，从口碑推荐中产生购买欲望，从购后评价中重塑品牌价值……消费者不是一个人孤立地做出各种决策，而是在各种关系网的共同作用和影响下做出决策，是群体共同做出的决策，最后由一个个看似独立的个体呈现出来。

消费者与品牌之间的沟通越来越便利，原有的品牌传播模式以及营销方式逐渐失效，数字技术驱动下的新型品牌传播关系进入学者的研究视野。建立消费者和品牌之间的良好关系，将消费者洞察与品牌沟通管理有机结合，是近些年学者关注的重要课题。品牌关系理论以及利益相关者聚焦的品牌逻辑在数字化世界中有了新的发展空间和生命力。

品牌如何与Z世代交朋友

在数字时代，品牌关系本质上是一种生态协同关系。品牌发展要处理好与消费者的关系，同时要处理好品牌与整个外部环境的关系。品牌关系不应局限于品牌与消费者之间，还要包括产品、企业以及其他利益相关者，形成一种关系集体总和。依据生态学观点，品牌与其外部环境连接成生态系统。

品牌关系的维系和发展以消费者的需求被品牌主满足为前提。消费者对产品属性的需求依靠品牌的使用功能实现，要求体验和情感层面的需求同时被满足。品牌的本质是企业与利益相关者之间通过利益联结和情感沟通建立起来的隐性关系性契约，信任则是该契约存在的基础。品牌关系的建设依赖于品牌传播。品牌关系是建立在消费者和品牌之间互动沟通基础上的不断发展和变化的关系，是动态的。这种关系的获得和发展变化来源于信息的传递，包括消费者侧的直接购买和消费体验、企业侧的营销传播，以及其他信息来源。

　　在新型数字时代，品牌关系不仅是契约关系，更是升级和构建成为生态关系。在数字时代，品牌的构建和传播必须依赖于以消费者为主体的利益相关者来建立生态互动关系。品牌沟通已从"打扰时代(age of interruption)"转化为"契合时代(age of engagement)"，品牌与消费者的关系也改变了过去企业的"单旋律"模式，发展为双方的"共振"。品牌在新的传播环境和市场环境下，体现的是平等介入和协同构建。

　　品牌信息的传播是影响品牌关系质量的重要因素。在以移动互联网为核心的当代传播秩序中，借助新技术条件和新技术装置手段，消费者收集、发布和传播信息的能力提升，信息不对称性正在缩小，传统品牌营销传播生态被迅速打破。企业与利益相关者在品牌对话中实现信息共同体、利益共同体和价值共同体的互动共建。段淳林认为，随着技术的发展，品牌传播的核心正由"以消费者为中心"转向"以具身(将身体置于世界之中)交互为中心"，前者的本质是将消费者看作信息的被动接收者，忽略其主观能动性，后者的本质是承认消费者的主观能动性，促成消费者参与品牌传播，确保其获得良好的沉浸式体验。"以具身交互为中心"使品牌信息和消费者得以产生适宜多通道的感知信号，形塑出高沉浸感的品牌场景，消费者不仅可以在现实中与品牌产生连接，也能在元宇宙中与品牌产生精神层面、体验层面的深度连接，品牌信息能够更有效地触动消费者并引发情感共鸣，实现智能心智营销的精准投递，整体提升品牌的情感价值和精神文化价值，形成用户黏性和品牌忠诚。技术的革新同样对品牌传播影响深远，品牌传播不再局限于"定向精准投放"，虚拟人、NFT虚拟代币、虚拟场景的植入，使品牌可以在不同维度、不同空间为消费者提供临场感的社交体验。在未来，品牌传播将转向"临场感社交互动"，让消费者进入全感官体验的虚拟品牌场景，塑造出多维的临场感社交互动体验，不断拉近消费者与品牌的距离。

　　技术的升级带来的是品牌传播关系的变化，消费者由信息的接收者转向品牌价值的共创者。在数字社会中，品牌共创采取品牌社群组织形式，让消费者以品牌信息传播主体的身份介入品牌传播过程。品牌社群成员可以主动贡献意见和建议，抢先体验品牌新产品，还可以参与产品或品牌研发。品牌社区的根本价值在于促进品牌和消费者形成长期共生的关系[①]。

---

① 王素君. 数字时代品牌关系的智能化管理[J]. 国际公关，2018(3)：92-93.

综合讨论与练习

1. 新媒体时代的用户有哪些新变化?谈一谈新时代的大学生们喜欢什么样的品牌。

2. 针对自己身边的大学生群体,采用用户洞察的方法分析其新媒体使用的动机与偏好。

3. 选择一个基于用户洞察的品牌决策实例,思考企业是如何运用用户洞察(画像)进行精准营销的。

第3章　从理论到方法：新媒体广告创意观

> 创意给人生命和生趣。
> 我们的行业，就是创意。创意在气味相投的气氛中，最能成长茁壮。
>
> ——李奥·贝纳(Leo Burnett)

3.1 新媒体广告创意观的变革

新媒体广告要遵循创意的基本原则，同时也要接受新技术与新观念带来的挑战。数字化、智能化的媒介技术为广告创意拓展了全新的空间，内容生产模式的变革更是带来了全新的创意手法。广告创意不再局限于商业社会的贩售，更成为传播人类文明与美好生活的赋能者。

3.1.1 广告创意的定义及特点

1. 广告创意的定义

"创意"一词长久以来被许多行业奉为圭臬，在全球化向纵深发展、知识经济盛行的今天，更是衍生出了"创意经济"(creative economy)①的概念，意指那些从个人的创造力、技能和天分中获取发展动力的企业，以及那些通过对知识产权的开发可创造潜在财富和就业机会的活动。其中，广告业被视为创意经济中的第一大门类。的确，无论广告人对创意持哪种观点和态度，都无法否认创意是广告的灵魂。那么，创意究竟是什么？它又是如何应用到广告中成为广告创意的呢？

在英文中，"创意"一词有多种表达，包括creative、creativity和idea。creative被译为创造性的、创作的、有创造力的，在其英文原意中，也强调人的技能和能力。creativity被译为创造力、独创性，也被译为创意。idea则是一个更为广泛的概念，它有想法、计划、主意、打算的意思。在著名广告大师詹姆斯·韦伯·扬(James Webb Young)的《产生创意的方法》(*A Technique for Producing Ideas*)一书中，将idea作为创意广泛使用并由此

一个创意的诞生

---

① "创意经济"一词最早于2001年由英国学者约翰·霍金斯在《创意经济》一书中提出，约翰·霍金斯被称为"世界创意产业之父"。

被普及①。

而我国台湾创意创作人赖声川在其编写的《赖声川的创意学》中，将创意定义为"生产作品的能力，这些作品既新颖(也就是具有原创性，是不可预期的)，又适当(也就是符合用途，适合目标所给予的限制)"。这一描述，从艺术创作角度阐明了创意的新颖、适当特征②。

由此可见，"创意"一词首先强调了独特和新颖的意涵，其次是作为人的能力的体现。在广告领域中，广告创意是"旧元素的新组合"的概念被广泛应用，美国广告专家詹姆斯•韦伯•杨指出，广告创意是一种组合，是组合商品、消费者以及人性的种种事项。结合创意概念中的两个方面来看，广告创意在微观层面可以是在广告主题、内容、表现形态中体现出的独特、新颖的主意、点子，也可以是在宏观层面整个广告活动中体现出的创造力。

在广告史中，对广告创意一直有"科学派"和"艺术派"的流派之争。"科学派"广告创意观认为广告是一门科学，坚持以科学的理论来指导广告运作，以事实说服消费者购买。"科学派"广告创意代表人物有大卫•奥格威(David Ogilvy)和罗瑟•瑞夫斯(Rosser Reeves)，其代表理论包括大卫•奥格威的品牌形象理论(brand image)和罗瑟•瑞夫斯的USP理论(unique selling proposition)。"艺术派"广告创意观认为广告的本质是艺术，因而广告创意应该更加注重形式而不是内容，即重视"怎么说"而非"说什么"。"艺术派"广告创意的代表人物有威廉•伯恩巴克(William Bernbach)和丁•威扬格，其代表理论包括伯恩巴克的ROI理论(relevance关联性，originality原创性，impact震撼性)、李奥•贝纳的戏剧性理论以及美国20世纪80年代出现并被广泛应用的共鸣理论。但无论"科学派"和"艺术派"如何争论，创意在广告中的核心地位是毋庸置疑的。除"科艺之争"外，也有认为"科学"和"艺术"同等重要的"综合派"。在媒介技术主导下，广告创意逐渐进入一个"科艺结合"的时代。在这个时代，广告创意是广告从业者以营销为最终目的，以消费者为重要关切，运用自身的创新思想和创造性思维，辅以或科学或艺术的手段，在广告活动的每个环节进行创新创造的过程。

2. 广告创意的特点

基于创意的本质和广告作为需要完成销售任务的信息传播活动的本质，广告创意具有以下特点。

(1) 独创性。独创性是广告创意的本质。从广告创意是"旧元素的新组合"的观点出发，创意元素虽有千千万，但古往今来的经验已经为人们筛选出了真正有效的创意元素，若要在保证创意有效的前提下产生新创意，则需要组合，而组合"旧"的目的是得出"新"。由此可见，广告创意是一种前无古人的创举，是独树一帜、别出心裁的。罗瑟•瑞夫斯的USP理论(unique selling proposition)强调了一种竞争对手无法提出或没有提

---

① 余明阳，陈先红，薛可. 广告策划创意学[M]. 上海：复旦大学出版社，2021.
② 金定海，郑欢. 广告创意学[M]. 北京：高等教育出版社，2008，1：4-29.

出的独特，伯恩巴克的ROI理论强调了创意的原创性(originality)和震撼性(impact)，这都是对广告创意独创性特点的揭示。

(2) 关联性。关联性是指广告创意的主题必须与产品和消费者相关。在今天的营销传播背景下，一方面广告被视作整合营销中的一个环节，另一方面广告为保持自身的独特性而延伸出品牌传播的方向，因而新媒体广告创意的关联性特征的含义更广泛：创意要与品牌、产品、消费者、竞争者、销售相关。从更宏观的层面来看，广告创意的关联性也指涉一种"适当、适合"(appropriateness)。这种适当性指的是广告创意需要与品牌战略相关，并能够解决消费者的问题、满足消费者的需求，也就是具备有用性(usefulness)[①]。

(3) 功利性。基于广告的营销目的，将商业信息精准地推送给目标消费者，并促进其购买行为始终是广告追逐的核心，广告创意也是服务于这一目的的手段。广告创造传播附加值的目的是要在最大程度上激发与强化消费动机，广告创意中所有感性的、视觉的符号都是以吸引目标消费者群体的关注为导向。因为只有成功吸引消费者的关注，才能引导消费者接近产品、接近品牌，才能带动消费者深度参与广告活动。功利性的特点也意味着广告创意绝不能曲高和寡，广告创意中的艺术性始终不是纯粹的个人观念的推销和个性化的表达，而必须服务于商业目的，且必须借助市场调研、分析这样科学的手段来推动[②]。由此也可以回应广告究竟是"艺术"还是"科学"的流派纷争：基于广告的营销目的，广告创意具有功利性的特点，进行艺术性的创造是广告生产的途径，科学方法的运用也服务于其营销目的，因而两者均是广告创意必要的手段。

3.1.2　新媒体广告创意观念变化

世界上最早的广告是通过声音进行的口头广告，也称为叫卖广告，它是商品经济的产物。

纵观广告史，从广告的本质和各个著名广告人对广告的论断中可以看出，广告活动与营销行为密切相关，广告是具备营销属性的信息传播活动。营销环境必然影响广告活动，也影响广告创意观念。

20世纪60年代，营销组合4P营销理论(the marketing theory of 4Ps)产生于美国。4P理论是一种营销理论，最早由杰罗姆·麦卡锡(Jerome McCarthy)在其《营销学》中提出。"4P"分别代表着：① product(产品)，注重开发的功能，要求产品有独特的卖点，把产品的功能诉求放在第一位；② price(价格)，根据不同的市场定位，制定不同的价格策略，产品的定价依据是企业的品牌战略，注重品牌的含金量；③ place(渠道)，企业并不直接面对消费者，而是注重经销商的培育和销售网络的建立，企业与消费者的联系是通过分销商来进行的；④promotion(宣传)，其并不是狭义的"促

---

① Rosengren S, Eisend M, Koslow S, Dahlen M, A Meta-Analysis of When and How Advertising Creativity Works[J]. Journal of Marketing, 2020, 84(6): 39-56.
② 金定海，郑欢. 广告创意学[M]. 北京：高等教育出版社，2008, 1: 4-29.

销"的意思，而是包括品牌宣传(广告)、公关、促销等一系列的营销行为。

由于服务业在20世纪70年代迅速发展，有学者又增加了第5个"P"，即people(人)；又因为包装在消费品营销中的重要意义，而使packaging(包装)成为又一个"P"，4P理论发展为6P理论。后来，"营销管理之父"菲利普·科特勒(Philip Kotler)在强调"大营销"的时候，又提出了两个"P"，即publication(公共关系)和politics(政治)。科特勒认为，政治力量是推动营销活动顺利进行的好帮手，而公关活动的良好开展能够帮助企业塑造良好的社会形象，进而促进营销。当营销战略计划受到重视的时候，科特勒又提出战略计划中的4P过程，即probing(探究)、partitioning(划分)、prioritizing(优先)、positioning(定位)，营销组合演变成了12P原则。

4P理论的演变可以反映时代变迁中产业的发展，也反映了时代营销理念，但无论是6P还是12P的原则，以4P理论为基础的营销都是强调以企业主、品牌、产品为核心的。产生于这一时代的代表性广告创意原则——ROI理论也体现了这一理念。

ROI理论是20世纪60年代的广告大师威廉·伯恩巴克根据自身创作积累总结出来的一套广告创意原则。作为"艺术派"的代表，他认为广告是说服的艺术。该理论的基本主张是优秀的广告必须具备三个基本特征，即关联性(relevance)、原创性(originality)、震撼力(impact)，三个原则的缩写就是ROI。ROI理论指出，广告创意首先要与商品、消费者、品牌关联，然后以挑战惯例的方式进行差异化的表现，如推出独特的销售主张或将旧元素进行新组合，经过前两个特征的铺垫，广告创意需要达到让受众震动与感动的效果，这种效果可以从平凡与细微处体现，如单纯就是伟大、于细微处见真情等。

纵使ROI创意原则中的关联性中提到了消费者，但关联性原则本身是为了展现产品的个性，进而彰显品牌的调性；原创性原则所突出的差异化也是为了品牌定位服务的；而震撼性原则实际上是前两个原则叠加后所希望产生的传播效果，是品牌希望受众对广告作出的反应。由此可见，在4P营销理论时代下兴起并盛行的ROI广告创意原则，实际上与4P理论一脉相承，体现了以品牌为主场的广告创意观念。另外，ROI理论产生的媒介环境是传统大众传媒的鼎盛期，大众媒体"一对多"的传播特征带来了传者中心化的传播模式，这与广告创意的品牌主场理念是契合的。可以说，广告创意观是特定时代下，媒介环境与营销环境共同作用的产物。

在数字化深入发展、媒介化全面浸润的今天，技术是驱动社会发展的基础性力量，技术逻辑深入社会底层，并影响着各行各业。一个值得注意的变化是，技术赋权凝聚用户声量，使个体意愿得以充分表达并被重视，网络传播环境中呈现用户中心化的现象，于是传统大众传媒时代下的传者中心转化为数字时代的用户中心。由此，用户逻辑成为新媒体传播环境中必须被重视的要素。此外，以精准、互动为特征的数字传播方式，极大提高了营销传播的传播精度和传播深度[①]。但广告点位高度复杂化，内容从稀缺走

---

① 姚曦，李斐飞. 精准·互动——数字传播时代广告公司业务模式的重构[J]. 新闻大学，2017(1)：116-124，152.

向丰裕，受众陷入信息焦虑，注意力和情感忠诚都变得稀缺——广告创意面临严重挑战[①]。由此，依托于技术逻辑与用户逻辑互动下的新兴广告模式不断涌现，其创意观念也发生了变化。

新媒体广告的创意理念，是一种以用户兴趣为核心的4I原则，即interesting(趣味)、individuality(个性)、interaction(互动)、interests(利益)。这是一种网络整合营销传播法则，根植于互联网时代，由美国西北大学舒尔茨教授在IMC理论(integrated marketing communications，整合营销传播)的基础上提出，是以受众为中心，以趣味、利益、互动和个性为基本原则的整合传播战略导向，它是营销一体化、传播精准化下广告创意观念变革的体现。由4I原则引导下的广告创意观念，是一种符合新兴媒体环境强互动特点、整合营销环境精准传播特点的新时代广告创意观念，从用户中心概念到强调用户兴趣，新媒体广告创意观念向着愈发人性化的方向变革，这也是技术发展下广告创意不变的内核。

从传统大众传媒到新兴媒体，从4P理论到4I理论，从品牌主场到用户中心，从注重震撼效果到注重诉诸心理情感，从注重产品功能到注重用户体验，广告创意的观念一直在主动适应时代的传播特征和营销特征。观念引导实践，在新兴媒体环境中，在用户中心创意观念、用户兴趣营销切入点的引领下，广告创意在具体的创意思维和方法上也发生了一系列变化。4P、4C、4I理论的内涵对比如表3-1所示。

表3-1 4P、4C、4I理论的内涵对比

名称	核心主张	原理侧重	应用
4P理论	product产品 price价格 place渠道 promotion宣传	传统营销理论	大众传媒时代：以产品为核心
4C理论	consumers'needs消费者的需要与欲望 cost消费者获取满足的成本 communication与消费者的沟通 convenience消费者购买的方便性	顾客战略	大众传媒时代与电子媒介时代的过渡期：以消费者为核心
4I理论	interesting趣味 individuality个性 interaction互动 Interests利益	互联网营销理论	数字时代：营销一体化、传播精准化

3.2 新媒体广告创意方法与思维的变革

3.2.1 方法变革：从经验驱动创意到数据驱动创意

从经验思维到数据思维是广告创意方法的重大转变。

---

① 姚曦，李娜. 智能时代的广告产业创新趋势[N]. 中国社会科学报，2017-11-16(3).

1. 传统创意时代：以经验为核心

传统广告制作是在广告创意人创新思维的全程参与下完成的，是广告创意人通过想象、组合和创造对广告主体、内容与表现形式所进行的观念性、新颖性文化构思，从而创造出新的意念或系统，使广告的潜在现实属性升华为社会公众所能感受到的具象。这一创新思维可延伸到广告制作流程的任一环节，使其独具一格，具有较强的吸引力①。然而，传统广告时代的这种"旧元素的新组合"也需要在创意人员的经验指导下完成，创意也需要在漫长时间积累的经验中验证。可以说，无论是"广告是科学"的理性认知，还是"与生俱来的戏剧性"的艺术哲学，传统广告创意都没有脱离创意人员的经验范畴。创意人员丰富的知识与实践经验是传统创意方式的核心要素②。传统经验创意沿着"洞察—创意—媒介—用户需求"的路径生成，在这个过程中，广告主、广告代理公司、媒体、消费者分别孤立地在每一个环节出现，囿于技术的发展，每一环节都以人工生产为核心。这个时代可以称为以人工生产为核心、以经验驱动创意的广告创意1.0时代③。这个时代虽然也产生了许多令人拍案叫绝的创意广告，但其缺陷也很突出：效率低下、成本高昂、质量参差不齐、效果难以掌控。

嘭！打开广告音乐创意之门

2. 静态数字创意时代：以用户为核心

在数字传播环境中，大数据、人工智能、算法、智能分发、VR/AR/MR等各类新技术发展成熟并广泛应用于广告创意，使得广告创意更加科学、理性。这些技术的应用也使新媒体广告创意与过往的经验创意有了根本的区别：有数据支撑和验证。

在数据驱动创意的新媒体广告时代，也经历了从以用户为核心到以情感洞察为核心的转折。最开始，新技术是相对独立地运用于广告创意的全流程：大数据使用户洞察更精准，人工智能与广告创意人配合使创意生产效率更高，算法指导下的智能分发使媒介端与用户端匹配更精准，VR/AR(虚拟现实/增强现实)技术使创意的呈现形式更为生动多样……在以数据为底层逻辑的广告创意中，技术解决的是传统广告创意在数字传播时代面临的问题，这是一种以用户为中心的创意策略，可以被称作创意2.0时代。

3. 动态数字创意时代：以情感洞察为核心

随着技术的不断升级、技术体系的不断完善，技术的静态应用转化为了动态应用，这就是程序化创意。程序化创意指的是以数据为导向动态化生成广告的过程。它基于一定的程序化创意平台(programmatic creative platform)，通过大数据与创意的程序化算法，程序化创意系统能向设计师推荐相关设计素材，如图标、模板、图片、颜色和广

---

① 皇甫晓涛，黄珊. 警惕、抗拒与共生：广告创意人与媒介技术的关系变迁[J]. 东南学术，2021(2)：240-245.
② 侯芯昀. 智能技术时代的广告创意之变[J]. 科技传播，2021，13(21)：93-95，106.
③ 段淳林，任静. 智能广告的程序化创意及其RECM模式研究[J]. 新闻大学，2020，166(2)：17-31，119-120.

告语等,自动生成适合不同消费需求的多版本创意,并能对不同的广告创意进行实时投放筛选,根据这些创意的效果进行动态优化。程序化创意是程序化购买广告时代的广告创意,是程序化购买广告复杂流程中的重要环节,呈现有别于传统广告创意的新特点[①]。

动态的程序化创意使得洞察更为复杂多变的消费者情感成为可能,这就是创意3.0时代。在整个广告创意过程中,智能算法是核心,情感洞察是目的。数据洞察和情感计算等智能技术赋予了广告观察、理解和生成各种情感特征的能力,使广告创意能够针对用户的情感做出智能、灵敏、友好的反应,进而吸引更多用户参与其中。广告创意不仅仅实现了要素与用户和场景的匹配,最重要的是能够上升到人性洞察层面,与人配合实现人机交互。这样一来,动态程序化创意不仅能更好地分析用户的兴趣、注意和行为,而且使用户拥有多样化的选择,提高了用户的参与性[②]。

在动态数据驱动创意3.0时代,消费者的需求、行为和情感被数据标签化,优化数据能带来更精准的创意;部分创意内容也被标签化,内容被解构到元素级别,以实现自动和批量生产、匹配以及优化。新媒体广告创意向着智能化、"科艺结合"的方向发展。

3.2.2 思维变革:创意传播的4I法则

本章的第一小节阐述了广告创意观念的变革:从传统大众传媒时代以4P理论体现的品牌立场转变为新媒体时代以4I原则体现的用户中心。其中所说的"4I原则"是当前新媒体广告时代创意传播的重要法则。4I原则,即interesting(趣味)、individuality(个性)、interaction(互动)、interests(利益)。

创意传播的4I法则

趣味原则包括娱乐、情绪、形式、热点4个元素,在互联网娱乐的环境中,品牌需要趣味的"糖衣"和创意的"炮弹"将品牌信息有效隐藏在娱乐性情节之中才能打动用户;个性原则包括性格、态度和能力、价值观念、生活方式4个元素,品牌主张是否能使愈发个性化的用户产生共鸣、商品是否能融入用户个性生活场景是两大评估要素;互动原则包括社交、UGC、参与和体验、分享4个元素,这是新媒体环境下必然要遵循的原则;利益原则不仅是产品的实用效益,还包括心理满足或荣誉,这就涉及精准、及时的信息咨询,在利益原则的指导下,品牌广告应为用户创造利益并积极承诺,只有这样,消费者的接受度才会大大增强,利益原则包括信息和咨询、功能和服务、实际利益、精神共同体4个元素。

在4I原则的指导下,产生了许多可圈可点的新媒体创意广告。例如,银联云闪付巧借当下流行的盛唐文化,发布了首部历史微电影广告《大唐漠北的最后一次转账》(见图3-1),感动了无数网友。中国银联云闪付取材历史事件,通过讲述唐朝漠北两名士兵运军费途中遇到的各种困难,最终将军费成功送达的故事,歌颂了主人公坚持不懈的使命感和责任感,也歌颂了爱国主义精神,由此产生了中华儿女固有的家国情怀与品牌价

---

① 黄琦翔,鞠宏磊. 大数据时代广告创意的新趋势[J]. 浙江传媒学院学报,2016,23(2):54-57.
② 段淳林,任静. 智能广告的程序化创意及其RECM模式研究[J]. 新闻大学,2020,166(2):17-31,119-120.

值观的一次情感共鸣。从立意来看，短片选用了历史题材来表达现代数字化的服务，这种时空差，极具创新性。因此，这则微电影广告不仅是对自我行为的拔高：用户转账的每一分钱，都是用户托付给自己的使命，还站在家国情怀的高度，颂扬了五千年以来用生命完成使命的中国人。

　　这则广告既充分展露了商品信息，又有家国情怀，既以动情的笔触传达了正向的价值观，也塑造了企业形象，彰显了品牌价值观。可以说，这则广告充分运用了4I原则中的趣味原则(interesting)，起到了良好的传播效果。

图3-1　中国银联云闪付微电影广告——《大唐漠北的最后一次转账》

　　在对个性原则(individuality)的运用上，乐高(LEGO)可谓是炉火纯青。在这个全球知名的玩具品牌的网站和移动端App中，用户可以随时沉浸式体验乐高的玩具世界，也可以进行个性化的产品定制。而无印良品、星巴克则很好地体现了对互动原则(interaction)的应用。通过无印良品的官网，用户可以与企业进行互动，定制自己的旅游用品；星巴克会定期通过官网或以邮件的形式向用户征集对其饮品口感与门店服务的意见，且品牌方会根据这些意见改良自身的产品或者推出新产品。这样便捷的参与模式带来的良好体验，能够增强品牌与消费者的互动，通过沟通不断深化与消费者的关系，沉淀自己的忠实消费者。

　　在社会价值的实现上，专注大众健康的移动健身App——Keep，通过公益赛事的形式展现了其对社会问题的关注，以企业联合公益组织的形式解决社会问题，这是其作为平台的社会责任的体现。2022年4月—5月，基于人们对全球气候问题的关注，Keep与美团联动，举办了"比心地球"的地球日低碳骑行挑战赛，以"Keep Cycling"的骑行口号鼓励大众用骑行方式践行绿色环保的低碳生活(见图3-2)。Keep用户需付费报名，挑战结束

图3-2　Keep"比心地球"
低碳骑行挑战赛
(图片来源：Keep官方微博)

后会获得赛事专属奖牌作为奖励，Keep通过挑战赛事、精美奖牌、限量周边等形式吸引了大量年轻人主动参与和传播。

3.2.3 新媒体广告创意核心："科艺结合"下对人性的洞察

从凸显产品到重视用户互动，纵然实现方式不同，但广告创意中对人性的洞察是不变的。在凸显产品的时代，广告创意注重的是通过符号、形式、概念等的创新对消费者产生刺激，由于人性不变，刺激的落脚点总是相同的。在重视用户互动的时代，新媒体广告创意以用户为核心进行思考，将用户逻辑贯穿到广告创意的策略中，程序化、智能化的创意趋势更是将人性洞察细化到情感洞察之上。

1. 经验驱动创意时代的人性洞察

传统观念中，广告创意源自人的觉悟、经验。人才决定了广告创意的最终水平，创意人占据广告产业价值链中的高端地位。

经验驱动创意的时代是大众传媒作为主流传播媒介的时代，大众传媒自身单向线性、中心化、弱参与的特征也在传统广告创意中得到体现：此时的广告创意是以吸引受众注意力为核心的。因此，广告创意人无论是通过艺术的手段，还是通过科学的事实进行创意制作，都需要把握人性的特点，只有这样才能达到吸引注意的目的。

大卫·奥格威提出广告表现手段的3B原则，即美女(beauty)、动物(beast)、婴儿(baby)，聚焦于人类关注自身生命的天性以赢得消费者的注意和喜欢。菲利普·科特勒认为情感是品牌诉求的重要支点，通过影响消费者的情感和态度，进而软性推销商品。此外，无数学者和著名广告人均强调开放性思维对于广告创意人的重要性，并主张通过各类创造性思维训练来激发灵感。由此可见，经验驱动创意的时代，广告创意的核心是对人性的洞察。

2. 数据驱动创意时代的人性洞察

然而，经验材料始终是有限的，而且个体创意人的经验带有自身的主观性，传统广告创意难以解决精准洞察、投放和触达的问题。于是，具有解决这些广告创意痛点的技术成了广告行业追逐的制胜利器。技术可以实现用户中心化、打造情绪洞察创意策略，同时在广告策划生产的全过程与人工协同，助力广告创意的精准化。在新媒体广告时代，消费者被更精准、深层次地剖析，消费者的需求、态度和习惯等都被直接纳入创意生产等营销相关的决策，被标签化、数据化，进而被可视化。

从PGC(professional generated content)到AIGC(artificial intelligence generated content)的技术迭代与进化改变了广告创意的底层逻辑：创意依据从经验变为数据。2023年，以AIGC为技术支撑的ChatGPT横空出世，广告业态又一次发生了变革。ChatGPT支持连续多轮交互对话、具有一定的记忆和思维判断功能，能根据对话内容前后呼应，带给用户连贯的交流感，形成更加自然的交流语境。如果运用于用户洞察，能够同时与海量用户在自然的人机交互过程中引导、挖掘其深层次想法，从效率与质量层面助力消费洞察升维到意义洞察、人性洞察。而意义洞察和人性洞察，不仅能够在广告调查、广告市场分析、广告策划阶段促进高效决策，也能为广告创意制作带来更多灵感。从静态地给消费者标注特征到动态地监测消费者情绪变化，再到以人工智能交互聊天的方式深度挖掘用户个性、心理特征，在数据驱动创意的时代，广告创意仍是以人性洞察为核心。

但是，我们也应看到，在新媒体广告创意借助技术力量实现目的的过程中，技术也限制了人主体能动性的发挥，偶尔也有技术理性凌驾于价值理性之上的情况出现。例如，程序化创意中的创意高度模块化，平台是创意加工商，而设计师成为素材供应商。机械化创意主导人的行为，让人越来越学会像机械一样去思考，实际上造成了人类和机器的关系错位和异化①。创意不能局限于陈旧的知识和僵化的逻辑。大数据的积累未尝不是一种经验，基于大数据挖掘未知的信息，仍离不开人脑的思维参与②。坚持对人性洞察的准则之时，不能仅依靠技术的力量。

互联网中的消费者一览无余。"人"被全局的监控记录后又被提炼和分解为一组标签，标签又被不同营销计划重新挑选聚集，从具象又归为抽象。在投放过程中，受众是"被选中"并进行创意的匹配，而不是选择创意。定制化营销并没有抵消消费者主体性的流失，消费者不仅没有重获人的意义，反而演变成数字人、机器人、遥控人③。因此，从数据中洞察人性时，要警惕固化、静态的思维。

新媒体广告创意中以用户中心、用户情绪洞察为核心的准则，不仅是由外在精准营销环境、数字化传播环境决定的，也是基于对人性的洞察而制定的。

可见，广告创意的本质是由人主导的创造性活动，也是为人服务的创造性活动，因而能够获得人的关注并引起共鸣，进而引发行为的创意，始终是切中人性的。纵观当下大数据、人工智能、VR/AR等一系列技术在新媒体广告创意中的应用，可以发现，对人性的洞察始终是创意围绕的中心。因此，"科艺结合"下对人性的全方位洞察才是广告创意不变的内核。

3.3　新媒体广告创意生产模式的变革

从内容产生的驱动方式来看，互联网内容生产主要经历了PGC—UGC—PUGC—AIGC—AIUGC的发展历程④。PGC(professional generated content)是专业生产内容，特点是门槛与成本较高，内容质量有保障，如在一些专业视频平台，用户更多的是去接收和搜索视频资源

呀！边玩游戏边创意(PIE、HEX)

---

① 段淳林，宋成．创造性破坏：人工智能时代广告传播的伦理审视[J]．广告大观(理论版)，2019(5)：40-45．
② 侯芯昀．智能技术时代的广告创意之变[J]．科技传播，2021，13(21)：93-95，106．
③ 高友江．消费者主体的历史挖掘与重塑[J]．管理学报，2019，16(11)：1612-1623．
④ 翟尤，李娟．AIGC发展路径思考：大模型工具化普及迎来新机遇[J]．互联网天地，2022(11)：22-27．

来收看，类似于Web 1.0的概念；UGC(user generated content)是用户生产内容，伴随Web 2.0概念而产生，特点是用户可以自由上传内容，内容丰富，如Twitter，YouTube等平台，用户不仅是接收者，也可以是内容的提供方，内容生产的规模扩张较快，但内容质量参差不齐；PUGC(professional user generated content)是用户专业化内容生产，它产生于互联网用户内容进一步细化和垂直化的趋势之下，PUGC集合了PGC、UGC的双重优势；AIGC(AI-generated content)是基于技术进步带来的自动化内容工厂；AIUGC(AI-user generated content)是由AI辅助用户生成内容，在内容生成规模、生成频率上较UGC更为显著。本节将沿着广告创意生产模式的演变历程来讨论新媒体广告创意生产模式的变革。

3.3.1 PGC时代的创意生产模式

PGC与基于Web 2.0兴起的UGC相对，PGC是由有专业的学识、资质，在其生产内容的领域具有一定的知识背景和工作资历的人所进行的内容生产。由于广告涉及营销、传播、公关等多领域，且广告活动又需要进行市场调研、用户洞察、创意策划、定向投放、效果评估等一系列科学流程，因而广告行业的内容生产模式一直是以PGC为主。无论是传统的4A公司①，还是如今兴起的创意热店②，其运作都离不开专业广告人。

在传统媒体时代，广告创意基本由作为个体的广告创意人员或者作为组织的广告创意公司来完成，20世纪诞生的一大批广告创意大师和广告创意公司就是其典型体现。自20世纪六七十年代以来，受营销和传播环境改变的影响，广告实践和理论的重心由诉求转向创意，创意成为驱动广告公司发展的核心力量，广告创意人员因此受到前所未有的重视，广告创意人才的培养也走向专门化③。传统广告业务运作以广告调查为起点、广告策划创意为核心，通过设计制作形成广告作品，然后把广告作品借助某种传播载体刊播，前后接续一环一环地展开，前面的环节是后面的基础，后面的环节是前面的延续。这种线性运作模式是基于大众传媒时代的传播环境形成的④。

总体而言，PGC时代的广告以创意追求为核心，特别强调广告产品和品牌的表现，以及自我诉求，因而PGC式的创意生产是专业广告人对广告创作对象进行的创造性思维活动，是通过想象、组合和创造对广告主体、内容与表现形式所进行的观念性、新颖性

---

① 4A全称American Association of Advertising Agencies，是美国广告代理商协会的英文全称，1917年在美国圣路易斯成立，是全世界最早的广告代理商协会。4A的协会成员由广告商组成并向协会缴纳一定的会费，这些会员即4A广告公司。较为著名的4A广告公司有奥美、McCann(麦肯)、DDB(恒美)等。
② 创意热店是基于数字传播技术发展下广告人自立门户形成的广告组织形态。一些知名广告人离开广告公司，借互联网平台开展业务，分流传统广告公司的市场份额。创意热店的本质是创意而不是小型广告公司。
③ 谭辉煌，张金海. 人工智能时代广告内容生产与管理的变革[J]. 编辑之友，2019，271(3)：77-82.
④ 马二伟. 智能时代广告业务运作模式的解构与重构[J]. 郑州大学学报(哲学社会科学版)，2022，55(3)：121-126，128.

文化构思，从而创造出新的意念或系统，使广告的潜在现实属性升华为社会公众所能感受到的具象。这一创新思维可延伸到广告制作流程的任一环节，使广告独具一格，具有较强的吸引力。传统广告制作是在广告创意人创新思维的全程参与下完成的[①]。

3.3.2 UGC时代的创意生产模式

进入网络与数字传播时代，从广告创意观念的变迁可以看出，用户的作用愈发重要，加之技术赋权，用户参与广告创意成为可能。互联网大数据逐渐取代市场调查，生产创意的数据资源、工具和传播平台都降低了门槛。如今消费者及其互动行为已经掌握着创意决策权[②]。程序化创意就是一种由用户"选举"出来的反馈式创意。流量算法和大数据引擎取代人力劳动，智能监测创意与玩家的互动表现，并据此实时调整元素组合和流量分配。从传统广告创意到程序化创意再到智能化内容，内容策略主导权不断从企业转向用户[③]。创造性的工作不再是"创意阶层"的专利，KOL、KOC(key opinion consumer，关键消费领袖)和消费者群体中开始涌现大量草根创意，和专业创意在文化、模式上互相影响[④]。

技术对广告业的资源重组和要素融合也使得原有的分工被打破，广告创意生产主体更为模糊。社会学家吉登斯认为："现代性的动力机制派生于时间和空间的分离和它们在形式上的重新组合。"[⑤]数字技术对时间和空间的组合呈现交融和压缩的特征，打破了时空限制，导致了资源重组。所以，广告业资源重组的逻辑即任何人、任何时间、任何地点获取任何所需要的信息、商品和服务[⑥]。在流动性使原有的广告创意生产分工被打破的情况下，广告业生态被重塑。但就广告本质而言，携带商品信息的内容仍是新媒体广告的核心，于是如今广告创意实现其价值的方式是通过在内容上增加附加值以达到营销目的，广告的创意在内容营销上得以悉数展现。

内容营销(content marketing)概念最早由美国内容营销协会创始人乔·普利兹在2001年提出。与传统的广告相比，内容营销强调消费者在信息沟通中的主动参与，而主动参与的动因就在于内容对于目标消费者具有高价值、高关联和高关注的特点，消费者不仅能够在冗杂的信息环境中注意到信息，还能够主动传播信息。可以看到，当下许多妙趣横生的广告创意是由用户共同参与完成的。

肯德基"疯狂星期四"的营销案例便是用户参与创意生产的例子。"疯狂星期四"指肯德基于2018年推出的每周四特价优惠活动。在刚推出时，肯德基不仅打出"新品九块九，吃到扶墙走"的广告语，邀请数位明星进行代言，还推出"疯狂疯狂星期四，九

---

① 段淳林，任静. 智能广告的程序化创意及其RECM模式研究[J]. 新闻大学，2020，166(2)：17-31，119-120.
② 陈万锋. 人工智能创意，进展到第几阶了[J]. 中国广告，2019(9)：70-72.
③ 韩霜. 程序化创意的现状和发展路径分析[J]. 广告大观(理论版)，2017(3)：77-87.
④ 侯苡昀. 智能技术时代的广告创意之变[J]. 科技传播，2021，13(21)：93-95，106.
⑤ 吉登斯. 现代性的后果[M]. 田禾，译. 南京：译林出版社，2000：14.
⑥ 王菲. 生态、系统、核心：人工智能内容营销体系构建[J]. 中国新闻传播研究，2022(3)：104-119.

块九块九块九"的神曲在电梯间循环播放。前期依赖广告进行营销的"疯狂星期四",通过一定时空范围内的轮番轰炸,在客户心智中留下烙印,但也引起一部分白领的反感,致使推广效果不尽如人意。直至2021年,社交平台出现用户自发创作的"疯四文案":"你为什么垂头丧气?你知道今天是什么日子吗?今天是肯德基的疯狂星期四。"至此,无数网友脑洞大开,创作出大量思路清奇、剧情曲折,让人"直呼离谱"的"疯四"段子,在微博、小红书、微信等各大社交媒体平台受到广泛关注,被网友戏称为"疯四文学"。随后,在"疯四文学"传播过程中,品牌、资本与媒介合谋,通过仪式将"疯四文学"打造成青年群体发泄的理想载体,用户在持续发送、接收并重新编码"疯四文学"的过程中,获得符号赋予的地位认同。如今,"疯狂星期四"不仅仅是满足口腹之欲的"快乐日",更是成为用户宣泄情感、承载着自我和群体归属的"狂欢日"。

可以看到,全网用户参与"玩梗""造梗"是肯德基"疯狂星期四"出圈的一大原因,肯德基这种基于用户兴趣,以"朋友"姿态参与其中,借助官方身份进行引导,进行用户共创的营销行为,不仅能创造出符合品牌价值观的内容,积累品牌资产,同时也能增强用户的身份认同与归属感,反哺产品销量。

与肯德基一样,麦当劳官方察觉到"麦门文学"[1]的传播趋势后,也主动在微博、小红书等平台,以"麦门"为切入口与用户展开互动,为用户提供创作素材,激发用户参与共创。

从肯德基、麦当劳的例子可以看出,当前的新媒体广告创意中,创意主体已不再局限于广告主,而是有更多的用户参与广告创意活动,这种有用户参与的广告创意不仅能体现消费者物质上和心理上的诉求,还能反向刺激广告主的创意生产。

3.3.3 PUGC时代的创意生产模式

互联网用户内容生产进一步垂直化和细分化趋势下的用户专业化内容生产,即为PUGC。该概念最早产生于音频领域,由垂直化喜马拉雅率先在行业内提出。喜马拉雅的PUGC生态战略是内容生产以UGC+PGC+独家版权组成,同时打通产业上下游形成完整的音频生态链。PUGC生态战略集合了UGC和PGC的双重优势。有了UGC的广度,通过PGC产生的专业化的内容生产能更好地吸引、沉淀用户,更有利于内容的垂直化和个性化。

通过KOC广告,可以更好地了解PUGC式广告创意生产。在营销学概念上,KOC指能影响自己的朋友、粉丝,产生消费行为的领袖。关键消费领袖在垂直用户群拥有较大的决策影响力,能够带动其他潜在消费者的购买行为。从本质上来说,KOC本身就是消费者,也是用户,因此KOC广告是迎合用户中心化的社交媒体时代特征的产物,是迎合以"趣缘"为纽带链接个体用户的社交媒体传播逻辑的产物;从内容层面来说,

---

[1] "麦门文学"始于一位顾客为多要一根薯条在外卖订单备注中自称"麦门信徒",以虔诚赞美麦当劳的方式与店员对话。看到小票信息的网友于是纷纷主动加入"麦门",成为"信徒",展开了"麦门文学"的创作。

广告主投放的KOC广告也具有UGC和PGC的双重性质。相比于KOL，KOC虽然粉丝更少，影响力更小，但其广告更垂直，也更便宜。

通过KOC广告营销大获成功的品牌有很多。例如，作为老牌国货美妆品牌，珀莱雅在社会化媒体上打出"早C晚A"①的护肤口号，通过在抖音、小红书等KOC聚集的平台上大量投放，成功破圈，不仅打造出明星爆品，还推动了品牌的年轻化。在小红书上，珀莱雅通过输出四百多篇"种草笔记"②，覆盖多元类型的场景，从中筛选出一百多篇笔记作为爆文加推，再从中筛选出三十多篇超头部爆文，通过KOC广告的形式，抢占消费者心智，提高了品牌认知度。

3.3.4　AIGC时代的创意生产模式

AIGC主要得益于深度学习模型方面的技术创新，使拥有通用性、基础性、多模态、训练数据量大、生成内容高质稳定等特征的AIGC模型成了自动化内容生产的"工厂"。

AIGC是由AI取代人类进行内容创作的生产模式，特点是生产频率更快，可以定制风格，满足个性化需求，同时拥有无限规模的创作灵感，可作为强大的生产工具，解决Web 3.0和元宇宙中的内容问题。目前，AIGC被认为是继PGC、UGC之后的新型内容创作方式，也是Web 3.0时代的核心辅助创作工具。元宇宙中用户主动参与各个场景的叙事会产生大量实时交互的需求，AIGC高效的内容生产工具有助于构建元宇宙中内容的生成和交互关系，不仅在数字藏品领域大展身手，还可以改进和提升设计、数字文创、自动化生成等步骤的效率③。在广告领域，也衍生出了对元宇宙广告的畅想。虚拟直播、虚拟人和虚拟空间，是目前元宇宙营销的三大场景。它的完整生态链中，还会融入AI、AR/VR/MR、智能交互、游戏开发、引擎、私链、NFT铸造等更多应用④。而在这些元宇宙营销场景中，AIGC的应用将可能使之具备更高的效率，产生更个性化的创意模式。

2023年开年，ChatGPT在全球范围内引起了广泛关注和影响，上线仅两个月，用户数量就已经突破 1 亿，引发了学界与行业热议。ChatGPT具有生成性、嵌入性、面向C端的特征，能够嵌入各种应用程序，拓宽使用场景，实现文本生成、语言翻译、多轮交互对话、理解语境等功能，是人工智能技术的一项重要突破。

ChatGPT的异军突起宣告了AIGC时代的到来，也再度牵扯出对AIGC这个技术背

---

① "早C晚A"是珀莱雅品牌营销打出的护肤口号，指早上用含VC成分产品抗氧化，晚上用含VA成分产品抗老化。"早C晚A"也被网友用于自我调侃，指早上咖啡(coffee)晚上酒精(alcohol)的日常生活。
② "种草"，网络流行语，在网络上，表示分享推荐某一商品的优秀品质，以激发他人购买欲望的行为，或自己根据外界信息，对某事物产生体验或拥有的欲望的过程。"种草"是近几年互联网最火的营销方式之一，品牌常用的种草方式便是在某时间段集中且大量投放KOL、KOC广告，以高频集中的曝光给用户留下印象。
③ 蔡子凡，蔚海燕.人工智能生成内容(AIGC)的演进历程及其图书馆智慧服务应用场景[J].图书馆杂志，2023，42(4)：34-43, 135-136.
④ 王君.在元宇宙中摸索广告创意ROI[J].中国广告，2022，348(12)：20-23.

景的讨论。在AIGC时代，万物皆可智能生成，其可生成的内容形式已经囊括文本、图像、音频、视频。人工智能生成的图像具有逼真、高清的特点，可以表达出风格和意境，且精致、可控；视频则自然流畅、栩栩如生。然而，目前以ChatGPT为代表的AIGC仍有缺陷，经学者姜智彬总结，ChatGPT当下的缺点包括过于注重语言层面的细节而缺乏知识层面的整体把握；逻辑推理不靠谱(无论是数学逻辑还是专业逻辑)；实时信息自更新慢，新旧知识难以区分；无法真正为领域类问题提供专业、靠谱的答案。由此可见，AIGC时代虽已到来，但AIGC技术的大规模应用还尚需时日。

AIGC并非单纯的机器生产内容，虽然机器是直接生产者，但它的生产需要由人设置的目标与指令驱动，有时也基于人提供的"草图"进行再创作，在很多时候，AIGC仍然是一种人机协同的内容生产。当普通人获得了人机协同工具，他们在多样的动机下，内容以及内容生产也会在这样的全民运动中，被赋予新的意涵。智能机器也会变成一种新的媒介，人们与它的对话、交互，也会成为生活的一部分[①]。

普通人工智能技术已经显著提升了广告的生产效率，而ChatGPT的发布宣示着生成式人工智能技术取得了突破式进展，其具有强大的语言理解和文本生成能力，能够进行多轮文本对话问答，更进一步释放了生产效能并实现了人机交互的跃迁。而以ChatGPT为代表的AIGC的内容生成模式，也能够助力元宇宙营销中虚拟人技术的进一步成熟，增强互动感和社交性。从本质上来说，AIGC颠覆了广告的互动性。

在广告学中，Mc Millan和Hwang等学者[②]在总结以往学者的研究之后，提出了研究互动性的三种视角：过程观视角的互动性——关照互动交流的参与者之间相互影响、相互作用的活动过程；结构特征观视角的互动性——关照新兴媒介的结构特征对互动性的影响；感知观视角的互动性——用户沟通过程中的心理感受作为研究互动性的重点。Cho和Leckenby(1997)将互动性划分为三类，即人机互动(user-machine interaction)、用户与用户的互动(user-user interaction)、用户与讯息的互动(user-message interaction)[③]。

学者姜智彬认为，ChatGPT对广告互动性的影响，具体体现在互动的个性化、循环性、多维度三个层面，这些影响带来了整个广告业态的变革[④]。

首先是互动的个性化，即强调商业传播过程中传播主体对传播内容的针对性回应，凸显传播内容与传播主体需求的精确适配。在具体的广告活动中，如ChatGPT的连续多轮交互对话模式能够结合前后语境，深度挖掘用户深层次想法，更好地助力用户洞察朝人性洞察的方向升维。

其次是互动的循环性，即强调商业传播过程中传播主体对传播内容的即时响应与动

[①] 彭兰. 人与机器，互为尺度[J]. 当代传播，2023，228(1)：1.
[②] McMillan S J, Hwang J S.Measures of Perceived Interactivity: An Exploration of the Role of Direction of Communication, User Control, and Time in Shaping Perceptions of Interactivity[J]. Journal of Advertising, 2002, 31(3)：29-42.
[③] Cho C, Leckenby J. Internet-related Programming Technology and Advertising[J]. American Academy of Advertising, 1997(1)：69-79.
[④] 姜智彬. 互动性的迭代与升维——ChatGPT对广告业态的变革[Z]. 2023.

态调整，凸显传播主体在传播中的参与感和对传播的可控感。AI投放模式，不仅可以提升广告信息与用户需求的契合度，还能突破以往固化的广告内容边界，不断延长广告信息链，拓展广告产品服务的信息深度。在广告传播的循环互动过程中，用户的鼓励指令成为广告新一轮生产与投放的重要指标，能够对算法进行反向驯化，因而用户对广告传播的控制性增强。从某种意义上来说，用户与ChatGPT形成了价值共创、协同生产的广告样态。

最后是互动的多维度，即强调传播情境的丰富层次和传播形式的复杂样态，凸显传播主体的体验感。具体而言，以ChatGPT为代表的AIGC能够以颠覆性的变革力打造更加多元的形式和更加多样的场景。在当下，它颠覆了传统搜索广告：用户不再需要自行筛选有效信息，基于ChatGPT的搜索广告借助大语言模型，能通过高度精确和类人化的方式理解并回应用户查询，其回答是有逻辑的、生动的，有上下文关联的，可以自动剔除无关信息，直接将答案呈现在用户面前，大大提升用户信息检索的效率。在未来，它将赋能元宇宙营销，如与虚拟人技术结合，创造出具有自主交互能力的智能虚拟客服、智能虚拟带货主播等，拓宽营销场景边界，打造全感官、多模态的商业传播形态。如今，已有许多企业入局，运用AIGC赋能元宇宙营销，如红旗元宇宙社区里的智能问答客服、小冰公司推出新一代AI数字员工都是基于大模型实时交互。

综上所述，从理论层面来看，AIGC给广告业带来的变革是颠覆式的，ChatGPT以迭代交互性的本质对整个广告生产流程产生了不同程度的影响，并引发了众多学者和从业者对未来广告形态的讨论。而从实践层面来看，企业对AIGC的应用现状正在形塑未来广告的形态。

根据特赞信息科技有限公司创始人王喆的观点，企业对AIGC的运用层次可以从交互、应用、平台、基础设施4个层面来理解，具体体现在数字化系统上。例如，交互存在于图形界面上；应用体现在内容管理系统(content management system)、数字化的内容资产管理(digital asset management)、客户关系管理(customer relationship management)等方面；平台是具备专有模型的AIGC系统所形成的内容管理平台和数据管理平台；而基础设施则表现为运用通用大模型的AIGC系统所进行的云计算、形成的数字仓库等[①]。

从品牌的视角来看，企业可以用内容资产训练每个品牌的GPT。例如，特赞在具体的工作中对AIGC的应用方式便是用对话式交互实现任务、分析内容的相关数据、智能生成内容素材、基于内容进行智能问答、基于专有模型增强任务能力。这一系列的应用，能够大大提高员工的工作效率，并进一步释放员工的创造潜能。而品牌专有的GPT能够产生无限的想象力，带来更快的模型迭代、更多的数据反馈、更多的用户，以及更好的产品。

诚然，目前企业对AIGC的应用只是试探性的，它在知识产权、隐私、合规和安全方面存在隐患，因此需要不断提高可控性，这也是AIGC目前面临的挑战。但经过谭北平

---

① 王喆. AIGC与内容产业创新[Z]. 2023.

等人的研究，人类有更强的创造力和洞察力，AIGC时代的来临，可能倒逼人类爆发出更加具有破坏性的创造力。技术不应仅用于降本增效，更应该创造美好，而这，也是品牌的使命。

聚焦于广告创意层面，与以往的程序化广告创意生产模式相比，一方面，AIGC沿袭了程序化创意的效率提升优点，使得创意得以大批量生产，同时，还能够弥补程序化创意在"千人千面"的个性化创意生产上的缺陷；另一方面，AIGC与广告创意人的协同使得技术理性和人文价值的融合更为紧密，AIGC可助力于创意人的内容产生，使创意更上一层楼。可以说，从PGC到AIGC的生产工具变革，新媒体广告的内容生产不但没有丢失创意的灵魂，而且还用科学的手段武装了创意，使得以用户兴趣为中心的新媒体广告创意观得以更好地落实。

3.3.5 AIUGC时代的创意生产模式

AIUGC模式由AI辅助用户生成内容，在内容生成规模、生成频率上较UGC更为显著；又辅以PGC的专业和组织属性，在内容生成质量方面具有保障。AIUGC可以被视为技术对用户深化赋权的结果，但也有其局限性，主要体现在技术生产的不确定性和版权边界的厘定两个方面。在AIUGC式的广告创意生产中，值得关注的是创意生产主体间的关系。AIUGC式创意生产的主体包括专业广告人、用户和人工智能，三者协同的协调与否关系到创意内容质量的好坏。一方面，AIUGC的技术加持固然使得创意生产效率更高；另一方面，AIUGC也应该建立在拥有专业训练的AIGC基础之上，拥有更多专业生产内容的"人"，才是AIUGC的使用主体。

内容生产模式对比如表3-2所示。

表3-2 内容生产模式对比

模式	生产主体	特点	技术阶段	代表平台
PGC	专业内容生产机构	专业化、成本高、规模化、稀缺性	Web 1.0	博客、优酷、腾讯
UGC	用户	草根性、原创性、个性化	Web 2.0	YouTube、哔哩哔哩、抖音
PUGC	专业内容生产机构+用户	专业化、垂直化、个性化、广泛性	Web 2.0	喜马拉雅
AIGC	人工智能	规模大、频率高、专业性	Web 3.0	各类人机协同平台
AIUGC	人工智能+用户	自动化、高质量、效率高、高度定制化、永续性	Web 3.0	以ChatGPT为代表的智能应用、交互式平台

初期的AIGC更多为专业内容生产机构所用，对使用者有相对专业的要求。ChatGPT对普通人更友好，在一定程度上降低了用户的使用门槛。

3.4 以创益传播讲好中国故事

创意传播法则的4I原则中包含interests，也就是利益原则。利益原则(interests)不仅是产品的实用效益，还包括品牌建构的与消费者的精神共同体，以及品牌自身的社会价值实现。于是，公益传播在新媒体广告时代中由于创意的加入有了更加丰富的形态，在文化自信、自强的理念愈发深入人心的时代也承载了更为重要的使命。我们将创意融入公益传播的形式称为创益传播，即创意+公益=创益传播。品牌如何更好地参与到公益生态之中，与社会各方合力共创公益传播的社会价值，这是来自数字社会的新命题。本节将围绕创益传播是什么，创益传播的特点，如何提高创益能力三个层面来展开讨论数字时代的创益传播，进而讨论在改革开放深入发展、社会转型时期，广告如何通过创益传播讲好中国故事。

3.4.1 什么是创益传播

在世界精神卫生日当天，珀莱雅发布"回声计划"，推出青年心理健康公益宣传片《此刻，和情绪＿＿》。短片主要分为三种不同的精神状态：愧疚、抑郁、焦虑，以不同主人公的自述视角道出了自己的心声，如我们陷入愧疚情绪时，会认为是愧疚在消化自己，而非自己在消化愧疚；在面对抑郁的情绪时，我们常常难以找到驶出的船只，只能焦灼地等待；在面对焦虑的情绪时，我们总会放大自己的害怕，陷入无止尽的担心，不禁发出"是只有我这样吗"的困惑。在三个主题的最后，短片传达真诚的祝福："我们如此

数字时代的创益传播

不同，却也相同，都被情绪经过，与它周旋过，没关系，'我们'永远有选择，如何与情绪相处的自由，试试＿＿。"短片以最真实的场景和对白展现了当代年轻人的心理状态，挖掘珀莱雅品牌背后蕴含的情绪价值，并将其转化为品牌核心价值观，扩大品牌声势，从而使珀莱雅与消费者之间建立紧密的情感纽带。

2021年，珀莱雅与中国青年报、壹心理推出公益短片《回声》及系列纪录片《回声计划》；2022年，珀莱雅以"情绪会有出口、世界总会有回声"为主题，发布回声计划2.0，为年轻人提供情绪宣泄的窗口。一直以来，珀莱雅致力于解决青少年心理健康和情绪问题，联合相关公益机构开展多项公益讲座、公益热线等服务，展现了品牌独特的人文关怀和社会正能量。

在大众传媒时代，公益传播泛指所有服务于公共利益的信息传播行为。从公益传播到创意传播，我国的公益传播发展大致经历了三个阶段。

公益传播1.0时代是由政府主导的，公益传播被看作简单的政府宣传、观念推销，以爱国宣传、唤起民众危亡觉醒意识为诉求的信息传播活动，其形式主要有拉横幅和口头相传，如"节约粮食""保护水资源"等宣传口号，传播形式较为单一。

公益传播2.0时代是大众传媒时代的公益传播，兴起于20世纪初，品牌、媒体、政府开始关注社会议题，涌现出一系列高质量的公益传播项目，这时公益传播的媒介主要

是电视、报刊、户外等大众媒体；关注的焦点是社会公益问题，如环保、节约等。但囿于大众传媒的特点，这时的公益传播是一种单向线性的传播，受众不能及时反馈，也无法产生互动。

媒介技术的发展使得公益传播的声量扩大，越来越多的品牌、企业、媒体参与公益传播，公益传播进入3.0时代。此时传播主体呈现多元化的特征，品牌和个人均成为主流力量，传播的形式也呈现出数字化、个性化和强互动的特点。同时，由于人民生活水平的提高，公益传播的诉求倾向于追求更美好的生活。"阳光校厕"计划便体现了公益传播3.0时代的特点，它更具感染力，更能引发受众共鸣，加之社交媒体的流行使得受众能够自主转发、评论，进而引发二次传播，传播效果更佳。

3.0时代的公益传播形态更为丰富多样，公益传播也更加注重创意性，创意和公益在逐渐融合，于是，创益传播随之诞生。数字时代的创益传播是由社会多元主体合力参与的，以满足人们对美好生活日益提高的需求为诉求，面向社会议题提供创意解决方案的传播模式。

3.4.2 创益传播的特点

创益传播不仅能够提升人们对社会问题的关注度和参与度，还能提升公益项目的数字化程度，同时创益传播还能助力品牌的商业化运作。总体而言，数字时代的创益传播具有以下特点。

1. 以社会议题为创意洞察

关注社会议题，从社会议题中获取创意灵感，以此激发用户情感共鸣，并最大程度扩大传播面。例如，水滴筹洞察到社会底层人群的生存痛点、华为洞察到现代人的社交痛点。

2. 以用户参与为体验节点

以用户为中心设置互动环节，鼓励用户参与到创益传播中，使其获得良好体验，以此激发用户自发参与传播扩散，提高创益传播活动的影响力。2020年5月，网易云音乐发起了"Light The Light光援行动"，号召所有人用音乐和光点亮世界，传递希望，激励全世界人民勇敢抗击疫情。不少人利用灯光彩蛋+音乐创作短视频，用音乐和光传递希望。活动还登上了上海中心、广州新电视塔、武汉汉秀剧场、北京王府井等知名地标建筑。

3. 以数字媒体为传播平台

数字时代的创益传播多在数字媒体上进行，尤其是社交媒体，借助社交媒体开放性、流动性的特点，以及节点化、网状化的传播模式，进而扩大创益传播的影响力，以达成其公益目的。在社会化媒体的催化下，创益传播的影响力越来越大，并成为品牌承担社会责任的新模式。

在中国，有许多值得关注的社会议题，如有关弱势群体福祉的传统问题，以及现代数字社会的新问题，包括数字鸿沟和网络暴力等。一个良好的创益传播生态需要有非凡的品牌来引领社会价值，还需要有更多的年轻人参与。

3.4.3 广告创意表达的策略

虽然进行广告创意是一个非常复杂的过程，但如何表达广告创意仍有规律可循。一项针对200个金铅笔奖(the one show)[①]获奖广告的研究表明，89%的获奖作品的创意表达能够归纳成形象化类比、设置极端情况、呈现"负面"后果、制造竞争、互动实验和改变维度6个策略[②]。

1. 形象化类比

在移动互联网时代，人们越来越习惯用图片理解并记忆外界的特征，正如海德格尔所说："世界被把握为图像了。""这样一回事情标志着现代之本质。"[③]也有学者认为："在广告创意中也是如此，图片等非文字元素至少担负着一半演绎信息的重任"[④]。图片演绎信息的方式有两个：其一是"象征"，即让消费者将形象与产品联想起来，如绿地、湿布是清凉饮料的隐喻，美丽的女性是化妆品的隐喻[⑤]；其二是"展现"，生动形象的图片、动画、视频等元素能够替代千言万语，让消费者直观感受到广告主要传递的信息或产品特征。形象化类比就是将某个符合消费者想象、具有象征性的物品与产品特征联系起来[⑥]。

2. 设置极端情况

这一策略需要展示一个情景，通常会运用"荒谬的取代"手法使产品的某个卖点重要到不切实际(极端)的程度，从而暗示消费者：你不必购买我们的产品，还可用别的替代方案(当然这个替代方案是滑稽的、不可行的)。比如澳大利亚的ALDI(阿尔迪)超市在Facebook上推出的短视频广告《去趟超市，你就变老了》。这个故事讲述了一位父亲带着儿子去大型超市买番茄酱，但由于番茄酱种类过多，他选完后竟然变成了一个白发苍苍的老人。广告结尾"我们不会用番茄酱油浸你"点明了创意的核心内容：如果消费者不去ALDI购买商品，就可能在大型超市里对万千产品无从下手。又如美国银行Axos Bank推出的短视频广告《不要被你的银行抢劫》，展现了目前银行普遍存在的高额手

---

① 金铅笔奖是世界创意行业的专业奖项，主张美术与文案完美统一的精彩创意作品。
② 李靖. "创意"本身真是没有创意：89%的创意广告来自这6个模板[EB/OL]. http://www.meihua.info/a/62599.
③ 海德格尔. 海德格尔选集(下卷)[M]. 孙周兴, 译. 上海：上海三联书店, 1996：899.
④ 威廉•阿伦斯, 迈克尔•维戈尔德, 克里斯蒂安•阿伦斯. 广告：创意与文案[M]. 丁俊杰, 程坪, 陈志娟, 等译. 北京：人民邮电出版社, 2012：62.
⑤ 陈一. 论广告中的视觉符号：意义与修辞[J]. 广告研究, 2007(3)：83-87.
⑥ 黄河, 江凡, 王芳菲. 新媒体广告[M]. 北京：中国人民大学出版社, 2019：115-141

续费问题。在短片中，客户进入银行准备办理业务，正在工作的银行职员突然带上黑色头套，化身成为蒙面大盗将人们的钱"洗劫一空"。这种由职员转变为劫匪的极端状况，正是广告希望客户意识到一些银行的高额手续费就是在变相地抢他们辛苦挣来的钱财。广告在结尾通过一个"Don't get robbed by your bank"(不要被你的银行抢劫)也点明了Axos Bank的服务理念：坚持客户至上，使他们能以更低的支出获得更高的回报和更好的服务。

3. 呈现"负面"后果

广告不一定要说出产品的好处，有时创造性地呈现一些"因为功能太好而导致的负面后果"，往往也能加强消费者对产品功能的认可。例如，玉兰油(德国)的美白产品广告通过传递"不要用我们的产品，否则你会白得连签证官都认不出你"的信息，将产品美白的功效以幽默轻松的方式呈现给消费者。

4. 制造竞争

将产品与非同类的产品进行对比竞争以突出产品的优势是制造竞争的一种策略。除此之外，很多创意广告为了"制造竞争"，会让产品处于某个"不常用的情形"下，以替代更加常用的产品。比如为了突出牛仔裤结实的卖点，可以设计如下情形：汽车抛锚后拖车来了，但是没有绳子，于是让拖车用牛仔裤拖着后面的车走，牛仔裤此时变为拖车绳，突出了它结实耐磨的特点[①]。

5. 互动实验

设置一个场景，让消费者在看到该场景后产生相应的联想或完成相应的行动。例如，洗发水广告用黑色试纸贴近头皮、牙膏广告用色卡对比牙齿，让人看到之后会产生这样做的欲望(或者采取相应行动)，从而对自己的发质、牙齿健康问题更加敏感，选择广告中产品的可能性也会更大。

知名番茄酱品牌亨氏(Heinz)的互动实验"画出你心中的番茄酱"[②]也印证了互动实验对于推动消费者采取行动的重要性。2021年，亨氏在不告知参与者实验团队身份的前提下，在多个国家邀请多位消费者通过线上或线下的方式参与"画出你心中的番茄酱"(draw ketchup)活动。实验结果发现，大多数参与者所绘制的番茄酱外观与亨氏产品高度一致，部分人还能轻松画出亨氏番茄酱的瓶身细节，并表示"第一个浮现在脑海中的番茄酱(品牌)就是亨氏"。亨氏将实验过程制作成视频短片发布到网上，同时还选择了一些参与者的作品作为限量销售产品的外观包装以及户外广告牌的展示素材，这一趣味互动实验在充分调动消费者热情的同时，也起到了强调亨氏品牌优势、巩固品牌知名度的作用。

[①] 黄河，江凡，王芳菲. 新媒体广告[M]. 北京：中国人民大学出版社，2019：115-141.
[②] 数英. 亨氏做了一场实验，你心里的番茄酱只能是我啊[EB/OL]. https://www.digitaling.com/projects/151053.html.

6. 改变维度

改变维度就是要对产品进行空间或时间上的转换。在空间维度上，可用"复制"手法创造出消费者熟悉的形象，以增强创意的趣味性，拉近和消费者的距离，如中华环境保护基金会的"绿色步行"创意活动让行人踩出绿色大树；在时间维度上，则可将产品置于过去或未来，如海飞丝的长图创意广告《皇上皇上，你别跑》。

3.4.4 广告，讲好中国故事

1. 中国品牌注入中国内涵

品牌是文化的载体，中国企业要树立高度的文化自信，保持强大的文化定力，通过挖掘、提炼和传播中国优秀文化，为中国品牌注入中国特色文化内涵，让中国优秀文化随着中国品牌的成长而壮大，并在世界舞台上大放光彩。

中国银联诗歌POS机(见图3-3)是中国银联股份有限公司发起的一个公益项目，用户使用云闪付App、银联手机闪付、银联二维码或银联卡在银联诗歌POS机上捐赠一元钱，即能收获一张印刷着山区孩子诗歌的精美"小票"，通过创新公益形式，让孩子们平等有尊严地通过自己的才华获得帮助。同时，云闪付也已经上线银联诗歌POS机小程序，通过线上传播的方式让孩子们的才华让更多人看到。

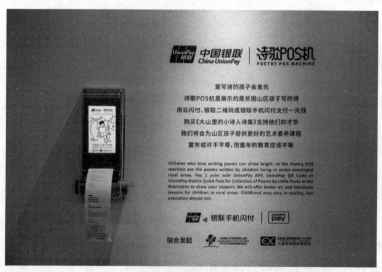

图3-3　中国银联诗歌POS机

(图片来源：百度百科)

2022年9月3日，中国银联延续诗歌POS机公益项目，上线新一轮活动将温暖继续传递。中国银联用一支童趣的线条动画将孩子们的视角和诗歌想象结合起来，演绎出孩子们童趣、纯真的想象力。品牌同时上线"大山回声"小程序，以声音为媒介，让更多人可以听到或者朗读那些天真无邪的孩子们的诗，通过互联网的形式，搭建起喧嚣城市与山里孩子之间暖心的沟通桥梁。不仅如此，中国银联还在福建省宁德市柘荣县的鸳鸯草场，打造了一座绵延1000米的"诗歌长城"大型装置，上千米的白色长布上写满了孩子们天真、纯粹的诗歌。在线上，中国银联联合官方媒体带来了诗歌长城公益特别节目直播，共同开启一场守护山里孩子心灵家园的美好旅程，用"去营销化"的沟通方式，实现品牌内涵价值的有效升华。

中国银联POS机公益行动传递出品牌本身的温度和社会责任感，是一次品牌社会化理念的具象传达，跳脱出商业性层面，提升了品牌形象和品牌价值。同时，这个创益传播项目结合了以诗歌为代表的中华优秀传统文化，通过公益项目也讲述了中国故事，对外塑造了中国形象。

2. 中国品牌讲好中国故事

中国的企业通过谱写自身品牌故事的形式讲述了中国故事，记录下了时代华章。花西子以"东方彩妆，以花养妆"为品牌理念，让这个国潮彩妆品牌形象迅速植入人们脑海；同时，将自身定位为彩妆界的"国货之光"，以中国优秀传统文化为创意元素开发产品，区隔西方国际品牌的彩妆，重新定义国货彩妆，做自己的赛道，主打彩妆护肤合一，探寻古法秘方养颜，融合花草精粹、国风元素和东方文化，打造东方时尚彩妆品牌，形成强有力的竞争区隔。花西子植根民族文化，志在建立百年品牌，由此成为中国品牌讲好中国故事的典型案例，引发无数国货品牌效仿。

广告人是造梦者，也是时代的鉴证者和记录者。2020年，哔哩哔哩借势五四青年节推出了宣传片《后浪》，其内容主要记录了转型期中国的青年现状，赞美并鼓舞了时代中的年轻人。这场五四青年节的演讲打开了两代人对话的心门，记录了时代中的中国。

3.5 新媒体广告创意案例

1.《哦麦高德》

【营销背景】

2023年是快消品牌联名的繁荣年，茶饮、咖啡等跨界联名的营销动作层出不穷，拉开了对新消费主力——年轻消费者注意力的抢夺序幕，尤其是"瑞幸和茅台"这一极具话题度的跨界合作成为典型案例。

回归新媒体广告创意的本质，高德地图和麦当劳在2023年11月，发起了主题为《哦麦高德》(见图3-4)的联名活动。在面对年轻消费人群注意力被分散、忠诚度不高的市场环境，高德地图和麦当劳深入洞察消费者情绪，巧妙结合时下热梗"公主请上车"，在社交媒体上发起"公主请上薯条车"活动，引起众多"打工人"的追捧，从而实现两平台双赢。

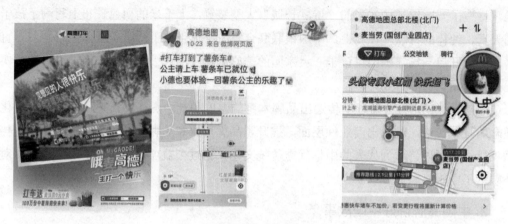

图3-4 《哦麦高德》
(图片来源：高德地图官方微博)

【商业目的】

通过高德地图"薯条车"的创意元素，叠加100万份中薯辣翅派送的促销活动，提高高德地图App日活跃用户数量，吸引顾客到麦当劳消费。

【创意简述】

在创意策略上，"哦麦高德"提取双方核心元素进行重组，将品牌名和营销主题简练概括，一语"三"关。话题文案社交感十足，口语化的营销口号也易引起传播裂变。在视觉符号上，高德地图将车辆图标换成麦当劳薯条车样式，乘客头像也带上"麦当劳小红帽"，营造了一种司机师傅开着麦当劳薯条车来接"公主"下班的社交情境，不仅在情绪上精准拿捏年轻女消费者，给足消费者仪式感，更能极大激发消费者冲动购买的可能性。

在传播内容上，双方联合推出了一首《快乐主打歌》，借谐音梗"Oh my god"，传递"主打一个快乐"的主题。此主题曲还作为麦当劳促销活动的互动机制，只要消费者到店唱主题曲，任意消费即可得0元麦麦脆汁鸡，此举再次引起网友关注，纷纷开始力挺高德地图和麦当劳。

在社交场景上，高德地图和麦当劳合作建立了"下班打车"和"吃麦当劳"的新消费心智，通过音乐的重复洗脑、可爱风视觉及沟通风格，直击年轻消费者内心，极大提升了品牌好感度。

在以往的品牌联名中，营销的结果很难兼顾双赢，但高德地图和麦当劳的此次营销活动，不仅高德地图获得了极大活跃度，麦当劳也得以完成促销目标。

【创意亮点】

极具洞察力的内容：相较于瑞幸和茅台在产品上的跨界出圈，高德地图和麦当劳此次的跨界合作，更是极具洞察力的内容营销范例。运用时下的社交热梗，将双方的消费场景进行有机串联，其营销主题、视觉传达及互动机制的设计，将4I原则中的"有趣和互动"原则发挥得淋漓尽致。

品牌话题互动性强：高德地图和麦当劳合作的营销主题《哦麦高德》极具口语化，易传播且没有理解成本。到店唱歌送产品的方式，也极易在社交媒体上引发讨论，有助于积累品牌声量，实现自传播。

极具创意的视觉：视觉符号是仅次于营销主题的第二沟通元素。高德地图通过改造车辆图标和头像挂件，巧妙融合麦当劳的经典符号，率先吸引消费者眼球，使营销主题与视觉符号的高度统一，极大提高了传播效率。

2.《贾樟柯的个人声明》

【营销背景】

三顿半成立于2015年，以经营传统咖啡馆起家，2016年凭借冻干咖啡粉和迷你杯的设计，创造性地实现了产品创新，并在咖啡市场迅速出圈。2021年是速溶咖啡大混战的一年，作为依靠互联网渠道崛起的三顿半，"双十一"是该品牌重要的营销节点。

【商业目的】

通过内容营销的方式提高品牌声量，用极具创意的表达方式与消费者沟通促销信息，助力品牌的大促销售。

【创意简述】

基于三顿半在"双十一"期间实现生意增长的品牌目标，三顿半深入洞察品牌核心消费人群。该品牌的核心目标用户是追求个性、喜欢探索和体验的年轻一代，尤其以二线城市的职场女性用户为主。

贾樟柯作为国内知名导演，在年轻人群体中具有一定知名度。三顿半通过《贾樟柯的个人声明》(如图3-5所示)，透过甲乙双方的矛盾视角，意图与目标TA产生情感共鸣，沟通"打工人"情绪。在创意执行上，三顿半使用"套中套式"的朋友圈广告，最大化发挥了微信生态"封闭式"社交和易裂变分享的特点，抓住了用户的"吃瓜"心理，为品牌传播埋下种子。

图3-5 《贾樟柯的个人声明》

(图片来源：广告门)

短片围绕贾樟柯导演的乙方和甲方的合作过程展开。短片拍摄完成,但基于甲方的需求,贾樟柯不断重新拍摄完成最新成片,最后不得不自己上阵完成拍摄。广告结尾,观众有两个选项:一个是揭秘赠品有多少,满足消费需求的提问;另一个是"来帮我拍完广告",提供完整广告视频。同时,三顿半在社交媒体上发布"我们和贾樟柯导演合作愉快",将话题度讨论度拉满。

【创意亮点】

话题性强:三顿半使用了极具话题性的标题吸引用户眼球。在广告内容的情节设计上,戏剧性地还原甲方乙方的日常工作场景,把双方冲突场景化,将促销信息内容化,使用户在跌宕起伏的故事情节中获取品牌的沟通信息,唤起消费意识,提高品牌在用户决策时的心理地位。

互动性强:在传播渠道上,三顿半聚焦朋友圈广告收割私域流量,尤其是"个人声明"这种吐槽形式的内容,更是高度契合了朋友圈的性质,毫无违和感。

3.《没有一头鲸想这样告别》——快手

【营销背景】

品牌对可持续发展和环保的关注度越来越高,因此通过独特的方式表达品牌对于可持续发展以及环保的看法,并将这些理念结合品牌特性用独特的方式传递给消费者,不仅有助于消费者理解可持续发展和环保等理念,还能在更大程度上体现品牌的社会价值。每年的4月22日为世界地球日,在此契机下,快手联合蓝丝带海洋保护协会共同举办了一场环保艺术展——《没有一头鲸想这样告别》(见图3-6)。

图3-6 《没有一头鲸想这样告别》
(图片来源:广告门)

【商业目的】

以一场象征生命消逝的融化,呈现一头误食塑料垃圾的鲸鱼最后48小时的挣扎,用冰雕融化前后的强烈视觉冲击向大家展示目前海洋环境的严峻形势,警醒世人,呼吁大家不要乱扔垃圾,要保护海洋环境,保护我们赖以生存的家园。快手运用环保创意与渠道优势在世界地球日快速出圈,通过创造简单却不失震撼效果的事件,既可以吸引平台上本就喜欢赶海的爱好者们,又可以提升其在消费者心中的品牌价值。

【创意简述】

世界地球日当天,快手联合蓝丝带海洋保护协会在青岛海边用48小时直播一头鲸鱼的"死亡":一头长7.4米、高近4米,历时7天,耗费300块冰制作而成、总重25吨左右的鲸鱼冰雕,在阳光的暴晒下渐渐融化,寓意着生命的流逝。随着冰雕的消融,慢慢暴露出了鲸鱼骨架和其腹内的海洋垃圾,这是一头因为误食垃圾死去的鲸鱼。

快手与公益组织一起利用地球日的时间节点,借势造势,通过独特的艺术手法传达了对海洋垃圾的关注,让消费者直观感受其负责任的社会形象。

【创意亮点】

具有时效性:结合世界地球日,联合快手用户进行特殊节点传播,更容易在特定场景下引爆活动。

装置快闪线上线下联动:此次活动在互联网平台上疯狂刷屏,而且被新华网及海外媒体报道。线下场景营造的"空间参与感"能更好地与用户互动,而线上的引爆及媒体的二次传播更是让这场活动走进了更多人的视野。

传播形式年轻化:品牌沉浸式空间的打造,符合当下年轻人"现象级、新鲜感"等精神文化的需求,在传递品牌价值的同时更传递了社会责任,达到了更好的传播效果和社会反馈。

综合讨论与练习

1. 谈一谈新媒体时代广告的创意观念、创意手法、创意生产模式都发生了哪些变化?

2. 分析公益传播的发展历程,举例说明数字时代的创益传播呈现了哪些新特点?

3. 请说出一个让你印象深刻的讲述中国故事的广告,并分析这个广告让你印象深刻的原因。

4. 请根据《呀!边玩游戏边创意》的游戏视频,了解并掌握4个创意游戏的规则,然后和身边的小伙伴一起按照游戏步骤实现一次社会创意的洞察,并尽可能给出更多的解决方案。

第4章 从技术到场景：新媒体广告的创新应用

本章将具体描述技术应用于广告的场景，选取几种当前应用较为广泛的技术导向型新媒体广告类型，遵循"技术—应用—案例"的逻辑，具体论述每一项技术变革给广告应用场景及广告理念带来的变化。

4.1 搜索广告

4.1.1 概念提出

搜索广告是以搜索服务为核心进行广告传播的。所谓搜索服务，指的是以搜索平台为核心的、各类可供受众进行信息搜索的信息服务。自1994年雅虎等分类目录型搜索引擎诞生后，搜索引擎网络获得飞速发展，并已获得各大企业的广泛认可，成为企业进行品牌推广的重要手段之一[1]。

搜索广告最初的形态是搜索引擎广告。狭义的搜索引擎是指根据一定的策略、运用特定的计算机程序从互联网上采集信息，在对信息进行组织和处理后，为用户提供检索服务，将检索的相关信息展示给用户的系统。广义的搜索引擎是指提供搜索服务的网络平台(除了搜索引擎网站及带有搜索功能的其他综合性网站)[2]。通过用户点击搜索引擎广告，进入广告主的网站或营销页面。

根据CTR央视市场研究发布的《2022年搜索营销预算趋势报告》显示，2021年广告主投放的所有移动互联网广告类型中，涉及投放搜索广告的广告主占42.7%，是投放率的第5位(见图4-1)，说明搜索广告是所有移动互联网广告中受到广告主重视的一个广告投放形式[3]。

---

[1] 舒咏平，鲍立泉. 新媒体广告[M]. 2版. 北京：高等教育出版社，2016.
[2] 秋叶. 新媒体广告 (慕课版)[M]. 北京：人民邮电出版社，2021.
[3] 舒咏平，鲍立泉. 新媒体广告[M]. 2版. 北京：高等教育出版社，2016.

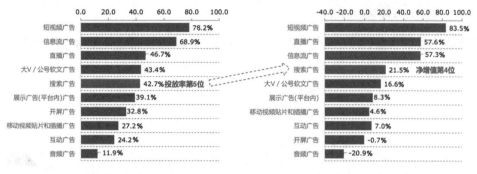

图4-1 《2022年搜索营销预算趋势报告》CTR央视市场研究

4.1.2 应用原理

基于搜索引擎的巨大价值,加之新媒体演进引发了广告传播模式从广告信息对于毫无准备的消费者是不期而遇的"信息邂逅"到消费者为了消费需求主动进行广告信息搜索并获得满足的"搜索满足",搜索广告的内涵在不断延伸扩大。由于新媒体广告所在的是一个技术融合属性突出的数字时代,各类平台都搭载了搜索引擎服务,包括电商平台(淘宝、京东)、社交媒体平台(小红书、微博)、生活服务类平台(美团、百度地图)等。同时,搜索广告的广泛存在形成基于新媒体的"搜索满足"广告模式[①]。从狭义的搜索广告发展到如今广义的基于搜索服务的搜索广告,搜索广告的内涵有所延伸,技术应用也愈发多元。以下是搜索广告可能会使用的一些技术。

(1) 搜索引擎优化(SEO)。通过优化网站内容、结构和代码,使其在搜索引擎中排名更高,从而提高搜索广告的曝光率和点击率。

(2) 搜索引擎营销(SEM)。使用搜索引擎的广告平台,如谷歌广告、百度推广等,以竞价的方式购买广告位,让广告出现在相关搜索结果的顶部或侧边,从而吸引更多的用户点击。

(3) 人工智能(AI)和机器学习(ML)。利用大数据和机器学习技术,对广告投放效果进行预测和优化,以提高广告点击率和转化率。

(4) 网站分析和数据挖掘。通过分析用户搜索行为、网站流量和转化率等数据,了解用户需求和行为,以优化广告投放策略。

(5) 行为定位。基于用户搜索历史、位置、设备和其他数据,针对性地投放广告,提高广告的点击率和转化率。

(6) 实时竞价(RTB)。利用实时竞价系统,根据用户搜索关键词和其他数据,动态确定广告竞价和优先级,以保证广告的最佳展示效果。

由此可见,技术赋能下的搜索广告,功能更全面,适用性更广,于广告主而言,投放搜索广告的程序更规范,效果也更易监测。

---

① 舒咏平. "信息邂逅"与"搜索满足"——广告传播模式的嬗变与实践自觉[J]. 新闻大学,2011,108(2): 79-83,102.

4.1.3 应用场景

全球范围内提供搜索引擎广告服务的公司有很多。国内许多新媒体平台也会提供该类服务,如抖音、小红书推出了关键词搜索广告。在中国,搜索类型主要分为内容生态搜索、电商生态搜索、社交生态搜索三大类,在其中布局的企业包括字节跳动、阿里、腾讯、新浪等(见表4-1)。

表4-1 我国各平台搜索服务布局

企业	平台名称	平台类型	搜索布局	搜索类型
字节跳动	今日头条	资讯	巨量引擎搜索广告:聚焦今日头条、抖音等营销资源,通过品牌专区、竞价搜索等助力品牌构建营销链路	内容生态搜索
	抖音	短视频		
阿里	淘宝	电商	阿里妈妈搜索广告:通过实时竞价、展现扣费、包段计费等形式获得直通车、明星店铺、品牌专区权益	电商生态搜索
腾讯	微信	社交	微信搜一搜广告:主要分为品牌官方区和活动打卡两部分,是品牌连接微信内生态的触点	社交生态搜索
新浪	微博	社交	微博搜索广告:立足热搜榜单、热搜话题、搜索热点包、热门搜索包等助力品牌融合热点	
其他企业,如快手、小红书、京东、拼多多等				

在我国,百度、巨量引擎、思亿欧三个企业的业务以搜索广告为主,这三个企业通过不断更新技术为广告主投放搜索广告提供了更完备的工具。

1. 百度搜索推广和网盟推广

以百度为例,百度提供的搜索引擎广告主要有两种类型:一种是基于关键词的搜索推广;另一种是基于展示广告的网盟推广。

基于关键词的搜索推广是指在用户使用百度搜索关键词时,展示在搜索结果页面的广告,这些广告通常在搜索结果的前几个位置。广告商可以根据自己的需求,选择不同的出价方式,包括竞价排名和竞价热度两种方式。竞价排名是指广告商可以在特定关键词上竞价,最高出价的广告会排在搜索结果的前面;竞价热度则是根据广告的点击率、转化率等因素,综合评估广告质量,决定广告在搜索结果页面中的排名。广告商需要支付每次点击广告的费用,这种方式又被称为"按点击付费"。

基于展示广告的网盟推广则是将广告展示在百度的网盟合作网站上,包括门户网站、社交媒体、新闻网站等。广告商可以选择按照展示次数或点击次数收费。

2. 巨量引擎关键词广告

抖音的巨量引擎关键词广告服务是基于用户搜索行为,在抖音App的搜索结果页面展示的内容生态搜索广告。具体而言,广告主可以选择在某个特定的关键词下,展示其自定义的广告创意,这些广告创意可以包括图片、视频、图文等多种形式。此外,抖音还提供了广告投放的定位、人群定向、投放时间等多种投放设置，帮助广告主实现精准投放。

抖音的巨量引擎关键词广告是按照竞价排名的方式收费，即广告主需要出价并设定广告日预算，系统将根据广告主的出价、广告质量和用户反馈等因素综合计算出广告的排名，排名靠前的广告将会被展示在搜索结果页面最显眼的位置。

抖音的巨量引擎关键词广告服务适合那些希望通过用户搜索行为精准推送广告的广告主，如电商平台、App推广、品牌推广等。

3. 思亿欧搜索广告

思亿欧成立于2007年，是一家为我国中小外贸企业提供跨境独立站SaaS软件的专业供应商。公司致力于跨境独立站的建设及运营服务，依托"云计算"技术，帮助众多中小企业拓展全球市场，实现"中国制造"的跨境出海。

思亿欧公司为中小外贸企业提供多种系统，包括多渠道网络营销系统。公司配备专业从事搜索引擎营销工作的技术团队，针对海外搜索引擎系统(包括Bing、Yahoo、Ask、AOL等)的算法要求，从网站架构层面对客户建立的独立站进行深度优化。外贸快车多渠道网络营销系统通过集成的优化功能对客户建立的独立站进行规范化处理，包括网站结构优化、导航优化、内部链接等，便于Google抓取工具进行网页的抓取以及索引编制。由外贸快车建立并优化的网站上线后，可更迅速地被Google索引收录。除独立站系统优化外，公司协助企业进行网站和内容优化，通过提高网站产品数据中产品标题、产品页面中包含产品名的比例，以及网站产品数据中产品标题和页面内容描述中优化关键词情况等，提升Google索引收录。

由于搜索广告具备精准锁定目标用户，投放门槛低、投入可控，自主投放、操作简单、灵活度高、广告效果可跟踪的优势，其应用场景也很广泛。当"边刷边搜"成为新常态，搜索在营销链路中也扮演起更重要的角色，通过长期占位、兴趣收口、热点破圈三大价值，可以让营销的不同阶段相互协同。当用户被激发出搜索需求后，广告主可以长期占位，让用户"随时随地"通过搜索了解品牌信息；通过搜索聚集高意向用户，也能避免流量流失，实现兴趣收口。而以搜索配合挑战赛、全民任务等手段，也让品牌有冲击热点、实现破圈的可能。

比如，五菱宏光新车上市时，通过"直播品专"沉淀的粉丝对比平时增加2倍；高姿防晒此前在抖音开启全民任务活动，配合星图达人营销+搜索广告，实现了亿级曝光，其中有12%的用户是因搜索产品时出现的广告而参与了全民任务。

在投放搜索广告的过程中，除了品牌广告，效果广告也是买量的主力军。相比搜索品牌广告的直接触达，搜索效果广告通过创意与内容以"润物细无声"的方式占得消费者心智，从而更深层次影响用户决策。一旦用户进入特定流量池，广告主可再次进行粉丝沉淀，从而构建完整的营销链路。

2023年，美国人工智能公司OpenAI推出的ChatGPT上线仅两个月，全球用户数量就突破了1亿，引发了学界与行业热议。ChatGPT的问世还衍生出了基于其的搜索广告形式。传统搜索引擎广告需要用户自行筛选有效信息，具有较高的信息筛选与整合能力门槛。而ChatGPT作为大语言模型，能通过高度精确和类人化的方式理解并回应用户查询。其回答是有逻辑的、生动的，有上下文关联的，可以自动剔除无关信息，直接将答案呈现在用户面前，大大提升用户信息检索的效率。目前，行业已开始了基于ChatGPT的搜索广告的布局，如微软已出售嵌入在必应聊天回复中的广告内容，类似于以前出现在搜索引擎上的搜索结果广告位。

4.1.4 应用案例

Web 1.0时代，中心化的大众媒体、门户网站是主要传播媒介，我国的搜索广告投放主要集中于以百度为首的搜索引擎网站上，其强大的影响力使得广告主不惜花费巨大的成本也要在搜索引擎网站上获得较好的投放位置，于是竞价排名的搜索广告类型出现。但自2016年社交媒体兴起并全面渗透入大众的生活中，它高度自由和资源流动的空间特质为人们的认知和行为方式引入了新的尺度：自由的空间赋予了个体以话语与行动的权利，流动的平台促进了资本、市场、文化与价值的涌动，由此展现巨大的商业价值。然而，尽管在数字时代，各类社交媒体上的搜索引擎优化已然成为品牌营销的重要手段，但传统搜索引擎网站上的搜索广告仍十分重要，它是品牌获得广泛曝光的重要途径，社交媒体上的搜索引擎优化(SEO)并没有取代传统的搜索广告。

本节将分别以百度搜索广告营销和小红书搜索引擎优化为例，具体论述品牌对搜索广告的应用。

1. 百度搜索广告营销

在新媒体广告类型概述的章节曾提出，搜索广告中包含品牌广告这一类型。

对于大型品牌的广告主来说，关键词广告无法综合、全面地展示品牌信息。为了迎合广告主的需求，一些搜索引擎平台在传统关键词广告的基础上，开发出涵盖图片、文字、链接等多种形式的可展示广告主品牌信息的品牌广告。当用户搜索品牌全称或简称时，在搜索结果页面的最上方会出现一个展示品牌信息的"迷你官网"，包括品牌描述、品牌标识、官网链接等内容，并在页面右侧广告位同时展现该品牌的产品广告，让用户无须经过网页跳转便可直接了解品牌的官网信息。

兰蔻则是此方面应用的典型，通过百度的品牌专区，兰蔻将网上商城链接、促销公告、商品信息等以图文并茂的形式呈现(见图4-2)。当消费者在百度搜索上敲下"兰蔻"二字，搜索结果页面的最上方不再是普通的文字链接，而是图文并茂的兰蔻网上商城品牌专区。兰蔻在百度搜索上投放广告，意在将搜索引擎上的潜在消费者吸入其网站进行消费，此举起到引流的作用。

品牌广告与传统的竞价搜索广告最大的不同是：广告主可以自定义编辑栏目内容，将企业的最新信息、品牌的最新产品前移，并能主动管理和优化企业在搜索引擎上的品牌形象，促进网络平台和线下活动的良性互动。通过百度的品牌专区，可以大幅提高品牌关键词的转化率，产品的销售量也会显著提升。

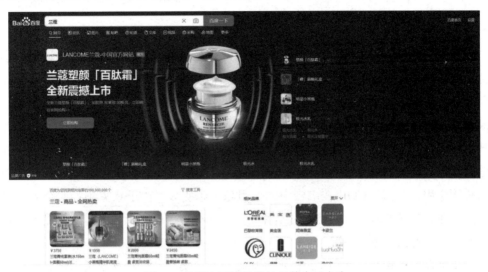

图4-2　兰蔻在百度投放的品牌专区广告

2. 小红书搜索引擎优化

搜索引擎优化SEO，即按照搜索引擎的算法，提升关键词内容在搜索引擎中的自然排名，让其占据前排位置，获得更有效的结果收益，本质上是一种获取流量的手段。2014年，小红书Android版本上线，正式入局互联网平台并开启小众分享式社区，其传播与内容策略主要是标签式的分享模式和关键词化的内容推荐。

作为一个生活方式平台和消费决策的入口，加之其女性用户数量众多，各类美妆护肤品牌均选择在小红书上推进SEO营销。具体而言，小红书上的SEO营销首先要做到核心词的心智占领。小红书不断发展壮大，成为社区类社交媒体的代表，逐渐成为用户消费决策链路上不可或缺的一环，品牌在核心搜索词展示内容的位置决定了用户认知：位置越靠前，点击转化率越高；其次是无广告的高质量推广，搜索结果的曝光和点击，会反向撬动品牌在用户心中的种草程度，让信息流以更低的成本触达目标客户。

例如，珀莱雅将旗下两大功效单品捆绑，引领"早C晚A"护肤潮流，此过程中，在小红书的投放起到了重要作用：珀莱雅通过输出400余篇种草笔记，覆盖多元类型的场景，从中筛选出100余篇笔记作为爆文加推，再从中筛选出30篇左右的头部超级爆文，抢占消费者心智，提高了品牌的认知度。其中，通过搜索引擎的优化，用户在小红书的页面搜索珀莱雅、早C晚A、双抗精华、红宝石面霜等相应关键词时，首先显示的是各类达人或者普通用户的产品体验类笔记，然后是带广告标识的品牌竞价广告位，点击广告位后即可跳转至品牌商城完成购买，如此使信息能够全方位触达用户，并形成了从种草到购买的闭环。

4.2　KOL广告

4.2.1　概念提出

KOL 是 key opinion leader 的缩写，即关键意见领袖。"意见领袖"一词最先出现在拉扎斯菲尔德(Lazarsfeld)的《人民的选择》，他将传播分成了两个阶段：大众传播阶段和人际传播阶段。意见领袖指的是活跃在人际传播网络中，经常为他人提供信息、观点或建议并对他人施加个人影响的人物，具有影响他人的能力。在数字时代，由于互联网技术的迭代，大数据、人工智能等新兴工具的快速发展，品牌可以更有效、更有针对性地与消费者建立链接关系，在此过程中，KOL 起到一个引导消费者与消费者之间沟通的桥梁作用。因而，KOL 在广告中的作用越来越明显，由于意见领袖的个人特点明显，拥有强大的粉丝基础，能够同时发挥社交媒体在覆盖面和影响力方面的优势，KOL 成为品牌占领营销高地的关键。

KOL可以根据粉丝数量和用户的职业属性进行分类。若以粉丝数量为划分标准，则30万粉丝以上的达人为头部KOL，10万～30万粉丝的达人为腰部KOL，5万～10万粉丝的达人为尾部KOL。若以用户的职业属性划分，则KOL 可以分为三大类，即传统意见领袖、非传统意见领袖+小众专业人士、领域达人。

1. 传统意见领袖

明星、名人是最早期的意见领袖，他们的形象深入人心，为大众所接受和认可，具有大众认知度，且大多数情况下代表主流文化，走在时尚潮流的前沿，起到风潮引领的作用，同时示范效应也更为明显。使用顶层 KOL 营销能最大化地提高知名度，有效拉动品牌声誉，以"明星效应"的光环刺激消费者的购买欲。

2. 非传统意见领袖 + 小众专业人士

相对于传统意见领袖，这一类的 KOL 虽然粉丝数量相对较少，但是他们在推广中更为"亲民"，他们与粉丝的互动交流相较于传统意见领袖更为深入和专业，他们所发布的信息，多是客观角度的心得、测评，可有效地进行品牌沟通，达到口碑营销作用。这一类的KOL擅长鼓励粉丝转发，激发二次传播，更能控制舆论导向，并且通过发布抽奖、植入硬广的方式在一定程度上增加曝光与话题性。这一类的KOL主要以具有领域专业知识，或是深耕某一领域多年的网红为主。

3. 领域达人

领域达人的概念与KOC相似，他们本身具备消费者的属性，是数量最多、传播效应最强，也是最爱进行各种促销优惠推广的群体[①]。新媒体广告所处的时代是一个技术

---

① 钱瑜. KOL广告营销模式探究——以美妆为例[J]. 艺术科技，2019，32(2)：215-216.

赋权用户的时代，尽管话语平权不等于话语平权，普通用户成为领域达人之后(如草根达人)，其影响力仍无法与上述意见领袖相比。他们更能够与消费者进行平等对话，也是各种促销话题的传播、烘托者。

KOL的影响力为其带来了商业价值，加上数字时代的用户中心化特征，以及新媒体广告强调消费者地位的特性，广告主越来越倾向于将广告投放于KOL，让具有影响力的个体完成品牌信息传播。可以说，KOL广告即为各类具有一定影响力的意见领袖发布的品牌信息，目的是完成商业转化。

4.2.2 应用案例

2022年6月，东方甄选连发多条短视频介绍"新东方直播间转型，用双语形式带货"，新东方老师董宇辉以"双语+新东方课堂教学法"的形式开创了双语带货的先河。此举利用了新东方自身的核心优势，将以前讲课的方法"搬"进了直播间。主播基本每隔半分钟就抛出一个"知识点"——在介绍产品时着重强调某些卖点(相当于课堂重点)，然后告诉大家如何用英语表达，同时还会带出其他的衍生知识。此举过后，东方甄选的直播间迎来一次"大爆发"，当天销售额飙升。

新东方的老师以渊博的知识储备和幽默的沟通风格形成了差异壁垒，很好地利用了新东方的核心竞争力。而作为老师，董宇辉有梗、有趣的沟通方式，迎合了当下年轻人的生活喜好，在东方甄选直播间中成功出圈。董宇辉以双语带货，边卖东西边谈论诗词歌赋的形式独树一帜，成为"直播间图书销量第一人"，大众也为他贴上"最有文化的直播间"的个人标签。自此，董宇辉成功打造了个人IP：独树一帜的带货风格、平民化的个人形象、自我代入式的讲述模式。董宇辉逐渐具备了KOL的特质。

董宇辉作为KOL，其绝佳的表达能力、极强的知识储备、谦逊笃定的气质是吸引大众的原因，这些个人气质也直接带动了直播间的销售额。这正是KOL广告的本质：消费者对广告的信任度从品牌信任倾斜到人格信任，他们更愿意聆听KOL的推荐，参考已购买者的评论。同时，粉丝会把对KOL的喜爱与信任感进行"实体化"表达：信任、购买KOL推荐或使用的某品牌。

由此可见，KOL广告可以作为企业转型的有力手段，也可以作为中国品牌崛起的有效途径。具体而言，企业和品牌可以用品牌思维来对待KOL，而不仅是渠道思维，这主要是因为技术加持带来的媒介环境变化使得消费者的生活方式、行为方式发生了变化。也就是说，消费者媒体行为发生了巨大改变，他们逐渐将更多的时间和注意力，分配给各种社交媒体上的KOL。但是，即使KOL广告的优势显著，企业在制定总体品牌战略时，或是在具体某项产品的推广中，不能只依靠KOL广告一种手段。在数字时代，品牌只有综合各种新媒体广告的手段，制定全方位、多层次的策略，才可能在消费者注意力日益碎片化的传播环境中捕获消费者的注意力，进而激发共鸣，最终培养出品牌的忠实客户，并与之实现品牌价值共创。

由于流量细分的互联网趋势，KOL也衍生出了KOC，KOC的英文全称为key opinion consumer，即关键意见消费者。KOC一般指能影响自己的朋友、粉丝，产生消费行为的消费者。常见的KOC如小红书上的好物分享博主，即种草类博主，他们一般会有几千到几万的粉丝，这类博主很容易成为各种品牌投放产品广告的目标，因为相对于KOL，消费者倾向于认为KOC分享的产品性价比更高，且更可信，而由于好物分享类博主创作内容的营销性质不强，更像是纯粹的生活分享，会更受大众喜爱。

4.3 信息流广告

4.3.1 概念提出

随着移动互联网时代正式来临，以微博、微信、抖音为代表的国内社交媒体相继出现并快速发展。同时，传统的以企业为主导的垂直化沟通范式收效日渐甚微，消费者对于广告的回避行为日渐增强，越来越多的企业开始顺应移动消费场景采用以消费者为中心的水平化沟通范式[1]。在这一背景下，信息流广告应运而生。

2006年，Facebook推出信息流广告形式。2013年，新浪微博率先引入信息流广告这一形式，随后微信、知乎、百度也快速响应[2]。iiMedia Research(艾媒咨询)数据显示，2021年我国信息流广告市场规模已达2327.0亿元，预计2025年信息流广告市场规模可达2563.5亿元。信息流广告已然成为新媒体广告的重要组成部分。

目前，对于信息流广告的概念界定主要分为广告形式、广告内容两个维度。

从广告形式维度来看，2018年，坎贝尔(Campbell)和埃文斯(Evans)提出，信息流广告是指形式与其所嵌入背景结构相似的一种新型广告，并称之为一种文章形式的原生广告[3]。2019年，李彪提出，信息流广告是在社交媒体平台上根据用户喜好和特点进行智能推送的广告形式，其最为直观的广告展现形式是镶嵌在社交媒体的信息流之中[4]。

从广告内容维度来看，2015年，施琴提出，信息流广告是随着媒介信息的流动而插入其中的、能够为用户提供有价值内容的广告，广告内容须与媒介环境融为一体，广告即内容[5]。2016年，沃伊丁斯基(Wojdynski)和埃文斯(Evans)提出，信息流广告使内容与平台具有高度融合性，认为信息流广告是一种"与社交媒体平台中的内容相似的商业赞助信息"[6]。

---

[1] 黄敏学,张皓.信息流广告的前沿实践及其理论阐释[J].经济管理,2019,41(4)：193-208.
[2] 张驰,安玛.信息流广告的缘起、发展及其存在的问题[J].品牌研究,2017,12(6)：37-42.
[3] Campbell C, Evans N J. The ROLE of a Companion Banner and Sponsorship Transparency in Recognizing and Evaluating Article-style Native Advertising[J]. Journal of Interactive Marketing, 2018, 43, (2)：17 − 32.
[4] 李彪.信息流广告：发展缘起、基本模式及未来趋势[J].新闻与写作,2019,424(10)：54-58.
[5] 施琴.社会化媒体信息流广告研究——以微信朋友圈信息流广告为例[J].传媒,2015(17)：66-68.
[6] Wojdynski B W, Evans N J. Going Native: Effects of Disclosure Position and Language on the Recognition and Evaluation of Online Native Advertising[J]. Journal of Advertising, 2016, 45(2)：157-168.

结合两个维度的定义，本书将信息流广告的概念界定为：形式和内容都与其所嵌入的社交媒体平台具有相似性且能够进行精准投放的新媒体广告。在诞生之初，信息流广告更强调的是将广告意图隐藏到信息流之中，减少消费者的广告回避行为。随着大数据和推荐算法的应用，信息流广告进一步实现了个性化、精准化的推送。同时，以抖音为代表的短视频社交媒体的崛起也使信息流广告的内容从图文扩展到了文字、图片和视频。

4.3.2 应用原理

广告隐藏和精准推送是信息流广告的主要两个特点，这两个特点的实现需要应用大量的技术手段。

移动通信技术是信息流广告诞生与发展的基础。信息流广告是伴随移动互联网技术的进步而出现的。随着智能手机的普及和移动应用的兴起，人们越来越多地使用移动设备访问互联网。这促使广告主和营销人员寻求更好的方式来将他们的产品或服务推销给消费者。移动设备的屏幕尺寸小、用户触摸操作且使用和浏览日趋碎片化，而信息流广告就充分利用了这一特征，将广告化为内容，优化了消费者的广告体验。

为了隐藏自身的广告属性，信息流广告需要在形式和内容上与其所在社交媒体保持一致。借助人工智能中的自然语言处理等技术，可以帮助广告平台分析和处理社交媒体上的大量UGC和PGC内容，归纳总结出该平台所常用的内容主题和风格，从而提高广告内容和社交媒体平台的匹配度和精准度。

为了实现精准投放，信息流广告需要对消费者的兴趣爱好、行为习惯等进行分析。大数据技术先对社交媒体上的用户进行数据抓取和数据分析，形成精准的消费者画像，再通过算法推荐技术将信息流广告投放到消费者在社交媒体的信息浏览过程中，提高广告的精准度和效果。

4.3.3 应用场景

信息流广告的目的是通过将广告融入用户浏览的内容中，提高广告的曝光率和用户的点击率，从而实现广告营销的效果。信息流广告可以应用于社交媒体平台、短视频平台、电商平台、新闻资讯平台等，并且广告主可以根据用户的兴趣和行为进行定向投放，提高广告的精准度和效果。

1. 应用于抓住消费者的碎片化时间

移动通信技术的发展和智能手机的普及使人们接收信息的方式更加便捷，相比于读报纸、看电视和使用计算机，消费者可以在任何地方、任何时间拿出手机通过社交媒体了解信息。在碎片化的时间里阅读碎片化的信息已经成为了人们的习惯。信息流广告将"广告"化作信息碎片的一部分，以短小精悍、简洁明了的广告内容让消费者在短时间内便产生印象,达到品牌传播的目的。比如微信朋友圈中的信息流广告(见图4-3),就是利用消费者浏览朋友圈的碎片化时间,以简单的文案配上精美的图片,紧紧抓住消费者"稍纵即逝"的注意力,即使只是几秒钟,就可以让消费者对产品有一定了解,甚至激发其购买欲望。

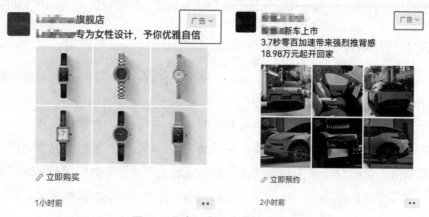

图4-3 朋友圈中的信息流广告

2. 应用于消除消费者的广告回避行为

互联网的诞生让广告投放的时效性和范围都大大提升,消费者每天接收的广告数量也在飞速增长。在此背景下,许多消费者产生了广告回避行为,对互联网上的广告内容或忽略或排斥,使广告效果大打折扣。信息流广告将自身的内容风格与形式融入社交媒体的信息流,消费者往往注意不到自己浏览的是广告,因此就不会产生回避行为,还有可能被广告内容所吸引,投入较多的注意力进行观看。抖音和B站短视频中都存在着信息流广告,当消费者下滑切换新的短视频时,就可能接收到相关的信息流广告,这些广告的内容和风格与普通短视频并无较大差异,也没有较为突出的广告标识(见图4-4)。而且这些短视频广告往往是经过精心设计的,内容情节都针对平台受众进行了定制,能够吸引消费者的停留和观看,从而达到广告效果。

3. 应用于匹配用户的使用场景

消费者在使用不同平台时往往带有不同的需求。在浏览新闻资讯平台时,消费者往往希望获取一些社会新闻或者新奇消息,而信息流广告往往以新闻的形式出现,标题和配图都具有新闻的特征,甚至内容也是通过新闻来宣传品牌,如图4-5(a)所示。在电商平台,当消费者搜索某一类产品时,平台不仅会根据消费者的搜索条件、好评度、销量等进行推荐,还会将某些出售相关产品的官方店铺直接推送给消费者,这本质上是一种广告行为,但消费者往往难以察觉,如图4-5(b)所示。

图4-4 短视频中的信息流广告

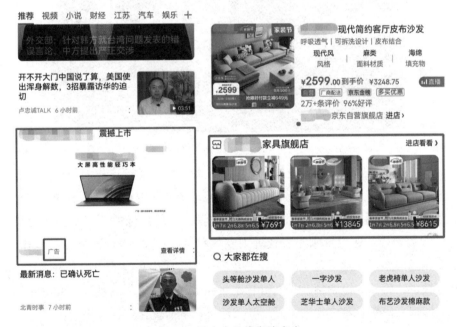

图4-5 平台中的信息流广告

总体来说,信息流广告已成为一种广泛应用的广告形式,可以在许多不同的应用场景中使用,便于向用户推广产品或服务。

4.3.4 应用案例

案例：中国平安《一起吃饭的姐姐》

在电视剧《爱情而已》热播期间，衍生IP竖屏短剧《一起吃饭的姐姐》通过中国平安账号在抖音平台发布(见图4-6)。在短剧的故事里，《爱情而已》中的单亲妈妈营养师罗念和另一位闺蜜安然相知相伴，剧情继续展现着独立女性的生活与情感世界。

图4-6 《一起吃饭的姐姐》

作为商业定制短剧，《一起吃饭的姐姐》还扮演着信息流广告的角色。短剧的整体风格与抖音平台上的其他短剧并无较大差异，但却都紧紧围绕中国平安的产品理念，将平安、保障等思想通过剧情展示出来，让消费者在潜移默化中意识到保险的重要性。《一起吃饭的姐姐》还设置了平安代理人安然和平安产险理赔员林海两个剧情关键人物，如小剧场般生活化地呈现中国平安的各项服务，成为独特的中国平安影视IP。借助算法推荐技术，将商业短剧精准推送给有购买保险意向或者喜欢观看《爱情而已》的消费者，能够提高消费者对广告的接受度和关注度，从而优化广告效果。

4.4 计算广告

4.4.1 概念提出

随着大数据、人工智能等技术在广告领域的应用，计算技术逐渐嵌入广告产业并带来产业形态颠覆性的变革。2008年，时任雅虎研究院的资深研究员兼副总裁安德烈·布罗德(Andrei Broder)在美国加州旧金山市召开的第十九届ACM-SIAM离散算法学术讨论会上提出了计算广告(computational advertising)的概念，标志着计算广告的诞生。随后，关于计算广告的研究开始盛行。

对于计算广告的概念界定一直是计算广告研究的重点。目前对计算广告的定义多种多样，新的表述层出不穷，概念之间的侧重点各有不同[①]。在提出这一概念时，安德烈·布罗德并没有从学术的角度给计算广告一个严谨的界定，而是提出了计算广告学的研究目标——实现语境、广告和受众三者的最佳匹配。他从学科角度出发，提出计算广告学是一门由信息科学、统计学、计算机科学以及微观经济学等学科交叉融合的新兴分支学科。计算广告的核心挑战是为给定语境下的用户找到一个合适的广告，以实现"最优匹配"[②]。

2011年，周傲英等学者率先将计算广告的相关研究引入国内，从演化过程、组成部分、关键技术和平台等维度对计算广告进行了较为全面的梳理。在研究成果中，周傲英等学者将计算广告界定为是一种广告投放机制，它根据给定的用户和网页内容进行计算，找到与之最匹配的广告并进行精准定向投放[③]。

2016年，刘庆振从广告业态的角度对计算广告进行界定，提出计算广告是根据特定用户和特定情境，通过高效算法确定与之最匹配的广告并进行精准化创意、制作、投放、传播和互动的广告业态。刘庆振同时提出，计算广告的主要目的是通过算法集合自动寻找广告、情境与用户三者之间的最佳匹配，而技术和数据则是计算广告产生和演进的两大关键驱动因素[④]。

2019年，李海容从计算广告的运作机制角度出发，对计算广告进行了界定，提出计算广告是一种以用户为中心，以数据为驱动，以算法为中介的品牌营销传播行为[⑤]。

本书采用段淳林于2022年通过总结各个阶段和各个学者研究成果所提出的计算广告的定义：计算广告是以数据为基础、以算法为手段、以用户为中心的智能营销方式，它在实时高效的数据计算下，进行用户场景画像，并快速投放、精准匹配及优化用户一系列需求[⑥]。这一界定从多个维度对计算广告进行了整合性定义，是当下学界和业界普遍认同的一种定义。

计算广告把传统的无法定向投放和无法度量的广告变得可以定向投放和可以量化度量效果，通过精确地针对不同受众进行广告投放来提高广告投放的效率和效果；通过广

---

① 张逸醇. 数字化时代广告的解构与计算广告的定义[J]. 国际品牌观察，2022(22)：69-71.
② Broder A. Z. Computational advertising and recommender systems[C]. Proceedings of the 2008 ACM conference on Recommender systems，2008：1-2.
③ 周傲英，周敏奇，宫学庆. 计算广告：以数据为核心的Web综合应用[J]. 计算机学报，2011(10)：1805-1819.
④ 刘庆振. "互联网+"背景下计算广告技术体系的创新与应用[J]. 新闻界，2016(2)：63-67.
⑤ LI H. Special section introduction: Artificial intelligence and advertising [J]. Journal of Advertising，2019(4)：333-337.
⑥ 段淳林. 技术变革背景下中国计算广告的发展趋势[J]. 山西大学学报(哲学社会科学版)，2022，45(5)：96-104.

告主对广告系统提供的广告创意、投放策略和投放预算等信息，由广告系统自动化地进行广告投放和优化；通过算法对广告投放数据进行分析和处理，不断优化广告投放策略，以获得更好的广告效果。

计算广告是新媒体广告的一个重要分支，随着相关技术的进一步发展，计算广告的重要性将进一步提高。

4.4.2 应用原理

在界定计算广告时，"技术"两字的出现频率十分之高。作为大数据、人工智能等技术在广告业应用的产物，计算广告的运作离不开各种技术的支撑。本节将对计算广告的应用原理进行分析。

1. 以数据为基础

数据是计算广告的基础。进入互联网尤其是社交媒体时代，人们通过网络进行信息传播、交流、学习、工作等活动，逐渐进入了尼古拉·尼葛洛庞帝(Nicholas Negroponte)所描述的数字化生存空间，人们的一言一行都通过数据的方式进行记录和保留。大数据技术可以收集和分析互联网上庞大的消费者数据，通过对消费者的日常浏览行为、视频观看偏好等方面的数据进行整合，让广告主了解目标消费者的兴趣和行为，并根据这些数据制定更好的广告策略。

2013年，中国广告市场出现了数据管理平台 DMP(data-management platform)，这个平台将分散于多方(广告主、广告公司、广告媒介、第三方数据公司)的消费者数据整合到统一的技术平台中，以标签化的方式将数据进行细分和标准化处理，用以提升广告的营销效果。

2. 以算法为手段

在新媒体环境下，消费者的注意力是十分有限的，而互联网的信息数量是几乎无限的，因此传统媒体时代通过大规模投放覆盖目标客户的方式已经不再适用。大数据技术对于用户的精准画像让广告的精准投放成为可能，同时越来越个性化的受众和愈发精打细算的广告主也让广告精准投放成为可能。

计算广告基于用户数据的收集和分析，锁定消费者的信息浏览偏好以及当下购买产品的需求，帮助广告主找到目标消费者；再通过算法推荐技术，快速地将合适的广告投放到消费者正在浏览的信息之中，实现实时的精准触达。同时，由于只需要对目标消费者进行投放，避免了大规模投放的资源浪费，有效地节约了广告成本。

3. 以效果为指标

传统广告效果的监测方式主要通过事后采访、问卷调查等小范围的表层态度调查，难以明确用户后续行为，难以量化转化效果，更无法同步进行优化。而在计算广告中，借助数据可视化技术，可以将大量的广告效果数据转换成可视化的图表和图形，以便广告主更好地理解他们的广告投放策略的效果。同时人工智能可以通过对广告投放数据的分析，帮助广告主确定哪些广告能够更有效地吸引受众，并提供优化广告投放策略的建议。

4.4.3 应用场景

计算广告的核心应用场景是为企业和广告公司找到最合适的广告投放策略，以优化整体广告活动的利润。在计算广告时代，数据是智能决策与用户画像的基础和依据，智能算法模型是计算广告的主要工具，智能决策是计算广告的目的。

1. 应用于提高广告的点击率(CTR)

CTR(click through rate)是广告被点击的次数与广告展示次数的比率。计算广告通过收集和分析大量的用户数据，可以对用户进行更加精准的定位和分析。通过分析用户的行为特征、兴趣偏好、地理位置等因素，计算广告可以将广告投放到最具有潜在购买意愿的目标受众中。计算广告通过使用机器学习和人工智能技术，可以帮助广告主实现智能的广告投放。通过对广告效果的不断监测和分析，计算广告可以为广告主提供更加智能的广告投放建议和策略。

2. 应用于优化广告竞价策略

广告竞价是一个非常重要的问题，影响着广告主的成本和收益。计算广告采取的动态竞价模式，是一种基于实时竞价和实时决策的竞价方式。在这种模式下，广告主需要根据自己的广告效果和预算等因素，不断地调整广告的竞价策略。计算广告可以通过实时监测和分析广告效果、竞争情况等因素，帮助广告主实时调整和优化广告的竞价策略，从而达到更好的广告效果，实现广告收益。

3. 应用于优化广告效果

计算广告可以通过对广告数据的实时监测和分析，快速识别出广告的优劣点，并针对性地进行优化。例如，可以对广告的曝光量、点击量、互动效果等指标进行监测和分析，找出广告存在的问题，并根据数据反馈的结果调整广告投放策略，以达到更好的广告效果。同时，借助人工智能技术，计算广告可以实时生成新的广告内容，对原有内容进行修改或者补充，以优化广告效果或者避免负面影响。

4.4.4 应用案例

巨量千川是巨量引擎旗下的电商广告平台，通过与抖音电商深度融合，为商家和达人们提供抖音电商一体化营销解决方案，实现"商品管理—流量获取—交易达成"的一体化营销，降低投放和管理成本，有效提升电商营销效率。

在内容方面，品牌通过抖音平台的自媒体渠道投放商品测评和商品优惠信息。通过前期大规模的内容投入进行内容测试，借助巨量千川监测效果，归纳出哪种类型的广告形式或广告内容能够最好地吸引消费者并在后续推广中加大投入力度，同时减少投入效果不好的广告类型。

在用户浏览方面，借助巨量星图①进行种草推广，并且通过千川投流将优质达人视频进行精准化投放。同时品牌自主展开直播并通过千川精准流量转化，在短时间内锁定了大量精准的目标消费者；同时追加抖音广告投放，有更多机会展现爆款产品，实现从用户浏览到用户购买量的转化。

在用户搜索方面，基于大数据分析，对商品标题和商品卡进行优化，最大程度凸显商品组件数量和高价值感，在目标客群做出品牌或品类词搜索意图后，能够最大可能地使商品得到靠前的精准曝光，并不断根据热搜词进行优化，提升商品与热搜词的相关性，实现从用户搜索到用户购买量的转化。

基于计算广告的运行机制，巨量千川通过整合营销资源、数据分析、广告投放、广告定价、效果优化等板块，建构出一个智能化的计算广告平台，为企业降低营销成本、实现精准化营销提供帮助。

综合讨论与练习

1. 请结合新技术与新消费场景，分析一下新媒体广告出现了哪些新的应用场景。
2. 请结合实例，谈一谈搜索广告的应用原理与主要场景。
3. 请结合直播场景，谈一谈KOL广告的概念界定与特点。
4. 信息流广告具体的应用场景有哪些？
5. 什么是计算广告？计算广告的特点是什么？它对传统广告带来了哪些冲击？

---

① 巨量星图是平衡内容与商业的创作者变现平台，旨在实现创作者商业生态的繁荣。巨量星图有超200万可接单创作者，超1500家入驻巨量星图的MCN机构、超1000家入驻巨量星图的服务商。

第5章 从投放到评估：新媒体广告新标准

本章先从当下广告主投放策略的转变趋势入手，随后切入大数据、程序化等投放评估模型，介绍市面上流行的几种新媒体广告投放计费模式，分析每种模式的优缺点以及适用场景；最后提出新媒体广告精准化投放、效果评估的定义，介绍投放及评估的指标与体系、方法与工具，使读者对数字时代新媒体广告投放的流程及标准有一个全面了解。

5.1 广告主投放策略转向

近年来，广告行业经历了一场大变革——消费者精神需求的不断升级、技术的不断提升，以及市场环境的瞬息万变，使得中国广告行业的投放模式日新月异。从20世纪90年代中期至今，我国广告业经历了一个由粗放型向集约型转变的过程，从单一媒体代理发展到全渠道营销。通俗地说，就是传统媒体逐渐走向衰落，新媒体迅速兴起。2014年以前，我国广告投放的主要收入来源是传统媒体；2014年后，互联网媒体兴起，移动新媒体强势引领，各个细分赛道的新媒体头部闪亮登场，并保持高速发展态势。2016—2023年，中国网络广告市场的规模在不断增长，如图5-1所示。

图5-1 2016—2023年中国网络广告市场规模

5.1.1 移动互联新媒体渐成主流

随着互联网时代的到来和移动智能终端的普及，品牌竞争愈发激烈，广告主为了在市场竞争中取得优势地位，纷纷加大广告投入力度，以实现自身品牌影响力的最大化。

我国传统媒体广告收入自2013年以来断崖式下跌，互联网媒体广告收益逐步超越传统媒体收益。据统计，2015年我国四大传统媒体广告收入总和为1844.2亿元，而互联网广告收入为2096.6亿元。互联网广告收入首次超越传统媒体，传统媒体逐渐衰落。

据QuestMobile统计，2021年中国广告市场的规模已经突破万亿元，同比增长11%以上，网络广告市场规模超过6500亿元，同比增长20%以上。在全球经济一体化和科技创新不断发展的背景下，互联网广告产业也呈现蓬勃发展之势。2022年，中国广告市场预计规模11 069亿元，比上年增长10.5%；互联网广告市场预计规模7237.9亿元，比上年增长8.9%。在这样一个数据背景下，相对于电视、报纸、杂志等传统媒体的日趋衰落，以互联网媒体为主的新媒介已经占据主导地位。这意味着我国传媒业市场发生了本质性变化，移动互联网媒体成了名副其实的霸主。

5.1.2 广告投放方式新变化

广告行业经历了移动互联传媒大变革后，广告投放方式出现了几个新的变化：①搜索类广告的用户量继续保持高速增长；②社交化广告市场趋于成熟；③相较于图文类广告，广告主更偏向于投放视频类广告；④电商类广告的规模红利已到顶峰，达到较高的数量级；⑤户外广告呈现智能化、互动化趋势。

1. 搜索类广告的用户量继续保持高速增长

搜索广告是指由关键词搜索触发的信息流竞价广告。根据广告投放形式，搜索广告可分为关键词广告、品牌广告、小程序应用与移动端信息流广告[①]。大家所熟悉的百度、搜狗、360、神马等搜索引擎推出广告都属于这种类型。

2021年，广告主在搜索广告中的投放率排名第五，2022年净增加搜索广告营销推广费用的广告主比例达21.5%。随着网络技术的发展及网民使用习惯的变化，移动互联网时代的搜索广告市场格局也发生了较大改变。国内搜索引擎用户数量越来越多，于2022年达到7.7亿人，较2020年增长0.2亿人。同时，随着社交媒体和新技术的发展，搜索类应用逐渐增多，未来几年，搜索类应用仍将是广告商重点投放的对象。

2. 社交化广告市场趋于成熟

所谓社交化广告，就是在某些带有社交属性的平台上发布广告，如微信朋友圈、腾讯、知乎、微博是目前最常见的社交平台。随着内容营销的开展，以及转私域流量产生流量沉淀的营销理念驱动，社交广告市场迅猛发展。其中，社交化自媒体广告作为一种新形式逐渐成为企业关注的热点。

随着社交媒体与广告市场规模的不断扩大，社交化营销成为互联网公司新的增长点。观研报告网发布的资料显示，我国社交化广告收入已由2016年的83亿元逐渐上升到2021年的1926亿元。不过，从细分广告行业来看，2022年第一季度腾讯的广告总收入是

---

① 张志，陆亚明，孙建. 新媒体广告(慕课版)[M]. 北京：人民邮电出版社，2021：152.

180亿元,同比下降17.43%,这主要是因为社交广告市场趋于成熟、整体增速放缓。目前,社交化广告市场已经形成以微信、微博、小红书等平台为主导的规模化、体系化形态。未来,随着移动互联网、大数据、人工智能等技术的不断发展,社交化将是广告主营销模式变革的方向之一。

3. 相较于图文类广告,广告主更偏向于投放视频类广告

随着抖音、快手、B站等视频平台的崛起,短视频的巨大流量,以及从品牌曝光到种草转化的交易闭环,让广告主从中获益,并追加对视频类广告的投入。与此同时,图文类广告虽然仍然是广告主的重要营销方式,但相比于视频广告,其竞争力在不断降低。

(1) 图文类广告竞争力降低。图文内容营销、自媒体行业的广告营销主要集中在微信软文和公众号上。在受到监管的情况下,图文应用广告面临着下行的压力,各大广告主纷纷减少了相应投放。据预测,除了今日头条这样的个别应用程序,图文领域的互联网平台广告竞争力可能持续承受压力。

(2) 视频类广告的体量仍然巨大。视频广告有长视频和短视频两种形式。短视频的特点是内容密集、内容消费门槛不高、互动性较强等,能极大地提高品牌主对KOL投放的即时感知,因此越来越受到广告主青睐。当前,短视频信息流广告已成为一种主流的表现形式,较具代表性的平台有抖音、快手、小红书以及B站。调查结果显示,在众多网络广告媒体中,广告主在短视频上的投放预算最多(见图5-2),广告主对于短视频的重视程度可见一斑。

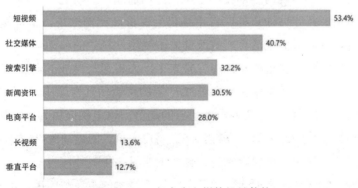

图5-2 2021年广告主媒体投放趋势

据《2023中国网络视听发展研究报告》,2023年中国互联网视听用户规模已达到10.4亿人,网络视听网民使用率高达97.4%。随着移动网民数量的不断增长,在我国移动互联网中,短视频必将成为用户总使用时长比例最大的细分行业之一,各个行业应不断强化短视频内容板块的建设,各个垂直领域在服务推送上也要逐渐转向视频内容。

4. 电商类广告的规模红利已到顶峰,达到较高的数量级

从2017年开始,以拼多多为代表的社交电商平台的崛起,也拉动了中国电商广告市场的快速发展。但是现在社交电商平台的洗牌已经基本结束,再加上电商广告的市场规

模达到了一个很高的量级，所以市场有望进入平稳增长期。

2016—2023年，不同媒体类型网络广告市场份额中，搜索引擎广告占比从27.4%降至9.3%，电商广告占比从28.2%提升至41.6%；短视频广告在2023年网络广告市场份额中占比25.3%，电商广告占据了较高的市场份额。

为了在已经平稳的电商广告市场中寻找突破之路，越来越多的平台开始尝试"二类电商"。所谓二类电商，指的是在一类电商平台之外的独立的产品网站，比如短视频平台衍生出的一些电商平台，通过一切可以引流的渠道，进行广告推广，以产生订单。二类电商主要集中在各大信息流主流平台(巨量千川、广点通等)。二类电商有两个要素：买流量和做落地页。如果广告流量精准、落地页转化效果好，那么将带来更好的投放效果。

从品牌沟通出发，如何做好一场直播

跟随技术，探索直播的前世今生

5. 户外广告呈现智能化、互动化趋势

户外广告具有传播力强、记忆力强等特征，仍是广告主进行广告投放时选择的首要媒体之一。数字时代的户外广告将在裸眼3D技术、VR技术、AR技术、物联网技术等新兴技术的驱动之下，朝着智能化、互动化方向发展，给用户带来更深入的体验。

(1) 线下户外广告将大量应用数字技术。户外媒体与其他媒体相比，拥有强制性、场景化、无限延展性三大特点，传播价值不容低估，特别是伴随着当今数字营销技术的运用，它的投射范围和呈现内容都在不断迭代。据前瞻产业研究，2024年中国广告市场规模为11 715亿元，保守估计户外广告市场仍会保持高比例增长，市场规模有望达820亿元。这是因为，随着人们生活方式的改变，围绕用户场景的移动互联技术与传统媒介融合发展成为必然趋势，这也给户外广告带来了巨大机遇与挑战。当前户外广告多以电梯广告、交通广告，以及虚拟现实、裸眼3D广告的营销场景为最佳。

(2) 体验营销正在回归，并成为户外广告的趋势。以电梯媒体为例，据统计，2021年电梯广告市场的规模为230亿元，覆盖了6亿用户人群。凯度研究针对不同类型媒体广告进行了调查，结果显示，电梯广告的转化率上明显高于其他广告形式，已经成为户外广告中最具影响力的一种传播形式。随着全息投影技术的革新与应用，电梯广告的展示形式会更多元化、优质化，观众在收看广告内容时的体验感会越来越强。元宇宙、生成式智能(AIGC)等技术的落地更是会催生出更多元的体验场景，众多品牌已经积极拓展虚拟空间中的品牌展示与广告投放。当人们生活在日益媒介化的社会场景中，体验将成为品牌与用户最直接、有效的沉浸式沟通方式。

(3) 交通广告的展示方式迁移到铁路广告上。2021年交通出行户外广告营收规模达到265.1亿元，占户外广告市场的37.26%。交通出行作为户外广告的一大场景，市场占有率仅次于楼宇电梯场景。在我国经济发展进入新常态和"十四五"规划实施的背景下，交通出行领域将成为户外广告行业增长的重要驱动力之一，未来几年该产业仍将保

持较快增长势头。

当前，交通出行中铁路媒体是最具发展潜力的。统计显示，2021年全国旅客运输量达到83.03亿人次，其中铁路客运量达26.12亿人次，占比31.46%。《高铁媒体价值研究报告》指出，在选择高铁的人当中，商务出行占74.3%，旅游出行占15.3%，这部分乘客拥有高学历、年轻化特征，潜在消费能力强，适合投放快消、餐饮住宿、酒水饮料等效果类广告。

(4) 虚拟世界、裸眼3D大屏成为新的增长动力。在经历了社交与数字化时代后，我们今天又进入了新的营销时代，也就是元宇宙时代。随着互联网的普及，越来越多的企业开始重视品牌的传播及推广，其中就包括广告传播。例如，Metaverse Billboards是专门为元宇宙进行广告宣传的企业，根据官网的介绍，Metaverse Billboards已经在Cryptovoxel平台上拥有着140块地，共有250余块广告牌可供客户选择。

裸眼3D屏的真实动态影像还原、边缘增强等革新技术，使广告画面具有更高清、细腻、流畅和写实的特点。同时，随着互联网行业的快速发展和新媒体的兴起，广告主对广告投放渠道的选择越来越倾向于"触手可及"的地方平面媒体。例如，兆讯传媒就计划通过自建、代理的方式在省会及以上城市取得15块裸眼3D屏幕，投资总额预计为4.2亿元，通过强化重点城市媒体布局，进一步夯实区域资源优势，以满足客户在重点城市的广告投放需求。

对于消费者来说，元宇宙广告、裸眼3D屏带给他们一种身临其境的感觉和更加极致的互动，提供足不出户就能沉浸其中的服务以及增强版的高品质体验；对于广告主来说，虚拟环境下的场景化营销方式能够让他们更加专注于核心目标市场，提高投放效率。虚拟世界的广告模式作为数字技术的集大成者，会对广告运作流程产生颠覆性的影响。在数字时代，广告产业在新媒体领域中所扮演的角色越来越重要。例如，客户管理、用户洞察、创意策划、广告投放、效果评估等，给产业带来了更为广泛的价值增量，成为指引用户进入及获取数字和虚拟体验的至关重要的连接点。

5.2 新媒体广告投放的计费模式

互联网广告产业链上各个角色的数量，在互联网广告的发展历程中发生了很大的转变，这一转变直接影响广告投放的计价方式。本节将通过对互联网广告业务和互联网广告产业链中不同角色数量变化情况的分析，探讨互联网广告的计价方法及其演进趋势。

1997年以前，互联网中网络的媒体数量偏少，所以广告主在这些网络媒体上就能达到广告投放的目的。随着互联网技术和应用的快速发展，网络广告成为主要的广告形式。在这一阶段，网络媒体主导产业链，掌握广告投放定价权，广告投放定价都是通过合约(Contract)来实现的，也就是广告主以合同的形式，要求网络媒体以指定的数量呈现相关广告，该方法又称确定投放(guaranteed delivery)。由于在广告创意和设计的过程中存在大量不确定性因素，使得广告价格难以准确预测，传统广告的计价方法逐渐不能满足市场需要。这种按浏览量计费的模式，类似于对传统媒体投放广告进行计价，更适用于打造产品品牌效应。

网络广告行业发展到一定程度后，网络广告市场开始出现垄断趋势，广告合约亦从最初非定向广告投放改为定向广告投放。所谓非定向广告投放，就是只对广告投放次数进行约定的合同，而定向广告投放是为某一用户群(具体年龄、性别、专业、薪资等)商定有关广告的发布数量。目前国内大部分网络媒体都采用定向广告投放来开展营销活动。一般广告合约都是在广告投放前签订的，因此，网络媒体有必要提前预估网站在今后一段时期内的具体用户流量情况。假如网络媒体对相关流量估计不足，将导致广告位的浪费；如果低估了相关流量，可能会导致网络运营商与广告主之间出现利益纠纷；反之，若对相关流量估计过高，则可能会使网络媒体不能按约定期限完成广告展示投放。

随着网络媒体数量的进一步增加，网络媒体的产业链优势地位正在降低。与此同时，广告主与广告公司之间开始进一步合作，并逐渐形成利益共同体，互联网用户数量也大幅增长，使广告在单位时间内所呈现的数量有了很大提升。在这个过程当中，广告主与网站之间的信息传递模式发生了重大改变，广告主对广告展示效果要求越来越高。网络媒体将信息检索与Web数据挖掘技术结合起来使用以优化投放效果。

随着网络技术、计算机技术和通信技术等领域的快速发展，网络广告的计价问题逐渐成为一个研究热点。1997年，Goto.com首创以点击量收费的广告计价模式。以点击为单位进行广告计价，主要有两种模型：统一费率模型(flat-rate model)和基于拍卖的模型(bid-based model)。统一费率模型就是广告主和网络媒体事先签订一次点击费用合同，再由网络媒体投放广告之后，根据广告点击情况，对广告主进行计费。这种定价方式使得网络媒体对广告主进行直接控制而不需要广告主参与制定价格决策。这一做法会促使网络媒体在与内容相关的页面上投放广告，以增加点击率。基于拍卖的模型指的是广告主在网络媒体或者广告联盟网络上签订合同，通过在线拍卖工具，对目前意愿支付的单次广告点击费用上限进行实时调整。这种方式可以让网络媒体根据广告主发布的广告进行竞价，网络媒体或广告联盟网络对不同广告点击率进行预测，结合广告主竞拍价格确定投放广告。该计费方式可以让广告主根据自己的实际情况进行合理报价，以达到最优的广告投放结果。

随着产业链上网络媒体与广告联盟网络的进一步发展，行业竞争日趋激烈，2003年前后，根据广告投放效果收费的格局应运而生。按照这种计费方式，广告主可以根据自己所投放广告的实际情况选择不同的计费策略。广告主和网络媒体或者广告联盟网络之间以合约的形式就广告投放的结果(action)达成一致，可协助广告主取得新顾客(acquisition)的服务、获取新用户的注册(lead)、生成下载(download)、生成交易(transaction)或促进销售(sale)。这种按量付费的方式被称为按广告投放效果计费。

在互联网广告行业的竞争日趋白热化的今天，产业链上不同作用量的改变引起竞争优势发生转移，使得互联网广告投放计费模式相应改变，根据广告投放效果收费，最终会替代其他的收费方式，成为当前阶段互联网广告行业计费的主流模式[①]。

从互联网到移动互联网，广告主的衡量指标也在不断改变。CPC(点击计费)、CPA(行动计费)、CPM(展示计费)可以说是目前较常见的广告计费模式了。大家熟悉的知乎、头条、百度、腾讯等各类平台投放广告，基本都离不开这几种计费方式。以往，效果广告主和品牌广告主对广告的衡量指标有一定差异，比如前者更倾向于CPC、CPA等计费方式，而后者则可能采用CPM多一些。但随着品牌广告主和效果广告主都越来越追求更为清晰的广告活动KPI(关键绩效指标)，用于评估广告转化效果的衡量指标开始出现，如CPE((cost per engagement，用户互动计费)计费等，CPE计费模式对品牌与效果广告主都适用。

综上所述，互联网广告计价方式经历了由按浏览量计费(CPM)、按点击量计费(CPC)向按投放效果计费(CPA)、按参与计费(CPE)过渡的过程。

5.2.1 按浏览量计费

广告浏览量(advertising views)，亦称网页浏览量或印象，它是指用户在一个特定时间内通过广告访问网页的次数。广告点击率通常采用百分比来表示，它反映了消费者对某一特定网站或产品的认可程度，根据广告的浏览数量来支付费用。由于不同的广告媒体对消费者的影响不同，广告浏览量与其他一些因素都会直接或间接地影响企业的收益。一般来说，评价广告浏览量是以每千人印象成本(cost per mille，CPM)来衡量的。这种广告计费方式是根据广告内容与点击率之间的关系来确定广告价格和数量的。CPM是指每千人浏览广告的费用，即按广告播出1000次的标准收取费用，如广告主购买20个CPM，这就意味着，发布的广告可播放20 000遍。这种以浏览量来测算广告费用的模式，称为CPM广告计费模式。CPM广告计费模式作为一种新媒体广告投放模式，受到了广泛欢迎，能有效提高广告曝光率，因此受到了广泛欢迎。该模式利弊共存。

1. CPM广告计费模式之优势

(1) 呈现方式灵活多样。新媒体平台采用CPM广告计费模式进行计费，经常可以提供富媒体(rich media的英文直译，本身并不是一种具体的互联网媒体形式，而是指具有动画、声音、视频或交互性的信息传播方法)广告，广告的形式有音频和视频等。新媒体平台上的广告具有高互动性、强冲击力和个性化特征。相对于常规横幅广告或者面板广告，新媒体平台投放广告更能给浏览者提供高水平的视觉体验。

(2) 方便广告主掌控。在广告内容上具有品牌意识的广告主，使用CPM广告计费模式，能确保他们保留广告内容的最大控制权。新媒体广告投放平台是广告代理公司和广告主之间的中介，主要负责为客户提供媒介推广服务并收取费用。这个时候的新媒体广告投放平台仅仅是一个广告载体而已，基本上没有涉及广告内容，因此，广告内容主导

[①] 周傲英，周敏奇，宫学庆. 计算广告：以数据为核心的Web综合应用[J]. 计算机学报，2011，34(10)：1805-1819.

权仍掌握在广告主手中。

（3）方便分析广告的数据。采用CPM广告计费模式进行广告投放，把广告浏览量和广告费用联系在一起，能很直观地显示广告浏览量和有关数据。同时，新媒体广告在广告投放时也会根据不同客户群体的需求来制定相应的策略和方案，使投放效果更加合理。此外，新媒体广告人员可借助其互动性，使浏览广告的人都能参与其中，开展进一步互动交流。

2. CPM广告计费模式之弊端

（1）投放效果得不到保障。由于CPM广告计费模式按浏览量付费，广告推送是在整个平台的内容池中进行，随广告出现的内容未经过筛选，与广告主传播内容及平台用户兴趣的匹配度未被考虑，可能会出现广告内容与目标人群错位的情况，广告效果得不到保障。比如，有些广告投放平台在用户看一篇文章或者放一段视频时弹出该广告，迫使用户进行浏览，但是，这则广告非但没有引起用户注意，也很容易让用户产生厌恶情绪。

（2）投放成本居高不下。CPM广告计费模式并没有将最终转化率作为付费依据，企业利用该投放广告费用模式获得用户，投放成本高于采用其他广告投放的计费模式。当选用CPM广告计费模式进行新媒体广告投放，新媒体广告人员有必要对这一模式的利弊进行全面剖析，根据所投放平台的特性，判定是否使用该模式。

5.2.2 按点击量计费

点击量（click rate），是指某一时段内，一个或多个关键词广告被点击的次数，是针对网络广告推广等被点击的一种新的量词。随着互联网技术和数字媒体技术的发展，点击量逐渐成为衡量网络传播效果以及广告商盈利水平的重要指标之一。依据用户点击量付费的广告计费方式被称作按点击量计费（cost per click，CPC）模式。随着互联网的发展，网络上出现大量的信息和产品，其中包括一些具有一定商业价值的广告信息，如游戏、影视、音乐等。用户在利用某些站点浏览消息、看小说或者看视频的时候，网站界面上可能穿插着一些与游戏有关的内容、商品图像或者视频。一些用户受好奇心驱使，会点击查看这些图片或者视频，用户的这种行为将在网站上被记录成一个广告点击，广告主需要为这个点击付费。以上就是采用CPC广告计费模式进行广告费用测算的一个典型情景，用户只需进行点击行为，不管是否下载游戏或购买物品，广告主均需向媒体平台支付费用。CPC广告计费模式有两个显著特点：第一个特点是可分析性强；第二个特点是存在不确定性。

1. 可分析性强

CPC广告计费模式对于发现用户质量、分析用户行为有一定优势，该模型能够使新媒体广告人员对用户的点击行为进行更深入的分析，对广告内容的优化具有指导意义。这一模式所提供的数据是超前的，能给新媒体广告人员在广告内容制作方面起到一定的指导作用。

在实践中，采用CPC广告计费模式的典型新媒体广告是搜索引擎网站竞价排名广告，它与传统的网络广告有着很大不同。比如百度竞价排名广告，广告主以竞拍价格的方式，让其推广信息在百度搜索结果中排名靠前，若广告未得到用户的点击，则百度不收推广费用。

2. 存在不确定性

CPC广告计费模式存在不确定性，具体表现在投放效果、投放对象两方面。

(1) 投放效果的不确定性。广告投放后，会吸引一些对此广告内容有兴趣的网友进行点击，这些用户中的一部分将进行消费动作，而有的用户只是浏览后便退出。对广告主而言，用户跟进消费，才算有效广告。因此，如果出现广告点击量大但转化率极低的情况，则意味着广告主此次广告投放以失败告终。当使用这一计费模式时，广告主也要承受网站向页面投放诱导广告诱导浏览者点击，甚至用程序来模拟人工点击造成数据真实性被破坏的风险。

(2) 投放对象的不确定性。投放对象的不确定性是多数互联网广告中普遍存在的问题，但是CPC广告计费模式在这一点上表现得尤为突出。新媒体平台可以通过精准定位来获取目标受众的需求，并以此为基础制定广告投放策略，而广告商则需要对这些信息进行分析，以获得准确的广告预算和收益。新媒体广告的背后是大数据的支持，每一个用户的浏览偏好、购物习惯等个人信息，都有可能被找到并发掘出来。这些信息通过搜索引擎可以得到充分分析，从而为广告主提供精准的营销服务。投放广告的平台将基于大数据分析，针对不同用户的不同兴趣爱好，推送不同的广告。这意味着一个热爱游戏的网络用户与一个热爱购物的网络用户，在同一时间内访问了同一个网站，被推送的广告内容会有差异。

5.2.3 按投放效果计费

衡量广告效果的指标通常是每一次行动的成本(cost per action，CPA)进行评估，也就是根据用户看了广告后所发生的动作进行收费，不按广告投放量收取费用，我们称之为CPA广告计费模式。根据这个标准来评价广告效果的好坏是目前比较流行的方法。测量广告的效果一般从三个指标出发：点击率、转化率及成本每次转化，这里重点讲成本每次转化。

以百度搜索广告为例，新媒体广告人员需要先对用户搜索关键词进行解析，然后利用此分析内容，制定投放策略，用户点击后，可跳至对应推送位置，如企业官网、小程序、产品导购页面等。在此过程中，用户也许会询问客服，如果客服给出了满意的答案或建议，则将其返回给用户并继续下一个任务。用户成功选购商品，达到付费转化的目的，这才是起到广告效果，并实行一次性计费。

对于广告主而言，CPA广告计费模式能够全面维护广告主利益。该计费模式基于互联网技术和数据库技术，通过对客户进行精确分类，根据不同类别客户的特征来计算广告费用，可以有效解决新媒体广告人员一直以来所面临的广告欺诈、广告浪费等问题，节省广告主巨额市场推广成本，增加广告投放投资回报率，并满足广告主把宣传切实转化为经营的迫切要求，真正意义上拥有网络精准性投放与高效营销的特质。同时，也给广告公司带来了丰厚的收益回报和良好的社会效益。CPA广告计费模式在不断发展过程中，引申出几种更具体的广告计费模式。

CPS(cost per sale)，按实际售出产品的数量折算广告费用，是根据客户的需求，在广告创意、制作和发布等阶段，由广告公司按实际销售产品数量来计算广告费用的一种模式。与CPA广告计费模式相比，该模式更为高级，但也使广告承接平台承担更加重大的职责：既要承担广告作品的责任，还要为消费者的购买行为承担责任。

CPR(cost per response)，按浏览者每次响应收费。这种广告计费模式的反复出现，反映出新媒体广告"及时响应、直接交互、精准记录"的特征。但是，该广告模式是辅助销售的，广告承接平台获得的广告费存在不确定性。

CPP(cost per purchase)，当用户点击广告，进行在线交易时，根据销售笔数收费。用户点击广告后产生的订单在广告商和广告主之间进行分配。广告主只有在用户产生点击行为，并进一步成交后，才向广告承接平台支付费用。

CPA广告计费模式是针对广告承接平台而言的，存在一定风险，但是如果广告投放成功，其收入要高于其他广告计费模式。在这种情况下，广告商可以根据不同的客户选择不同的计费策略和收费标准，从而达到最大限度地降低广告成本、增加盈利空间的目的。广告承接平台采用CPA广告计费模式进行广告承接之所以会存在风险，是因为广告在被点击之后，是否能引发用户后续消费行为，起决定作用的不是网站，而是所推广的商品够不够有魅力。因此，要实现广告与用户之间的有效连接，就必须从用户入手。比如用户是否有购买产品的需要，产品性价比有无优势，等等。这些都取决于用户的心理状态。此外，商家的信誉程度和用户接受网上消费情况也会影响其购买行为[①]。

5.2.4 按参与计费

CPE(cost per engagement，按参与计费)是一种新兴的衡量广告营销效果的计费方式。在这里，所谓的engagement(参与)可以表达为多种形式，比如点击一次链接、输入一些内容、发一条内容、看完一整段视频或是完成一份问卷调查。

由于CPE是基于用户在一个App内特定的互动行为来定价的，很容易就能看出CPE是如何吸引那些不仅仅追求App安装效果的广告主的。例如，对电商、社交、游戏或内容丰富的App(比如资讯类)而言，可能只会基于"完成一个等级或者在一定时间内打开App的次数"等用户行为付费；对品牌广告主来说，会基于用户参与广告的特定行为付费，比如悬停在某个广告上以查看更多的广告信息。

CPE计费模式明显提高了获取的用户的质量，进而提高了投资回报率(ROI)。尽管

---

① 张志，陆亚明，孙建. 新媒体广告[M]. 北京：人民邮电出版社，2021：55.

成本相应提高了，用户数量也不多，但大量广告主却愿意支付，因为他们相信，一个能保证一定留存度或在他们App中完成某些特定行为的用户，很可能会发展成为忠实用户，带来更高的投资回报率。

CPE计费模式也适用于重新定向或重新吸引用户的广告活动，对于较长时间没有互动的用户，广告主无须另外付费去购买一项互动服务，只需发起一个鼓励休眠用户重新变成活跃用户的CPE广告活动即可。

1. CPE对品牌广告主的作用

CPE不仅对效果广告主更有用，对于追求广告活动可测性和透明度的品牌广告主来说，CPE也同样能够提供令人信服的结果。比如点击、转化或其他特定行为，这些指标也许并不适合追求高影响力(high-impact)广告活动的品牌，但用于监测用户是否与广告互动时却能发挥积极的作用，同样帮助品牌准确评估广告活动的影响力。值得一提的是，CPE活动还是抵御广告欺诈的有效屏障，因为伪造一个"用户互动"或"用户参与"比伪造一个安装要难得多。

未来，我们也许会看到CPE内置足够多的效果来满足广告主日益注重ROI和可测性的需求，从而变成一个"效果简化版"指标的代名词。

2. 影响CPE广泛应用的因素

CPE的未来值得期待，只不过它要广泛使用还有几个阻碍因素。例如，CPE一定程度上既能满足品牌对衡量曝光的需求，也能衡量效果KPI(如完成的行为、购买或订单)。恰恰这种定义的宽泛性，有可能使CPE被弃用。

对纯粹的效果广告主而言，一个"参与"可能直接指向一个具体的KPI，如完成销售。在这种情况下，更多的广告活动会采用类似CPA(cost per action)这种更具有明确定义的指标，而不是CPE。大品牌广告主如果想通过高曝光的广告活动，来提高品牌知名度和某类公众对品牌的认知，而不仅仅追求特定的"用户参与"，那么CPE也变得毫无意义。

对技术提供商而言，CPE依赖于用户安装后的活动和数据，这种定价模式会带来两方面问题。一方面，广告主是按照最终目标的用户参与的CPE模式来付费；另一方面，技术提供商是按照CPM(或CPI)从媒体购买流量，也就是说，技术提供商必须构建一个能实现CPE和CPM(或CPI)之间转化的模型。例如，一个高效的广告投放必须综合考虑千次展示的成本、估算安装转化率，以及评估有多少安装能满足广告主设置的KPI目标。由于广告主无法提前知道哪个流量来源能带来高CPE，最终的效果只能依靠技术提供方的优化。

无论如何，想让CPE有机会成为一个首选指标，就要有更高的行业透明度以及实现广告主和技术合作伙伴之间的数据共享。通过分享正确的数据，广告主能让技术提供商更有效地优化以及获取更多高质量的用户。

5.3 新媒体广告精准化投放策略

5.3.1 新媒体广告精准化投放技术

当前行业内最先进的精准投放模式就是计算广告程序化生成与投放模式,其全过程自动化执行、毫秒级的反馈使广告主可以对媒介资源进行实时的、动态的竞争。计算广告程序化投放系统包括三个主要组成部分:消费者画像数据管理平台(data-management platform,DMP)、负责竞价和内容制作的需求方平台(demand-side platform,DSP)或广告交换平台(advertisment Exchange,AdX),以及负责发布广告和反馈迭代信息的供应方平台(supply-side platform,SSP)。数据管理平台(DMP)对广告竞价提供数据支持,通过对目标消费者的定位,完成需求预测;需求方平台(DSP)即广告主,对目标人群进行定位之后,运用创意管理等手段,完成个性化广告匹配;供应方平台(SSP)为不同站点或者App,其将所述目标人群和访问人群相匹配,实现精准投放,以及采集广告效果,辅助迭代。在广告投放时,由于广告主和广告商之间的信息不对称,会出现广告主的预算被浪费,广告费用无法回收的问题。另外,在许多情况下,也会有多个广告主同时进行投放,这就需要借助广告交换平台(AdX)来实现实时竞价,出价较高的广告主可以获得广告位。RTA(real time API)即实时接口,是广告主在互联网时代对自身投放策略做出调整的重要手段之一。

1. DMP

DMP代表计算广告模式的第一步:需求预测。广告需求预测包括三个部分,即广告主信息收集与分析、广告需求调研以及消费者行为建模。DMP把分散的第一、第三方数据进行集成,并且实现了数据的标准化与细分,为标签化管理提供一个平台。DMP还可以协助参与广告库存买卖的各当事方对自己的数据进行管理,便于利用、理解、传回数据,或者把定制的数据导入特定平台,更好地定位受众。

2. DSP

DSP代表计算广告模式的第二步:内容匹配。内容是广告主与媒体进行互动沟通的核心要素之一。DSP给广告主带来了跨媒介、跨平台、跨终端广告投放平台,通过对数据整合、分析做到了以用户为中心精准投放,并实时监控、持续优化。依据需求方在数据与技术方面的控制权限,可将DSP的服务模式分为SaaS(software-as-a-service,软件即服务)、PaaS(platform-as-a-service,平台即服务)和IaaS(infrastructure-as-a-service,基础设施即服务)。由于广告主的需求具有多样性和复杂性,广告主需要采用不同的服务模式来满足自身需求。在不同的服务模式下,需求方掌握投放、数据、技术权限和使用方式都不一样,收费模式亦不尽相同。

3. SSP

SSP代表计算广告模式的第三步：反馈迭代。在广告交易过程中，网站主和代理商通过对广告位资源进行不断地调整和更新来实现利润最大化目标。SSP是为广告卖家(媒介方)提供服务的平台，协助网站主或者网站代理做好自己广告位的管理工作，注重广告位优化、展示有效性优化、展示竞价优化，由于现在SSP的功能基本与AdX一致，可将两者统称为广告交易平台，它的主要作用有以下几个：①管理广告位分配；②对不同广告交易平台发送的广告请求进行甄别；③管理广告位的定价[①]。SSP现在支持的交易模式主要有两种：实时竞价(real time bidding，RTB)与程序化优选购买(programmatic premium buying，PPB)。SSP模式根据用户需求，将不同类别媒体的内容按需推送至指定网站或渠道。实时竞价(RTB)就是其中的一种常规模式，在供应方平台得到了普遍采用。但当品牌广告主在程序化购买的市场上开始投入较大的预算时，广告主和代理公司已经不仅仅是想提高自己品牌的曝光率了，更想借助媒体优质流量，以程序化购买打造品牌。但是，通常广告主和代理公司采用程序化购买的方式，只能够购买海量长尾资源，高质量的流量只有用另外的售卖方式才能完成。针对这一问题，供应方平台引入"程序化购买的优先级交易模式"，即针对优质媒体和品牌广告主的"程序化优选购买(PPB)"。程序化优选购买(PPB)通过资源与订单的动态配置，优先解决大型媒体对优质资源的售卖需求，实现优质资源最大价值。

4. AdX

AdX 是广告实时竞价交易平台，方便在不同广告网络上进行媒体广告资源的采购与营销。该平台采用了基于报价拍卖方式进行广告资源定价和买卖，在每个投标者中分配一个竞价权，广告资源库存价格由实时报价(RTB)决定。为了使广告主能够快速、有效地发布和出售广告业务，提出了一种新的自动定价策略，以减少广告投放量，提高收益。自动定价策略及交易网络以在线广告交易技术为驱动力，广告资源的定价是根据广告主的报价进行的，而不是按照市场上的平均报价来确定。AdX在程序化广告里就是一个广告"交易市场"，通常公开进行，与金融投资中的股票二级市场相似，支持有广告资源的各类媒体对其广告资源进行交易，一般情况下，这类资源都以广告受众为依托，动态化地进行交易。也就是说，只有拥有互联网用户(受众)的终端显示出这些广告资源，这一资源才能出售。同时，需要广告位的广告主还可进入AdX购买所需广告资源，采购广告位是广告主在媒体资源中购买显示广告主自身广告的位置。在这个过程中，媒体和广告主之间就形成一个交易平台——广告交易平台。由于这一过程需要很多专业的广告技术才能实现，所以，媒体方一般都会通过SSP实现对其广告资源和AdX之间的访问，并由广告主通过DSP完成对AdX的访问。

---

① 刘通，黄敏学，余正东. 心理协同视角下的计算广告：研究述评与展望[J]. 外国经济与管理，2022，44(7)：101-125.

5. RTB

RTB(real time bidding)即实时竞价，以类似金融市场程序化实时拍卖方式来交易广告资源。实时竞价是由一个或数个广告网络中的每个节点来发起并执行竞价过程的技术。广告购买者以实时出价的方式在比稿(广告公司之间获得代理业务的一种公开竞技的方式)中报价，若中标，那么购买者的广告将被即时展示于发布商网站中。实时竞价系统将所有与展示相关的信息都集成到一个平台中，并且提供给广告用户各种访问该平台的机会。实时竞价使得广告商能够对多个广告网络中获取到的广告进行管理与优化，这样，他们就可以根据广告资源的优先级来创建和发起广告活动。这种动态广告竞争使得广告主能够更加灵活地分配有限的预算以满足不同用户的需求，同时还能提高广告效率。与常规静态竞标不同，实时竞价以展示为主进行广告资源竞标，而静态竞标是一个多达数千次展示的组。无论是对广告客户还是发布商来说，实时竞价都是公认的优于静态竞标的竞标方式，尽管结果会因执行和当地条件而不同，但RTB将颠覆传统广告营销。

典型的交易是从用户访问网站或者媒体开始的，这样就引发出价请求，出价请求可包含多个数据，如用户人口统计信息、历史浏览记录、地点及载入中的网页等。请求由发布者转移至广告交易平台，广告交易平台向若干广告主提交请求和所附数据，这些广告主将自动实时提交报价，以便投放他们的广告。广告主为每一次投放广告展示报价，最高报价者的广告会被放在网页中。竞标是自动完成的，广告商将制定广告活动的最高竞标价格以及预算。

6. RTA

RTA(real time API)即实时接口，是广告主在互联网时代对自身投放策略做出调整的重要手段之一。RTA产品采用直投和AdX(Ad Exchange)组合投放模式，也就是每一次的要求，广告平台均以API的形式向广告主询问是否参加竞价，再结合广告主返回的决策，优选后续广告投放，最终提升广告投放效果。RTA很好地解决了两个难题：一是精准人群定向。广告主根据自有数据(或模型)确定每一次请求用户价值，返回广告平台"是否参加此次竞价"的决定。二是流量实时筛选。该平台向广告主实时查询参竞情况，以及结合广告主实时回复，优选出最终流量。RTA产品流程如下：广告主创建好RTA广告，向平台侧同步广告物料信息；平台对广告主发出请求，询问参加竞价与否；该平台从性能及数据更新频率等方面综合考虑，缓存广告主回传的决策信息，预留一定的时间窗口(如1小时)；广告主根据自身需求在该时间段内对其投放行为进行评估后再决定是否参与(平台侧通常留有50~100ms的响应时间)；广告主决定不参与本次竞价时，广告平台则将广告主广告进行过滤，否则广告会持续跟进粗排或精排等程序。

5.3.2 新媒体广告精准化投放工具

新媒体广告精准化投放工具可按照主要参与方不同,分为需求方平台、供应方平台与广告实时竞价交易平台。

1. 常见的需求方平台(DSP)

(1) 达摩盘——阿里妈妈基于商业化场景打造的数据管理合作平台,支持各类人群的洞察与分析,以及潜力客户的挖掘。达摩盘根据买家行为、兴趣、地理位置等海量标签,建立个性化的用户细分,可快速圈定目标人群,进行精准推广。

(2) 广点通——腾讯社交广告的核心数据和技术系统,支持多种类型的广告投放,服务腾讯内外部流量。广点通通过对QQ、微信用户所产生的数据进行深入分析,为广告主提供众多标签类目,以便在广告投放中精确锁定目标人群。

(3) 百度营销——旗下百度DMP智选,作为百度统一的受众管理平台,依托DMP标签体系,提供多种人群定向功能,可根据行业、场景等条件优选推荐人群,也可自定义智能圈选目标受众。百度营销支持对不同流量的投放效果进行追踪,企业可根据投放表现及时调整预算、优化方案、对高价值客户进行二次触达。

(4) 巨量千川——巨量引擎旗下的电商广告平台,其DMP产品具备人群洞察、人群圈选、人群推送三大能力,针对有人群营销需求的广告主,提供各维度受众的电商属性画像、人群包和运算能力的人群定向工具。巨量千川可通过人群包直达千川平台,帮助广告主通过冷启动、优化后端效果,达成拉新促活等营销目标。

(5) 秒针系统——营销增长技术公司,通过全域计划、全域/全链测量、内容智能、洞察分析等产品及解决方案,提供打通线上+线下、覆盖公域+私域的全域全链营销服务。秒针系统的DMP主要帮助品牌主管理并增强营销受众数据资产,实现用户的全域洞察与高潜客户挖掘,制定并管理人群分组与圈包策略,赋能程序化投放,提升精准营销能力。

(6) 个推——旗下面向品牌主的数据营销服务商,提供深度消费者人群洞察、广告投放精准定向、营销归因分析等服务。个推精准定向服务,根据多维标签精准筛选目标人群,利用AI算法智能筛选优质流量,并对接DSP完成自动化投放,实现广告精准定向和高效曝光。

(7) Talking Data——Talking Data DMP在传统DMP的基础上,支持广告监测数据的落盘及数据资产的沉淀,提供安全合规的多方数据联动及营销赋能。同时,Talking Data与业内数十家主流媒体和DSP平台达成合作,广告主可直接选择对应的人群和所需渠道进行投放。结合Talking Data安全岛服务,在单独存储的云空间内,实现安全合规的多方数据联动和应用。

(8) 神策数据——大数据分析和营销科技服务商,支持全渠道数据采集与全域用户ID打通,全场景多维度数据分析,全通道的精准用户触达。其中,神策广告分析,拉通公私域、全触点、深链路的用户行为数据,结合多维度报表及分析模型,实现用户洞察、广告渠道归因分析,品牌资产沉淀;神策智能推荐,以用户行为数据为基础,采用深度学习等机器学习算法,实现千人千面的个性化推荐。

(9) Convertlab——一体化营销云服务商,具备丰富的数字化营销产品矩阵。其中,Ad Hub,通过营销全链路的数字化、自动化、智能化,赋能品牌营销的效果升级;DM Hub,基于AI Hub智能化、MA流程自动化的客户全生命周期管理,帮助营销部门提升精细化运营和增长的核心能力。

(10) HYPERS——数据智能服务商,覆盖自动化营销、精准广告、监测、统计分析、第三方DMP等十多个领域。HYPERS作为多触点分析平台,可与品牌内部的数据中心高度集成,帮助品牌实现网页端、App端、小程序端的全方位用户行为采集、分析和转化归因,并基于HYPERS全链路营销产品生态,提供深度的用户洞察,指导品牌的市场营销与增长决策。

2. 常见的供应方平台(SSP)和广告实时竞价交易平台(AdX)

(1) 百度联盟——包括网盟推广合作、搜索推广合作、hao123推广合作、聚屏推广合作等业务。百度联盟与终端厂商、运营商、移动App、小程序、网站、软件等多类伙伴紧密合作,支持全渠道、多样化的合作方式,涵盖各类推广需求。

(2) 腾讯优量汇——优量汇聚合平台提供帮助开发者快速接入多家广告平台的服务,支持各平台投标瀑布流广告位的自定义配置,辅以A/B测试等数据工具,帮助开发者寻找最优的流量分配方式,提高广告填充率和eCPM,提升广告收益。

(3) 字节穿山甲——新一代媒体聚合视频化广告平台。穿山甲背靠巨量引擎丰富的商业化资源,庞大的销售体系持续引入头部品牌预算,服务85 000多个广告主,并且在持续深耕游戏、电商、应用下载和公司内部其他产品预算。穿山甲的优势包括快速变现,节省人力成本;帮助中心有视频图文,便于清楚了解平台操作;支持手机端操作,方便随时查看。

(4) 阿里妈妈TANX SSP——该平台对橱窗推广产品进行技术升级,开放了实时竞价的CPM计费模式,为媒体提供全方位的展示推广服务,通过实时竞价技术能够大幅优化媒体收益,提供推广资源管理和精准定向的功能,提高媒体推广资源售卖的效率。

(5) ADXING广告行——国内首家专注优质流量的移动广告交易平台,通过对中国前200个App广告资源的筛选、聚合,为开发者、广告主提供高品质、高触达、全透明的智能移动广告流量交易服务。

(6) AdMaster——致力于通过技术驱动和大数据洞察研究帮助广告主实现数字营销效果监测、优化,提升整体营销ROI。AdMaster拥有国内广告业内最大的服务器集群,每月处理数据超过2000亿、迭代超过100种数据模型。

(7) 有道智选——网易有道旗下基于AI算法的品质内容广告平台,以网易独家资源和有道媒体矩阵为核心,在数字营销升级的背景下打造多元、跨屏用户场景,依托人工智能与大数据技术赋能品质广告内容,同时搭配品质专业服务,致力于帮助广告主实现精准、透明、高效的一站式投放。

(8) 皓量科技(AdBright)——作为中国领先的移动广告技术服务商,致力于构建高效、透明的广告生态系统。皓亮科技基于自身大数据技术和人工智能算法,结合精准的多维人群画像和多元的商业化策略服务,为媒体方、广告服务商和广告主提供专业、高效的移动营销解决方案。

(9) 智子云(Open SSP)——集成了程序化竞价交易引擎的广告位管理平台,提供使用体验更一致的广告位库存管理环境。除了提供便利的媒体管理,智子云(Open SSP)还具备分布式数据存储和分析平台,其在管理竞价日志的同时,采集每个媒体和广告位上的曝光和点击数据,并提供报表分析功能,让媒体方可以轻松管控自己的资源现状。

5.3.3 新媒体广告精准化投放流程

能够精准化进行广告投放,是新媒体广告区别于传统广告的一大特点。在程序化投放技术的加持之下,广告主、媒介方都能够基于自身用户画像,开展实时、动态、高效的广告精准化投放。

新媒体广告精准化投放流程,即一个标准化、程序化投放模式,全程可实现自动数字化执行、毫秒级的反馈(0.05秒内完成),广告主可以对目标消费者进行实时追踪、对媒介资源进行动态竞争、对投放的内容进行及时调整。

程序化投放的流程如下:①用户进入站点,生成广告投放的机会,也就是投放广告位;②供方(supply side)向交易平台(exchange)报送资源;③交易平台发送消息给需求方(demand side)的竞价监听服务;④需求方通过监听服务向竞价引擎(RTB)发送竞价信息;⑤竞价引擎通过用户ID向数据管理平台(DMP)查询用户信息;⑥数据管理平台向竞价引擎回传用户的有关情况;⑦竞价引擎按照前期预设竞价规则以及投放规则进行竞价,提出对应竞价价格;⑧竞价监听服务向广告交易平台发送需求方报送的报价及广告代码;⑨交易平台按照竞价规则向供方网站推送获胜投标者广告代码;⑩供方网站按照推送的广告代码,向需求方索取广告物料;⑪需求方向网站平台推送所需广告物料;⑫网站平台对有关资料进行整合,并向用户进行展示。

1. 广告主智能投放

程序化广告投放系统下,DSP给广告主带来了跨媒介、跨平台、跨终端的广告平台,通过对数据整合、分析做到了以用户为中心的精准投放,并通过实时监测进行持续优化。

(1) 自动进行效果评估。投放期间,DSP将基于所采集的广告展现(impression)以及点击(click)来执行计费操作,形成对应报表(通过对广告效果的监测就可以知道企业是否需要投入更多资源来提升自身竞争力),并将浏览、展现、点击等记录分别采集到日志中,然后通过DMP对其提取并分析,组建媒体数据、用户标签、Cookie Match的数据和回头客用户的标签数据等,这些资料将为下次投放时的RTB竞价函数提供参考依据。目前计算广告效果的衡量指标五花八门，但按广告在企业中发挥作用的类别，可划分为企业层面衡量指标、营销策略层面衡量指标和广告单次展示衡量指标。企业层面衡量指标有股价、产品定价能力、消费者的品牌忠诚度等；营销策略层面衡量指标有投资回报率、渠道收入、触达人群数等；广告单次展示效果衡量指标主要有曝光、点击、分享和评论。通常，广告效果与消费者信息寻求模式、所处消费旅程阶段相关。比如原生广告序列的位置与媒体指标(点击率)、广告主指标(转换率)之间存在着不对称的关系：一是随着广告位排名的下降(也就是名次从前几位降至后几位)，媒体指标仅发生了微小改变，但是广告主的各项指标都明显下滑；二是展示广告在品牌识别等品牌构建效果上优于原生广告。所以DSP平台有必要深入了解投放环境在不同广告效果中所扮演的角色，以此对竞价函数进行优化，获得更高效的广告展示位置与形式。

(2) 自动迭代优化。对于每个被测试样本，DSP会使用不同比例和类型的数据集分别训练，并根据分类结果判断最终的投放方案是否可行。DSP平台通过比分拆试验(A/B测试)，选取效果较好的投放策略。A/B测试本质上是一种实验，向用户随机展示网页的两种或两种以上变体，统计分析决定哪种变体对于给定的转换目标(指标如CTR)效果更好。计算广告一般不可能在几个效果维度上均尽如人意，因此，投放策略需考虑广告投放的目标。例如，广告展示效果需符合原生广告披露度，为原生广告带来更多的点击；然而与原生广告相比，展示型广告更能增强用户视觉注意力、品牌认知度与信任度。此外，不同广告形态之间的差异对广告投放结果的影响不尽相同，广告所对应的展示策略也要发生相应的转变。例如，搜索广告可适当提高消费者接收信息的困难程度，以增加利润率、提高转化率。除考虑广告在一次投放时的展现形式之外，在DSP上进行对比分拆实验时，还需考虑多种广告组合的投放策略选择问题。例如，在非竞争互联网环境下，与广告重复策略相比，广告变异策略能带来更高的品牌名称回忆率和更强的点击意愿；在互联网这个充满竞争的大环境中，广告中单一内容重复策略与不同广告内容重复相比，更能提升品牌名称回忆率。

2. 媒介方智能投放

就程序化投放系统而言，SSP是为广告卖家(媒介方)提供服务的平台，协助网站主或者网站代理做好自己广告位的管理工作，并注重广告位优化、展示有效性优化、展示竞价优化。

(1) 广告请求的自动管理。单次投放竞价时，若干DSP(广告主)可同时启动广告竞价请求，但媒介方也并非要接受全部要求，因此，有必要通过SSP平台对广告主进行甄别，对广告素材进行监测。在实际应用中，广告平台负载媒体对于广告效果有着极大的作用：要评估广告内容和媒体平台是否有一致性。一致性可表现为广告内容中要素搭配方式的统一。广告内容和平台一致，是带来较好的广告效果的关键。例如，信息流广告在形式上符合原生内容的格式，能带来更多的点击。另外，媒体平台还具有多样性、心理唤起等特点，也可以影响消费者心理状态，产生更好的广告效果。

(2) 广告位分配的自动管理。SSP可根据其广告位特征,选择是否内部销售、是否向广告交易平台公开,然后进行进一步管理,即明确分配到哪一个广告交易平台上。特点各异的广告位需要匹配恰当的信息及广告展现形式,以增强广告效果。

5.4 新媒体广告效果监测

大数据技术应运而生,颠覆了广告行业整体作业模式,也是对传统广告效果监测的一种颠覆。广告效果的精准性越来越受到广告主和广告公司的重视。企业与监测方以加码内容的方式,获得用户行为数据,从广告主需求出发分析数据,既能实时掌握广告带来的传播效果、销售效果,还能在某种程度上对效果进行预测,以及利用效果数据对广告进行创意和投放优化。一场广告活动结束之后,生成的效果数据又将被整合到企业数据库中,作为产品优化、企业管理创新的依据,为制订新市场营销计划奠定基础。

5.4.1 新媒体广告效果

1. 新媒体广告效果的含义

广告效果,是指广告投放对顾客和潜在顾客在意识、认知等方面产生的影响。从心理学角度讲,广告效果就是广告人通过媒体向目标受众所传播的信息能引起或强化消费者某种行为反应的程度。成功的广告首先能让顾客对商品建立积极的感知和感情上的共鸣,由此,有可能进一步刺激他们的购买欲望;反之,如果广告没有达到预期目的,或造成负面影响,就无法发挥广告的作用。广告所带来的正面效应大致如下。

(1) 认知度的建立。广告投放最为直接和根本的作用就是将产品信息传递给广告受众群体。产品信息包括外形、色泽、触感,以及产品发挥的作用等诸多方面。拿保健产品来说,广告所传达的第一信息就是这种保健产品的成分、功效、有没有副作用等最直观的信息,以使广告受众树立对产品最初的认知。提升受众对产品的认知度就是广告投放追求的根本,更是判断广告效果好坏的最主要的依据。

(2) 认可度的提高。除了增加产品认知度,提升受众对产品的认可度也是广告投放要实现的更深层次的目的。认可度,即受众对商品的情感认可,也是对商品从外到内的肯定和同意,这一同意对发展产品的潜在顾客具有重要刺激作用。认可度可以说是品牌传播最直接、最有效的因素之一,它不仅影响着消费者的心理状态和行为方式,还能使消费者产生购买意愿,从而促使企业投入更多的广告预算用于产品推广。

(3) 购买力的转化。在对产品高度认可后,便产生了潜在购买力。当人们有需求时,这一潜在购买力将转变为现实购买力,这样才能实现业主广告投放的终极目标。

广告必须能使受众从美学感知的角度去认识商品,然后逐渐形成一种感情上的共识,最后刺激消费,变成可见的结果。这就需要广告主对投放媒体进行选择和设计,并通过一定方式将广告呈现给受众,使之产生心理共鸣,进而形成购买行为。传统媒体广告是将信息传达给受众，而新媒体广告则通过多种方式向受众传递更多的资讯和信息，使其形成对广告的共鸣与认知，新媒体广告在内容上更鲜活，渠道更多元化，覆盖面更广。

2. 新媒体广告投放效果影响因素

从当前形势来看，新媒体广告投放的时间、方式、转化、定位等不清晰都会直接影响新媒体广告投放效果，短视频、电商平台的多元化，让用户接收信息的渠道越来越多元，因此影响新媒体广告在移动端的投放因素包含以下几点。

(1) 目标人群是否明确。目标人群不清晰是影响新媒体广告推广效果的重要原因之一。传统广告中受众群体没有准确锁定，广告效果也难以精准计算，而在新媒体环境下，大数据技术能够轻松获取用户的数据，更加精准定位新媒体广告的目标人群。正如前文用户洞察章节所述，如今的市场细分与用户画像更加垂直化、精确化，用户标签不仅包括性别、年龄等传统细分方式，更包含了性格、情绪及爱好等垂类细分。除此以外，还要分析目标顾客的信息接收渠道，要能够根据不同平台的人群画像制定投放渠道组合。因此，在进行广告投放前，除了要进行充分的市场调研，一定要通过用户数据分析寻找最适合的受众群体。

(2) 内容策略是否聚焦。信息传播的碎片化导致品牌在进行新媒体传播时，内容传播策略需要聚焦"一个声音说话"，简单理解就是广告信息具有一致性。广告内容和形式可以根据创意的多元化进行多样延展，但传播内容一致性更为重要。内容策略的聚焦可以让新媒体用户在短时间内重复听到广告信息，提高被触达的频率，加深其对广告内容的理解，提高传播效率。

(3) 投放节奏是否符合用户习惯。广告投放时间的选择也会对广告推广效果产生一定影响。因此在广告投放时，要依据目标用户的浏览时间进行有针对性的投放，如果广告投放时间不合理，在受众活跃度较低的时间段投放，那么就会影响广告展示效果和转化率。相反，如果能够根据受众的上网习惯和活跃时段选择适当的推广时间，那么广告呈现的效果会更加明显。

(4) 内容形式是否符合平台算法。广告内容的形式与平台调性和人群习惯的匹配度，是影响投放效果的关键因素。当下主流的新媒体平台各有定位，平台调性和内容风格也有一定差异。比如抖音，此平台的娱乐化内容更受用户喜爱，而硬核科普及二次元动漫类内容者更适合Bilibili。内容风格差异化的背后是平台聚焦的主流人群差异，内容形式与平台算法的匹配度也需被着重考虑。

5.4.2 新媒体广告效果监测的含义、流程和原则

1. 新媒体广告效果监测的含义

广告监测包括"监控"和"测量"两方面，监控的是媒体的投放行为，测量的是媒体的投放效果。数字广告发展初期，当广告主在数字媒体渠道上投放广告时，首先出现的一个问题就是信任。数字广告不像传

流量时代的广告监测

统广告，广告主难以看到投放的全过程。举个例子，广告主花了50万元，在某个媒体上投放广告，希望在两周内收到5千万个曝光(也就是这个广告被"看"到5千万次)。两周后媒体跟广告主说达到了，并且给出自己平台的数据。那么，广告主如何确认媒体数据的真实性？广告是否以正确的素材，投放在正确的位置、正确的播放轮次、正确的投放对象、正确的时间段和地域上了？广告主更会关心广告效果：广告触达主要目标受众了吗？触达了多少？有多少次的曝光和点击？等等。这些问题广告监测都可以解决，而且对市场上的买方(广告主)和卖方(媒体)都有所帮助：广告主可以基于自己信任的数据报告去采买媒体的流量，通过效果评估，优化投放，从而提升广告投放的ROI(投资回报率)；媒体虽然接受了监督，但同时也给自己的流量质量获得了背书，可以赢得更多的广告主的信任和市场。所以广告监测是数字营销的必选服务。

2. 广告效果监测的流程和原则

广告监测服务覆盖很多具体的技术，包括曝光点击测量、异常流量过滤、可见曝光测量、目标人群测量等。其中，曝光测量是其他技术的基础，一个合格的曝光测量需要符合以下要求：根据国家标准《互动广告：投放验证要求》规定，每次广告的展现和点击，也就是我们常说的曝光(impression)和点击(click)需由访问者端向服务器端发起一次HTTP请求(client to server，C2S方式)，并携带广告活动、广告位、用户唯一标识等信息。

(1) 一个中立透明的第三方广告监测流程分为三个阶段。在广告投放前，监测方首先生成曝光和点击监测代码，然后由媒体或者投放方将其加入对应的广告素材或广告投放系统，使其在广告展现或点击时被调用，以采集数据；当一个用户访问某个媒体时，用户端向媒体请求页面内容，媒体收到请求后将页面内容连同广告素材一起发送到用户端，并触发监测代码，这时会向监测服务器发送监测请求(C2S)，并同时携带匿名的唯一用户标识，以及广告活动相关的必要信息；监测公司收到监测请求后，进行曝光的统计，在经过一般异常流量(general invalid traffic，GIVT)过滤、复杂异常流量(sophisticated invalid traffic，SIVT)过滤后，最终产出曝光点击监测等结果。

(2) 广告监测的三个原则。第一个原则是C2S(client to server)传输原则。它是指客户端和监测服务器直接通信，可以避免数据被拦截篡改，也可以准确获取客户端的UA(用户代理)、IP(用户地址)等信息，这些信息对于异常流量过滤和数据分析是非常重要的。此外，C2S的方式可以在客户端检查监测请求上报是否准确无误，等于提供了一个抽样质检的机会。与C2S对应的另一种传输方式叫S2S，即server to server，是指媒体服务器发送监测请求到监测服务器上，这种方式获取的UA、IP就是媒体服务器的，无法做出分析，难以反映广告实际曝光的情况。

第二个原则是回传通用的用户匿名唯一标识(如IDFA、OAID)。它的重要性在于：当曝光发生时只与设备相关，不会被单个App或媒体控制。另外，它可以用于异常流量过滤和识别。因此，回传通用的用户匿名唯一标识是必要的。

第三个是曝光的计算原则。行业已经把曝光计数的标准从以广告素材下载计数(counton download)变成了从素材开始渲染计数(counton begin to render，BtR)，这个标准的升级就是把曝光统计的时间往后推，更加靠近广告素材的实际展示。具体来说，当一个用户打开页面时，为了提升消费者体验，素材通常会进行预加载，也就是说我们还没看到某个广告，它其实已经开始下载了，按照以前的标准这已经算一个曝光了，而现在的标准是素材下载完成后并开始渲染了才算一个曝光，这两种计算标准会存在差异。

综上，基于C2S的方式并且带有通用的用户匿名唯一标识，符合BtR原则，并且还要进行GIVT和SIVT过滤的曝光，才是一次有效的曝光。

5.4.3 新媒体广告效果监测的方法与工具

1. 传统广告作业模式与效果测定方式

在传统媒体时代和互联网发展的早期，广告的作业模式是线性模式，分为以下几个步骤：第一步，广告调查，包括广告市场调查和广告传播调查，获取广告市场环境信息及预测可能的广告效果；第二步，广告策划，设定广告目标并制定实现这一目标的总体战略及实施步骤；第三步，广告执行，实施广告策略的战略构想，由创意人员制作广告产品并由媒介人员投放到不同的媒体渠道中；第四步，效果评估，通过调研了解广告活动是否达到了预期的广告效果，并撰写书面评估报告，总结经验教训。

传统的广告效果的测定分为事前测定、事中测定和事后测定。事前测定包括对广告市场环境的测定、广告目标的分析、广告物料的测试和广告媒体的选择。通过小范围的广告投放和信息收集，广告主可以大致了解该广告是否能够实现既定的广告目标。事中测定是在广告活动进行中对某一阶段的广告效果所进行的测定。收集广告效果信息，判断广告的传播效果和销售效果，并为事后的整体效果评估积累数字和资料。事后测定是对广告活动效果的整体评估。主要关注广告所产生的销售效果和心理效果，对广告活动进行总结分析及评价，为未来的工作积累经验。

传统的广告效果测定方法分为三类：第一类是利用问卷调查或者焦点小组访问，获得消费者或者专家对于广告的认知情况，对广告效果进行评判；第二类是实验法，利用各类仪器，测量消费者对广告的反应，或者是通过对比试验，测量广告投放带来的销售效果和心理效果；第三类是通过数据收集，了解广告媒介覆盖程度，测定广告的传播情况。传统广告效果测定的问题在于：第一，大多是在抽样的基础上进行的广告效果调查，信度和效度存疑；第二，上述方法大多需要进行人为的统计和分析，无法实现自动化，成本较高且有滞后性，无法实现实时监测和应用。

2. 互联网广告作业模式与效果测定方式

互联网时代的广告作业，首先是基于既有数据实现对消费者的洞察，利用各类数据追踪技术，获取并分析目标消费者数据和渠道数据，然后进行海量的创意发散和内容生产，将这些内容进行精准投放，并通过即时的效果反馈进行策略和创意的调整，以影响目标用户。用户在观看广告后点击跳转到落地页,与企业进行在线沟通,随后通过电商平台进行购买,与此同时,消费行为数据被收集和分析应用于前端广告的优化。最终整个广告活动的数据又被积累到企业的数据管理平台(DMP),成为企业的数据资产,应用于未来的营销活动、产品设计乃至企业管理之中。广告效果的监测基本贯穿了整个互联网广告作业流程,在每一个流程都会进行数据的收集和应用。

与此同时,互联网广告效果的测定方式也有了新的发展,最主要的是传播效果和销售效果的测定方式发生了根本性的变革。广告效果第三方监测公司及相关的监测工具出现,通过技术手段直接抓取广告曝光、点击、互动、转化等层面的全量数据,统计比较容易且能实现准确计量,信息反馈周期不断缩短,在对一些效果指标的测定上已经实现了实时反馈。在这一阶段,大数据技术的出现使广告效果评估朝着全量、精准和实时的方向发展。

3. 互联网广告效果监测工具

广告效果的监测可以分为前端监测和后端监测:前端监测,是指对媒体上所展示的广告位的监测;后端监测,是指对用户点击广告之后行为的监测。互联网营销闭环的出现,使广告效果的监测逐渐向后端转移。现有的前端监测即广告媒体监测,后端监测包括网站监测、移动广告监测和电商引流监测。

(1) 广告媒体监测工具。广告媒体监测工具可以帮助广告主监测在媒体上所投放的广告数据,并在工具中加入反作弊模块,实现异常流量的筛查。

目前PC端和移动端的广告效果监测基本能够通过大数据技术实现自动化和实时监测。在PC端,其工作流程如下:第一步,在广告主的广告物料中添加第三方监测代码,在用户终端植入Cookie;第二步,收集媒体端广告数据,如流量、人数及次数等信息,日志传回监测方服务器;第三步,整理和计算传回的日志信息,生成在线的实时数据及可视化报表。

在移动端多采用SDK(software development kit,软件开发工具包)监测,其工作流程如下:第一步,在移动端App内植入SDK;第二步,记录广告、媒体、设备及用户信息;第三步,根据设备ID识别UV为数据去重;第四步,整理计算并生成在线实时数据。除SDK监测之外,对于拒绝植入SDK的App也可以使用PC端的手段进行监测。

目前的广告效果监测工具同质化比较严重,功能大同小异,但由于具体应用的技术和公司规模存在差别,导致开发者在软件和硬件上的投入不同,如服务器的数量、数据处理能力和计算速度等,监测的数据的精准程度和反馈速度也不同。国内比较主流的第三方广告媒体监测工具是Ad Master推出的Track Master和秒针推出的Ad Monitor。在国际上,Google的Double Click应用比较广泛。

(2) 网站监测工具。多数转化行为是在用户点击广告进入落地页之后发生的,网站监测工具在广告效果监测中发挥了非常重要的作用。目前常用的网站综合用户行为监测工具都是通过在网站上部署代码实现用户行为监测的。其网站监测的使用流程如下:

第一步，在网站内设置监测代码；第二步，用户浏览中加载监测代码，收集数据；第三步，分析数据并形成报表。

应用最广泛的网站监测工具Google Analytics向用户提供了内容分析、社交分析、广告分析、转化分析和移动分析5个方面的服务。网站分析工具在互联网广告监测中的应用，可以帮助广告主精细化地运营广告落地页，细分广告引流的消费人群，评估不同渠道引流的价值，追踪用户访问行为，从而洞察用户的心理偏好。基于网站分析工具提供的数据，广告主可以实时调整广告计划，针对细分人群展开精准营销。

(3) 移动广告监测工具。目前国内市场上的移动广告监测工具比较丰富，如AdMaster推出的转化大师和Talking Data推出的Ad Tracking等。这些移动广告监测工具都是通过植入SDK记录用户在App中的行为实现监测的。这类工具的具体使用流程如下：第一步，为产品创建推广计划；第二步，为推广链接分渠道加入监测代码并投放；第三步，根据App特征及推广目的设定效果点，如常用的激活、注册、登录，游戏类的创建角色、充值以及电商类的订单生成及支付等；第四步，获取推广活动效果数据。

目前比较主流的移动广告监测工具都可以向开发者提供用户存留、活跃、收入、地域、设备、渠道等维度的数据，同时具备防作弊功能，能够帮助广告主了解不同渠道导流的用户在App内部实现了何种程度的转化，辅助广告主科学决策，对广告效果的监测已经深入产品运营领域中。

(4) 电商引流监测工具。京东、淘宝网和天猫商城推出了电商类引流监测工具，平台入驻商家可以使用这些工具为店铺或商品的推广链接加码，监测站内及站外广告带来的销售转化。

阿里妈妈推出的广效宝是比较主流的电商引流监测工具，能够帮助站内商家监测站内外广告对店铺及产品详情页的引流情况和转化效果。其使用流程如下：第一步，根据推广活动建立推广计划；第二步，在计划中建立监测单元，设置推广链接；第三步，获取不同监测单元对应的监测代码，将代码加入广告物料；第四步，查看推广效果，获取各类销售数据以及人群和媒体等细分维度的数据报表。

目前的引流监测工具还存在比较多的问题。一方面，交易数据反馈周期长，滞后效应的存在可能导致广告主的广告预算被浪费；另一方面，功能较为单一，无法对用户的行为轨迹进行追踪，数据报表中可用的分析维度也比较少，很难实现对于转化效果的深入分析。

5.4.4 新媒体广告效果监测指标

从广告曝光到用户行为再到后期转化，广告效果的评估已经有了大量的评估指标。根据用户的行为，可以将这些指标分为三类：流量指标、互动指标和转化指标。

1. 流量指标

流量指标是描述广告展现情况和到达情况的一类指标。根据这些指标，广告主可以判断前端广告导流的流量价值。目前来看，流量指标仍然是一些品牌类广告主常用的衡量广告效果的一类指标。

1) 点击前流量指标

(1) 曝光(impression)。中国广告协会在2015年颁布的《中国移动互联网广告标准》中指出，曝光是指在某一网站的指定时间周期内，广告被展现的总次数。对于图片类的广告而言，页面中的广告被加载，则实现了一次曝光，如果刷新页面计为新的一次曝光。对视频广告而言，视频素材首帧画面被展现即为曝光(展示)，视频播放过程可分为1/4展示点、1/2展示点、3/4展示点和全部观看完毕。曝光是早期的互联网广告监测中最常使用的效果监测指标之一。这种计算方式的问题在于无法衡量用户是否真正看到了广告。页面滚动速度、广告位置等方面的干扰因素会影响广告的可见性。

(2) 独立曝光(unique impression)。独立曝光是排除同一个用户多次曝光之后的曝光数量，目前主要是通过排除重复的Cookie实现的。从本质上来讲，从曝光到独立曝光的发展，是广告效果监测从以流量为中心转向以人为中心的表现之一。随着用户身份识别技术的发展和竞争环境的变化，独立曝光已经成为一些品牌广告主与媒体进行结算所使用的指标。另外，计算广告的曝光与独立曝光的比值是简单识别广告作弊的方式之一：比值过大说明有部分用户大量重复访问，则认为该网站可能存在异常流量，有机器刷量的嫌疑。

(3) 可见曝光(viewable impression)。可见曝光是从广告可见性的角度出发的指标。美国互动广告局规定：PC端图片广告50%像素被展示且时间超过1秒、PC端视频广告50%像素被展示且时间超过2秒可算作可见曝光，另外，对于较大尺寸的广告形式，30%像素被展示且时间超过1秒可算作1次可见曝光。2015年，腾讯更新了其广告资源的CPM售卖方式，用可见曝光代替曝光进行结算。

(4) 点击(click)。点击是用以衡量广告曝光后用户行为的指标。点击是链接前端广告与后端落地页的关键行为，反映出受众对广告产生了兴趣，影响点击的因素包括两个：一是广告投放的精准程度，二是广告创意的优劣。在实际投放中，经常出现点击量高但转化效果不佳的广告：夸张或猎奇的广告很容易引起用户的兴趣并引发点击，但是为企业带来的价值有限，这类点击量不能直观地衡量广告效果。

(5) 点击率(click-through rate，CTR)。点击率是点击量和曝光量的比值(click/impression)。它是反映互联网广告效果最直接、最有说服力的量化指标，可以横向反映不同的广告效果。影响点击率的因素包括以下几个：①曝光数量，只有在曝光达到一定数量之后，点击率才相对比较稳定，才能客观反映广告效果；②广告投放的精准程度，触达目标消费人群的比例越高，点击率就越高；③广告创意的吸引力，视觉冲击越强烈、内容越吸引人的广告，点击率越高。当然，广告形式、位置、尺寸等客观因素也都影响广告的点击率，这些因素被一些研究者作为广告效果评估指标体系的修正指标。在按照CPM进行收费的广告投放中，广告点击率越高，意味着广告主实际获得的收益越好，ROI越高。但是，由于曝光和点击的数据作弊相对简单，点击率数据也很容易出现不真实的情况。

2) 点击后流量指标

(1) 页面浏览量(page view，PV)。页面浏览量是网站流量统计的常用指标。用户端发出一次打开页面的请求即可算作一次页面浏览。页面浏览量是对广告落地页进行监测时常用的流量指标之一。它在一定程度上能够反映广告受众的兴趣和欲望被激发的程度，能够反映一定的广告效果。但需要注意的是，即使页面没有加载完成，一旦请求发出，便可以被算作一次页面浏览。因此，受到用户操作、网速等诸多因素的影响，页面浏览量数据的准确度不高，仅仅通过这个指标难以衡量广告的真实效果。

(2) 访问量(visit)。访问量是网站流量分析中常用的指标，是用来描述用户在一定时间内，或者是完成某一目标的过程中的一系列行为的指标。主流的观点认为，访问量是指用户访问网站的次数，问题的关键在于如何界定一次访问。目前有两种判定访问量的方式：一种是通过时间判定，即一个用户一段时间内在该网站的连续性活动；另一种是通过网站导航判定，即一个用户在该网站通过点击超链接进行的一系列浏览活动，可算作一次访问。

(3) 独立访客(unique visitor，UV)。独立访客是用来衡量网站访问人数的指标。《中国移动互联网广告标准》规定，在指定时间周期内访问网站的一台设备即被记为一个访客，在指定时间周期内相同的设备只会被计算一次。和其他的流量指标相比，独立访客是以一个用户为核心的度量，能够帮助广告主更为精确地识别广告活动所影响到的人群，同时也能用来进行识别简单的流量作弊——当点击量远远高于独立访客数量时，就可能存在点击刷量的情况。

2. 互动指标

流量指标描述了广告及落地页的用户到达情况，而互动指标描述的是用户的参与深度。与流量指标相比，互动指标的标准化程度比较低。除了一部分通用的标准化指标外，广告主还会根据自身的推广目标，或者是落地页及广告的具体内容形式，去设定个性化的互动指标。

1) 标准化互动指标

(1) 跳失率(bounce rate)。跳失率是指当用户点击广告进入广告主推广页面后，没有产生继续点击行为，而选择直接离开的比率。在互联网营销中，跳失率可以用来衡量外部流量的质量和网站内容对受众的吸引力：外部流量质量越高，前端广告越精准，就能吸引到越多的目标用户，用户进入网站后的跳失率就越低。同时，网站内容越能引起用户更多阅读、深入了解，跳失率就越低。但是，在目前的广告监测领域，跳失率主要用来衡量广告的引流效果，在电商行业尤为常用。

(2) 二跳率(2nd-click rate)。当被点击的一级网站页面展开后，用户在页面上产生的再次点击被称为"二跳"，二跳的次数即为"二跳量"。"二跳量"与浏览量的比值称为页面的"二跳率"。二跳率和跳失率一样，也是衡量流量质量的指标，也反映出落地页内容对于用户的吸引程度：二跳率越高，则表明用户对站内信息感兴趣的程度越高，广告的效果就越好。后来还衍生出了三跳率、四跳率的概念。与点击率相比，二跳率及其衍生指标属于广告点击后用户行为的评估指标。

(3) 访问深度(PV/V)。访问深度是一个平均数，是指一个访客在一次单独访问期间曝光的某特定网页的次数，是页面浏览量与访问量的比值。访问深度越高，意味着访问者在一次访问中浏览的页面越多，获得的信息也就越多，这些访问对广告主的价值就越大。实际影响访问深度的因素包括访问者对于广告落地页的兴趣和广告落地页内信息获取的难度。

(4) 访问时间(time on Site)。访问时间也是一个平均数，是衡量访问长度的指标，具体而言是平均每次访问所停留的时间，是总访问时间/访问量的比值。理论上访问时间越长，广告的互动效果越好。但是，访问时间的监测存在两个问题：第一，用户在页面停留了较长时间而没有活动，该访问时间是否有效很难界定；第二，现有的网站分析工具是依靠时间戳对每个访问时间进行计算的，当用户关闭页面离开网站时，无法获得时间戳，所计算的访问时间也不精确。

2) 个性化互动指标

在前人的研究中，对于互动指标的介绍主要集中于上述的标准化互动指标。但在实际应用中，广告主还会根据广告活动的形式和目标设置个性化的互动指标，如电商类广告中的加购物车、收藏、分享，社会化营销中的评论、转发、点赞、关注、回复，B2B营销中的咨询、下载产品手册等。

在广告实践中，个性化互动指标的设置应该遵循三个原则：第一，可监测，即可以通过广告监测技术，记录广告主需要的关键数据，以衡量广告的真实效果；第二，具有相关性，即指标的设置应该紧紧围绕广告活动的目标，能够直接反映广告效果；第三，符合媒体特性，即根据广告所投放的媒体及落地页的功能设置多样化的互动指标，以准确反映用户的行为信息。

3. 转化指标

随着大数据技术和电子商务的发展，从广告到产品销售的营销闭环的出现，使得各类广告主愈发重视对转化指标的监测。转化指标的定义在不同的行业间差距比较大，本书根据广告主的类型将其大致分为销售类转化指标和应用类转化指标。

1) 销售类转化指标

销售产品和服务的企业往往使用销售类转化指标考核转化效果，汽车行业的销售线索(leads)、快消行业的销量(sales)等就是典型的销售类转化指标。尽管这类指标最终指向的是消费者的购买行为，但是在实际操作中，销售转化指标的选取会受到很多因素的影响。一方面，产品和服务的特性影响转化指标的选择，快消品往往可以以销量进行考核，而单价较高的耐用品和针对企业销售的产品和服务则大多以销售线索考核短期内的转化效果；另一方面，产品的销售渠道也会影响转化指标的选择，线下销售的产品可以利用到店数考核转化效果,而电商类的广告主则以加购物车、收藏商品、下单及完成购买的订单数量作为衡量转化效果的指标。

2) 应用类转化指标

应用类转化指标是以应用推广为目的的广告主考核广告转化效果所使用的指标。与销售类转化指标相比,这类指标更为标准化,主要考核的是应用的下载量、激活量、注册量、用户留存、用户App内购买等方面的内容。按行为付费CPA(cost per action)是广告主依据转化效果进行结算的一类收费方式。其中的"行为(action)"就是广告主定义的关键转化指标,是广告主希望用户最终完成的行为。

5.4.5 新媒体广告效果监测体系

互联网广告效果监测体系的构建分为工具应用层面和数据应用层面。

从工具应用层面来讲,广告效果监测活动主要集中在广告投放和线上销售两个流程上:第一步,广告主投放广告,广告媒体监测工具监测用户端以及进入落地页后的基本流量指标并形成报表;第二步,用户浏览落地页,网站分析工具监测用户在网站上的行为并进行分析;第三步,用户从落地页跳转至电商平台页面,电商引流监测工具监测用户来源和站内浏览及消费行为,或者是用户跳转至App下载页面,App监测工具监测用户来源和App内行为并产生数据报表;第四步,上述监测工具所产生的监测数据汇总至企业数据管理平台。

从数据应用层面来讲,广告效果监测数据被应用于企业广告活动的各个流程之中。监测数据的应用分为两个阶段:第一个阶段是依据实时的效果数据进行动态调整,包括媒体端监测数据应用于广告创意及策略优化、落地页监测数据应用于落地页的优化调整、线上销售数据应用于销售策略的制定、App转化数据应用于产品运营和渠道运营。第二个阶段是数据的综合应用阶段,监测工具在广告作业流程的各个阶段所积累的数据全部被积累到企业的数据管理平台进行综合应用。这些数据可以被继续应用于进一步的或者是新的广告活动,也可以应用于产品研发,或应用于企业管理,通过效果数据调整企业经营策略[①]。

综合讨论与练习

1. 请思考广告主的广告投放策略发生了什么转向?其转向的原因是什么?
2. 新媒体广告投放的4种计费模式分别是什么?如何运用?
3. 请谈一谈新媒体广告如何实现精准投放?具体有哪些策略?
4. 对照广告监测流程,思考流量时代的广告监测需要哪些技术?需要遵循哪些原则?

---

① 王淼. 数据驱动的互联网广告效果监测研究[J]. 广告大观(理论版), 2017(4): 31-46.

第6章 从管理到创新：新媒体广告新业态

本章首先对以数字平台型企业为代表的新媒体广告企业进行介绍，阐述新媒体广告业态的新特征；其次，分析新媒体发展过程中遇到的版权归属、人机冲突、模型短视、隐私保护、内容低俗、虚假流量等阻碍，提出解决阻碍的可行路径；最后，以"十四五"规划以来数字广告的相关法规为主导，介绍新媒体广告监管的新问题、新范畴、新理念、新模式。

6.1 新媒体广告市场环境新变化

6.1.1 广告市场不再只属于广告行业

在互联网时代，广告投放终端已经不局限于报纸、广播、电视和其他媒介，计算机、手机和其他移动设备的比例在不断增加。在此背景之下，传统媒体广告市场受到很大冲击，广告主纷纷转向新媒体进行投放。一些主要的互联网公司，如百度、腾讯、新浪等，它们把自己的平台本身当成广告投放的平台，研发出像百度推广（见图6-1）、微信朋友圈推广（见图6-2）、微博热搜等新的广告形式，以此进军广告行业，使广告市场的竞争日趋激烈。

图6-1 百度信息流广告

图6-2 微信朋友圈信息流广告

此外，传统广告在内容和创意上更多地依靠主观创造，存在费时费力、作品质量良莠不齐、改变方案机动灵活性差等问题。以大众媒介为载体的广告传播活动，随着互联网平台的崛起，逐渐出现广告信息很难准确抵达目标客户群体、广告创意内容"千人一面"、与消费者互动方式有限、广告效果评估手段不足等问题。当前，在互联网交互平台得到充分发展的情况下，品牌方开始更注重通过改善用户交互参与体验来提升品牌价值。同时，越来越多的消费者在消费过程中不再仅仅满足于产品本身，而是希望通过互动体验获取更多的价值增值点。于是，具有更加精准到达率、互动体验更加丰富的互联网广告进入了高速增长期。例如，DR超级品牌日在百度首页定制的开屏互动广告，消费者只要向上滑动广告界面，即可跳转至品牌专区，如图6-3所示。这种创新性的广告形式使用户与品牌的互动更加深入，大幅度提高了转化率，是未来互联网广告的发展趋势之一。

图6-3　DR开屏互动广告
(引自云上科技YunShang Tech微信公众号)

6.1.2　新技术越来越广泛应用于广告行业

传统的广告业务已经不能适应信息海量化的网络时代，因此众多新技术应运而生，如物联网、SEO(search engine optimization)、大数据、AR(augmented reality)等，革新了广告购买方法，转变了广告呈现方式。在这样的背景下，互联网公司和传统媒体纷纷尝试与第三方平台合作进行广告投放，借助第三方平台实现自己的目的。互联网广告平台能够做到精准的目标投放，实现"千人千面"，对不同的消费者展示不同的广告素材，减少广告费用的浪费。像阿里巴巴、字节跳动、腾讯、百度这类互联网大企业，依托其丰富的大数据资源与技术优势,并结合平台交互属性,占据了不少广告市场份额。

当前,大数据技术与人工智能技术已渗透至广告调查、创意、策划及执行效果等各个方面,大力推动了广告行业的数字化转型。无论是广告主,还是广告公司,还包括各大平台方,都在积极拥抱新科技的浪潮,创造出更加人性化的商业服务模式。

6.1.3 广告客户趋向"去乙方化"

所谓"去乙方化",是指客户纷纷放弃与广告公司合作,转向寻找新的合作伙伴,或自建内容中心。当下,广告中间商面临着业务越来越少的问题。有关创意部分,很多广告主已经倾向于建立自己的团队,不少媒体也开始直接为广告主提供创意和解决方案。广告主与媒体之间的连接变得日益紧密。百事公司的内容制作中心——"创造者联盟(Creators League)"就是一个很好的例子。他们通过出售大量的非品牌赞助内容,挣钱补贴做广告创意的内容,也就是用品牌本身及品牌资产来资助营销,转化全在内部,全程没有广告公司的参与。截至目前,拥有自己团队的广告主包括宝洁、丰田、万豪国际、英特尔、苹果、联合利华、蒙牛、麦当劳、纽约时报、雀巢、花旗银行等。这在一定程度上代表了广告客户"去乙方化"的趋向。

6.1.4 多样化的新型广告公司正逐渐流行

新兴的互联网营销模式不断改变着人们对品牌传播的认知与理解,数字营销公司、电商平台、创意热店、公关公司、咨询公司、广告主自有广告部门等,代表了日益细分的行业发展趋势,猛烈冲击着传统的广告代理公司服务模式。

随着新型营销公司日益涌现,他们借助数字化营销手段(如网络事件营销、社会化营销)快速占领了新媒体广告市场,商业运作更灵活、服务模式更多元,商业效益也非常显著。如网络直播、自媒体行业的发展,使得个体也能成为广告的创意服务商或传播渠道,近年来火爆市场的播主、大V等被称为互联网时代的营销"黑科技",由此也催生了一批MCN公司,推动了相关产业的发展。随着程序化购买平台的建设,广告品牌方是需求方,能够绕开广告公司,直接做出广告投放决策。在此背景下,以品牌策划和广告创意为主的创意热店也悄然崛起。创意热店与传统大型广告公司不同,服务流程精简且专注创意,直接为广告品牌方带来内容上的创新。

在人工智能技术深入发展的今天,诸如180数字科技、维智科技这种以人工智能算法模型开发为主要业务的智能营销公司,也得到了迅速成长。智能营销公司主要是通过为品牌方提供以人工智能为核心的大数据分析,助力品牌方做出能够提高广告推广率和转化率、用户引流、提升消费者互动体验的营销方案。大数据是智能营销公司的基石,人工智能算法模型的不断开发是智能营销公司发展的驱动力。这类科技公司的目标是通过对大数据算法模型进行更新,持续改善广告品牌方营销体验。在未来几年中,随着技术的不断进步,智能营销公司将获得巨大市场空间和利润增长点①。

6.1.5 市场由规模经济转向范围经济与平台生态的建构

当前,数字广告市场规模呈现不断增长的趋势,而增长的原因主要是范围经济的转型和平台生态的构建。一方面,产品、渠道多元化和广告需求多样化的发展,为范围经济的实现提供了条件,数字技术使广告各个生产环节的边界被突破,使得整合营销传播进入广告、创意、公关、咨询、营销等领域的整合阶段,在整合产业资源的同时,数字广告还活跃于社交媒体、电子商务等其他领域;另一方面,媒介技术和数字广告技术变化所产生的新广告形态亦孕育了新的商业和行业类型,深入推进产业结构优化调整,专业化直播管理机构、数字技术公司等新的市场主体加入广告这一大产业,企业不需要同步增长就可以达到业绩扩张的目的,深化从规模经济到范围经济的转型。

平台经济的发展又进一步促进了传统广告数字化转型,推动了广告生态的整体重建。从广告行业本身来看,随着新技术的快速应用,平台化趋势愈发明显。最近几年,从腾讯,到阿里巴巴,再到字节跳动、以百度等为代表的互联网企业都在不断强化自身广告平台属性,旗下腾讯广告、阿里妈妈、巨量引擎、百度营销四大头部广告平台在2021年占据了70%以上的中国互联网广告市场份额。在大数据时代,广告产业价值链的构成分解为广告主、需求方平台(DSP)、供应方平台(SSP)、广告交易网络(AdX)、数据管理平台(DMP)、数字媒体等,因为平台化的资源聚合既可以提供集成解决方案,又可以提高专业化的效率,数字广告公司、营销传播集团与互联网企业间的投资、并购和合作的程度不断加深,传统广告公司与媒体公司亦正积极参与数字营销平台建设,或采用平台化运营措施,以应对市场激烈竞争,充分利用供需双方平台数据,促进用户交互、广告投放、链接销售整体效益②。

这些互联网广告平台利用自身用户基数大的属性,为不同广告主定制针对不同受众的广告。例如,微信广告在2023兔年来临之际,推出了朋友圈点赞互动广告,让品牌和用户一起放烟花、过新年,如图6-4所示。品牌领赞,首枚烟花惊喜绽放;用户跟赞,个性化品牌烟花跃然出框,品牌与用户在双向互动中激发了更强的情感连接。腾讯广告为品牌定制的点赞特效,让品牌的展现更加灵动。在这种有来有往的互动中,社交互动变得更有趣,节庆氛围变得更沉浸化。与此同时,用户还可以在视频号中观赏首批"朋友圈烟花秀",实现了多方位、多角度触达用户。

---

① 廖秉宜,张慧慧.进化与分化:数字广告产业的发展逻辑与创新路径[J].当代传播,2022(4):90-94.
② 姚瑶.人工智能背景下广告产业的变革与传统广告公司的数字化转型研究[J].中外企业文化,2022,634(9):114-116.

图6-4 卡地亚朋友圈点赞互动广告

6.2 新媒体广告新业态

广告组织的出现有两个原因：一是广告生产环节的分工细化，二是新技术的发展演化出了新的形式。基于此，本节将根据广告生产的各个环节，对广告组织的新业态及相关案例进行梳理。

6.2.1 用户洞察类企业

广告公司的构架与运营(上)

在大数据、人工智能等技术的驱动下，消费者洞察逐渐向智能化方向发展，由传统的问卷调查、访谈等小范围内的市场调查转向基于大量消费者数据的实时、深入、动态的消费者洞察。目前，广告用户洞察的代表性公司多为专业的市场调查机构，这些机构往往能根据广告主的需求，对消费者数据进行抓取，并智能化地生成相关的分析结果。

央视市场研究股份有限公司(CTR)是致力于市场调查和媒介研究的中外合资公司，公司内目前有以下4款产品可以对媒介、平台、产品进行数据检测和分析。

1. AdMetric全域数字营销监测平台

AdMetric全域数字营销监测平台不仅能提供包括广告排期的用户画像评估服务，还可以对数字户外广告的每一次曝光、人流量测量等环节进行检测。

2. CTR-MUI(星汉)移动用户分析系统

CTR-MUI(星汉)移动用户分析系统主要用于分析用户行为，从开发伊始就建立了全面、严格的数据源引入机制，依托主流SDK服务商独家合作及电信运营商全国数据，建立了10亿月活移动用户流量监测池，并可基于5000万面板库用户持续进行深度分析。此外，央视市场研究基于20年连续研究经验，在算法建模方面拥有多源数据融合核心技术，对抽样数据结果纠偏和数据信度、效度的校验机制也有深厚经验积累。在产品侧，星汉系统全面覆盖用户行为、用户质量、用户画像、竞品分析四大移动互联网数字资产经分服务核心功能，贯穿企业商业业务全价值链；在研究侧，聚焦移动互联网核心业务需求和发展特点，能够最大化服务不同场景的客户需求，真正做到以数据价值赋能企业商业增长。

3. CTR短视频商业决策系统

CTR短视频商业决策系统基于抖音、快手、央视频、哔哩哔哩四大平台账号构建监测池，已实现对数百万个头部账号和重点垂类活跃账号的监测，提供包括CTR短视频账号指数排行榜、短视频账号数据的多维度展示、短视频账号的系统管理、电商监测、直播监测等五大功能模块服务。

4. CTR媒体融合效果评估体系

CTR媒体融合效果评估体系聚焦于传统媒体的新媒体布局，致力于解决各家机构新媒体产品的互联网传播效果测量问题，力求为业界提供科学、客观、公正的评估结果，明晰自身在互联网上的竞争方位与发展问题，以推动媒体融合进程的进一步加速。

6.2.2 创意生产类企业

在企业数字化转型的过程中，一些传统的广告公司由于缺乏相关的技术人才，逐渐滞后于市场的发展。一些基于数字技术成长起来的平台，开始创建自己的营销平台，并为其他品牌提供广告服务。在广告创意生产环节，传统广告公司不再一家独大，而是呈现由企业内部的营销部门、新型技术型广告公司、经历数字化转型的广告公司等共同构成的新业态。

1. 企业内部营销部门

诸如网易游戏等公司，其内部都有专门的营销部门来针对各自的产品进行营销规划。其中有些营销活动会由部门内部完成，但大部分效果的呈现、落地执行等会外包给其他广告公司，部门内部人员主要负责广告战略计划，把握产品的营销方向。

2. 新型技术型广告公司

(1) 苏州闻道网络科技股份有限公司。苏州闻道网络科技股份有限公司(以下简称

"闻道网络")是一家全媒体优化解决方案提供商，能够为客户提供从品牌打造到销售转化的一体化营销服务，善于利用技术和大数据赋能营销解决方案，助力品牌全方位拓展客户群。与传统的广告公司不同，闻道网络是从事数字广告的搜索引擎、新媒体平台、电商平台优化系统的设计和开发的技术型公司。

"后浪"在近年来成为营销领域的关键词，知名美妆品牌自然堂联手闻道网络，推出了"抢滩后浪"的推广项目。闻道网络通过建立客户价值模型，为自然堂拟定营销策略，以赢得后浪关注。经过模型分析，自然堂在主流媒体平台的品牌热度不高，与竞品存在差距，品牌口碑内容覆盖量和正面率处于中游，官网流量较低，变现能力不够。针对自然堂现状，闻道网络提出品牌力、口碑力、变现力三力解决方案，如图6-5所示。

图6-5　闻道网络客户价值模型

(引自闻道网络官网)

在品牌力方面，主流平台联动曝光，精准触达主动搜索人群，利用优化技术，占领百度及小红书等主流平台首页核心位置，全面提升自然堂全网曝光力；在口碑力方面，挖掘"场景杠杆"，撬动年轻用户，利用自主研发的SRA数据分析系统，精准铺设优质内容，提升自然堂全网口碑覆盖量；在变现力方面，全链路资源布局，激发销售转化潜能，助力自然堂逐步完成曝光、互动、转化和影响力的塑造，打造营销闭环。

(2) 汇量科技有限公司。作为一家全球移动技术服务厂商，汇量科技有限公司(以下简称"汇量科技")通过移动营销、统计归因、创意自动化、流量变现、云架构成本优化等技术与产品服务，帮助全球移动应用开发者实现商业增长。汇量科技的业务是移动在线的广告平台，目的就是帮助开发者解决两个问题：第一，满足开发者对于广告投放的实时预测以及个性化推荐，从而实现高效、低价、精准的投放；第二，满足超大规模的计算和分析要求，以助力开发者实现全球化业务。简单总结起来就是：帮助开发者找到目标用户群，把广告精准地投放给他们，获取利润。

对于中小开发者来说，想要自己开发一套移动广告平台技术非常困难，且投资巨大，他们基本不太可能自建基础设施。所以，就需要一套第三方的解决方案来满足开发者们搭建基础设施的需求。汇量科技的移动广告平台正是基于这个需求而产生的，其主要解决的痛点就是基于云原生架构下在不同国家、不同市场的基础设施搭建。同时，针对统计分析、用户增长、商业化、云成本优化等不同阶段的核心场景，构建完善的产品矩阵，助力开发者实现出海后的广告推广和收入变现。

汇量科技的业务包括广告技术业务、数据分析业务、云计算技术业务三大板块。广告技术业务是汇量科技的主要业务，主要分为程序化互动式移动广告平台Mintegral、移动效果综合性营销平台Nativex、移动游戏数据分析平台GameAnalytics、云计算品牌SpotMax。实际上，汇量科技已经打造了一张接近闭环的生态网。随着企业数字化转型加速，以及愈发碎片化的媒体环境，企业对于数字营销的需求与日俱增，这就需要开发者提供集成式、一站式的营销和变现平台，帮助他们持续推广和获得收入。汇量科技作为中立的第三方技术公司，正好可以提供这样的碎片化资源聚合与价值优化的服务。

3. 数字化转型中的广告公司

中国本土广告公司蓝色光标紧跟互联网3.0发展趋势，全线升级数字营销业务体系。

(1) 自主研发"蓝标在线"，构建"智能化平台+服务"新模式。2021年9月，蓝色光标自主研发的智慧营销平台"蓝标在线"正式发布。蓝标在线通过服务经验+云端服务+算法，加速对B端客户"千客千面"的营销赋能，为企业提供从云端到企业端最后一公里的个性化营销服务，构建了营销规划、内容创作、媒体传播、活动推广和数据管理等全链路营销体系，重新定义智慧营销。通过蓝标在线，中小企业主可以1秒智能生成海报，2分钟智能完成出海广告投放全链路，3步智能生成短视频，4分钟智能生成策划方案，并能实时追踪全员营销动态。

(2) 打造一站式数字服务生态，全面推进元宇宙相关业务的探索和落地。2022年1月，蓝色光标在副中心宣布成立"蓝色宇宙数字科技有限公司"，该组织整合了虚拟形象、虚拟平台以及虚拟空间，打造一站式内容、资源、技术和服务生态。

① 虚拟形象。2022年1月，蓝色光标发布数字虚拟人"苏小妹"，成为元宇宙战略的首个落地项目，是公司在虚拟IP业务领域的新布局。后续蓝色光标又发布了全新虚拟人形象K、广告练习生"萧蓝"(见图6-6)。其中，广告练习生"萧蓝"是由蓝色光标销博特(蓝色光标集团旗下智能营销助手，是一款基于云端聚焦AI营销场景的多人协创平台)使用多种AIGC工具创造的，从虚拟人设、形象设计、命名，到虚拟形象的音乐作品创作，一切都借助AIGC全新技术来完成。从构思虚拟广告练习生项目到落地执行，使用到了销博特、ChatGPT、MidJourney、剪映以及D-ID等多款AIGC工具，耗时72小时。将AI创造到赋能虚拟人一体化流程周期缩短到以小时为单位，极大降低了生产成本，提高了生产效率。

图6-6 虚拟广告练习生"萧蓝"
(引自蓝色光标微信公众号)

② 虚拟平台。2022年4月,数字藏品发行平台MEME(见图6-7)发布。MEME集"故事+技术+艺术"之力,搭建元宇宙的数字资产枢纽,连接品牌、内容创作者和数字艺术家,提供数字藏品交互体验。

图6-7 数字藏品发行平台MEME
(引自蓝色光标微信公众号)

③ 虚拟空间。2022年3月,蓝色光标旗下"蓝宇宙"营销空间(见图6-8)正式上线入驻百度希壤平台,成为平台首个"元宇宙营销空间"。营销版图中的"1号空间",为客户提供在元宇宙时代包括虚拟人、虚拟发布会、虚拟直播、虚拟产品等多种整合营销

玩法的创策、执行等全链路优质服务。

图6-8 "蓝宇宙"营销空间
(引自蓝色光标微信公众号)

目前,蓝宇宙商业街5家首期入驻的品牌——安踏、金茂酒店、东风标致、善酿者肆拾玖坊、嘿哈啤酒将陆续为消费者带来全新的元宇宙体验之旅。

6.2.3 创意执行类企业

在广告创意执行环节,广告创意呈现越来越多样化的趋势,因此诸如MCN机构、裸眼3D广告制作公司、虚拟人制作公司、H5/小程序制作公司、VR/AR/CG定制公司、NFT数字藏品发售公司等众多新兴企业诞生,适应了广告创意执行变化趋势,并在广告产业链上取得一席之地。

1. PGC专业内容生产机构

MCN机构——美腕(上海)网络科技有限公司(以下简称"美腕")。美腕是一家艺人网红孵化服务平台,提供艺人网红杂志化履历包装工具,并在多角色用户间构建圈内人脉网络,通过产品机制实现工作共享、资源互换,并提供拍摄、推广、主播、电商分销等多项服务。

自2014年成立以来,美腕成功孵化并运营了"奈娃家族"等众多自有IP,覆盖全网1.7亿用户。美腕先后携手众多国货品牌,共创了逾百款国潮爆款。

2. 新型的广告制作公司

(1) 裸眼3D广告制作公司——北京博瑞志远广告有限公司(以下简称"博瑞广告")。博瑞广告为客户提供广告设计、制作、策划、整合营销、代理发布、VI设计等广告服务,以博瑞广告媒体资源为平台,实现客户、广告公司、媒体的最大价值。博瑞广告经过探索和整合形成跨行业跨媒体综合服务商,能发布央视媒体、航机媒体、财经媒体、北京户外媒体、海外100家华文媒体、欧美主流媒体、欧美国家户外媒体、纽约时代广场LED、境外新闻通稿等。

近些年来,博瑞广告开始发展裸眼3D广告业务,如图6-9所示。裸眼3D文化广告屏项目是国内目前刚起步的文创项目,投资不大,能快速获得媒体和群众关注,对于占领文化阵地、广告宣传、网红打卡等能起到事半功倍的作用,被广泛应用于商业中心、项目品牌宣传推广。

图6-9 裸眼3D大屏
(引自北京博瑞志远广告有限公司官网)

(2) 虚拟人制作公司——相芯科技。相芯科技的虚拟人技术通过计算机图形学技术和人工智能技术的深度融合,为各个行业和领域开发看得见、听得懂、会思考、能表演、能回答的虚拟人产品和服务,满足元宇宙中海量虚拟创作的需求。

相芯科技的虚拟数字人平台AvatarX(见图6-10),依托独创的"虚拟数字人引擎",为各行各业提供虚拟形象生成、定制、驱动等服务,帮助企业客户打造更面向未来的、更具差异化的虚拟人应用产品和数字资产,赋能企业布局元宇宙生态。

图6-10 虚拟数字人平台AvatarX
(引自相芯科技)

(3) H5/小程序制作公司——蓝橙互动。蓝橙互动主营业务包括H5定制开发、多种游戏互动玩法，满足不同商家的营销需求，打造朋友圈爆款活动。蓝橙互动制作微信小程序覆盖了各个行业。多种场景小程序解决方案，助力企业无缝打通线上线下营销渠道。

蓝橙互动为泸州老窖定制了"趣味测试H5——窖你一起去露营"，如图6-11所示。露营是许多年轻人热爱的生活调剂，选什么地方，吃什么东西，每个人都有不同的偏好，泸州老窖将露营习惯分化为具体问题，让用户按自己的心情选择，植入国窖1573系列酒品的宣传，生成野营海报的同时，营销自身产品。

图6-11 泸州老窖|趣味测试H5——窖你一起去露营
(引自蓝橙互动官网)

(4) VR/AR/CG定制公司——丝路视觉。丝路视觉基于VR/AR/CG等数字视觉科技应用，形成以设计可视化、数字营销、展览展示三大主营业务为基础，向科技驱动、产品化与平台应用三个方向延展，覆盖视觉云计算、数字孪生应用、VR/AR/MR等战略性新兴产业的全面布局，推动数字科技应用的迭代与发展。

丝路视觉为伊利打造了伊利智造体验中心和奶粉全球智造标杆基地。伊利智造体验中心(见图6-12)是伊利工业旅游的第一站与核心板块，也是伊利现代智慧健康谷探索之旅的开端。伊利智造体验中心不仅精准表达了伊利的品牌气质与品牌调性，秉承了游客集散、服务、引导的重要功能，还肩负着多个功能性业态、承接交通出入的枢纽节点作用。

图6-12 伊利智造体验中心
(引自丝路视觉300556)

奶粉全球智造标杆基地(见图6-13)是目前全球单体规模最大、技术最先进、数智化程度最高的奶粉生产工厂。整个展示中心以"母爱宝藏"为主题,采用大型AR、实时互动、全沉浸式空间演绎,以及3DMapping等技术,打造奶粉星球宝藏传承之旅,让访客跟随伊利IP形象——伊诺一起探索奶粉制造的奥秘。

图6-13 奶粉全球智造标杆基地
(引自丝路视觉300556)

(5) NFT数字藏品发售公司——艺天下。艺天下定位为文化艺术领域的技术服务商,为拍卖行、美术场馆、画廊、古玩城、艺术电商平台、行业媒体、鉴定机构、文玩商家、艺术教育机构、文交所、艺术媒体等提供数字化管理、数字化营销、NFT数字藏品技术系统解决方案。艺天下小程序界面如图6-14所示。

图6-14 艺天下小程序界面

6.2.4 媒介投放类企业

从事广告媒介投放的公司在以往多以传统的户外广告公司为主,进入新媒体时代,各大互联网广告平台凭借自身庞大的用户基数、先进的广告投放技术也纷纷入局。例如,网络游戏、网络社群等互联网广告产品逐渐成为广告媒介投放的重要途径。另外,传统的户外广告公司也积极转型,利用裸眼3D技术、虚拟现实技术等开发出新的户外广告形态。

1. 线上广告媒介投放公司

1) 平台型组织

平台型组织是坚持以客户需求为导向,以数字智慧运营平台和业务赋能中台为支撑,以多中心+分布式的结构形式,在开放协同共享的战略思维下,广泛整合内外部资源,通过网络效应,实现规模经济和生态价值的一种组织形式。平台型组织包括百度等搜索引擎;淘宝、京东、拼多多等电商平台;抖音、今日头条、快手、小红书、微博、腾讯视频、爱奇艺、哔哩哔哩、微信公众号等自媒体平台;美团、大众点评、携程等生活服务平台。随着互联网的不断发展,平台型组织的外延也在不断扩大。

数字媒体时代，市场环境、媒体生态与营销规则正在加速变革。以头部互联网集团为母体的营销服务平台的快速崛起，给新媒体环境下的广告营销生态注入了新的活力，也成为当下广告主营销活动当中重要的工具。字节跳动旗下的巨量引擎就是众多营销服务品牌中的典型代表。巨量引擎官网如图6-15所示。

图6-15　巨量引擎官网

巨量引擎致力于让不分体量、地域的企业及个体，都能通过数字化技术激发创造、驱动生意，实现商业的可持续增长。对于广告主而言，巨量引擎是广告资源的聚合平台，可以提供一站式智能投放服务；同时，巨量引擎又像"私人裁缝"一样，基于新媒体广告个性化、互动性的特征，可以为广告主量身定制营销传播各个环节的专门服务，从商品市场定位、客户群体细分、广告创意制作、广告多元投放、投放效果统计、客户体验反馈等全流程实现定制化服务，从而提升营销传播效果和投放质量。

巨量引擎率先实现跨媒体自动化一键通投。在跨媒体的投放上，广告主一直面临的痛点是：需要针对不同媒体设置大量的广告计划，花费巨大的人力和精力管理投放。现在，巨量引擎升级了通投策略，利用先进的"深度转化模型+素材多端适配+人群跨端识别"能力，实现了一键通投，广告主只要设定预算范围和ROI要求，系统可以做到智能化的策略分析，并找到最优媒介组合，进行自动化投放，大大提高了投放管理的效率。

2）互联网社群

互联网社群是一种在互联网领域中产出并经营，用于满足用户需求和欲望的载体。互联网社群没有实体，通常以应用软件的形式存在。可供广告投放的互联网社群包括网络游戏社群、微信群等。咖啡零售品牌"瑞幸"就依靠互联网社群实现了销量额的大幅度增长。瑞幸咖啡的社群投放界面如图6-16所示。

图6-16 瑞幸咖啡的社群投放界面

2. 线下广告媒介投放公司

随着多媒体、VR、AR等技术的不断发展,户外广告开始向数字化转型。进行线下新媒体广告投放的公司主要有两种:一种是具有电子大屏设备的大型商场;一种是以分众传媒为代表的广告公司,主要产品为楼宇媒体(包含电梯电视媒体和电梯海报媒体)、影院银幕广告媒体和终端卖场媒体等。分众传媒的定位是城市生活圈媒体的开发和运营,通过租赁办公楼、商场、社区的电梯资源,以及影院银幕资源,来搭建一个覆盖主流消费人群主要生活场景的媒体网络,包括工作场景、生活场景、娱乐场景、消费场景。绝味鸭脖电梯广告如图6-17所示。

图6-17 绝味鸭脖电梯广告
(引自分众传媒)

6.2.5 效果测评类企业

传统广告公司在进行广告效果测评时，很难给出及时的、量化的指标，广告主很难知道自己的营销预算可以得到多少反馈。而进入新媒体时代，消费者的一次浏览、一次点击、一次互动、一次下单都能够被数据化，通过页面之间的跳转，广告的转化效果可以被更好地评估和测定。

进行广告效果测定的公司有三种：第一种是平台型公司，平台在发布广告的同时，基本都有数据记录和分析的功能，因此也更便于进行效果测定；第二种是以腾讯有数为代表的数据平台，可以实现收集并分析公众号和直播的数据，通过多级ROI归因模型，追踪营销效果，衡量营销价值；第三种是以央视市场研究为代表的专业数据检测公司。

6.2.6 海外广告新业态

海外从事计算广告这一领域的媒体平台不仅包括一些我们熟知的互联网角色，还包括网络融合环境下的网络运营商搭建的自有广告营销平台的智能终端，以及伴随着传统媒体的数字化转型和融媒体的发展，一些传统媒体角色搭建的计算广告平台。

1. "四巨头"与"四小强"

亚马逊、苹果、Facebook(现更名为Meta)和谷歌是互联网"四巨头"。这四家公司不仅能满足面向2C端的消费类广告主的营销需求，还覆盖到越来越多的2B端的工业类广告主，如广告发布商通过谷歌提供的AdSense、Google Ad Manager等营销工具向广告主提供广告位出售并进行广告位及广告管理，同时将一些广告资源移交给谷歌以匹配广告客户，谷歌则按一定比例抽成获得收入。

Twitter、Snapchat、Instagram、TikTok四家公司被称为"四小强"，这四家的媒体业务类型各有特色，在计算广告产品开发方面，都充分结合自身媒体的独特交互特征，开发了相应的、独有的创新型广告产品。比如Instagram的快拍广告用完全沉浸式的全屏纵向广告形式，通过图片、视频、滤镜、特效、文本等讲述动人的品牌故事，并在发布后的24小时不可见；又如TikTok的超级首位广告TopView具有广告前3秒视频全屏沉浸式展示，3秒后淡入互动转化组件的强曝光功能；再如Snapchat的滤镜广告让品牌通过滤镜植入的方式，参与用户对话；等等。

2. 互联网终端

终端作为最贴近用户的媒介角色，其广告价值有非常大的开发空间。当前，海外市场的终端角色一方面启动计算广告营销平台的搭建，另一方面也在广告形态和产品方面强调和终端的适配性。苹果公司在2010年推出的iAd广告平台，上线了苹果搜索广告业务(Apple Search Ads，ASA)，用于苹果搜索、新闻应用、股票应用等平台的展示性广告。除苹果公司外，还有当前在海外市场热度较高的大屏终端产品——Roku互联网电视。除了基础的广告型视频点播(advertising-based video on demand，AVOD)品牌赞助和互动广告,互联网终端还能基于硬件和操作系统界面,推出遥控器品牌频道按钮广告、渠道推荐和主页广告、屏保广告等,这些都属于终端独有、其他非终端供应商很难实现的广告形态。

3. 网络运营商和传统媒体

海外网络运营商和传统媒体目前能实现的功能和国内同类型公司类似,如基于地理和人口统计数据;在数字电视终端平台进行精准广告投放;多终端设备、多信号源的跨屏视频广告技术;提供全方位、全流程的跨屏营销服务;等等。

6.3 新媒体广告发展过程中的阻碍

在传统广告产业时期,广告伦理问题产生的原因主要有以下几个:过分逐利、意识淡薄、法律滞后、监督缺失等。而在人工智能、大数据、云计算等媒介技术迅速发展的背景下,广告行业中出现了由技术发展带来的全新的广告伦理问题:机器生产广告版权归属不明、广告创意与媒介技术的分离和抵触、计算广告决策模型短视、新媒体广告发展下用户人格权和隐私权被侵犯、广告内容可信度低和低俗化倾向、广告流量造假等。

6.3.1 机器生产广告版权归属不明问题

前不久,美团优选在广东汕头上新了一组由AI(人工智能)绘制的"省钱少女漫"广告(见图6-18),这也是中国首个由AI绘画的户外广告。美团优选在汕头目标区域的候车亭、公交车、电梯、社区门口、团点位置投放了平面广告,频频吸引路人目光。美团优选的这则户外广告不仅抓住了城市特色,更是借势火热如潮的AI风,在潜移默化中提升了品牌的知名度和好感度。

图6-18 美团优选AI户外广告
(引自顶尖广告)

人工智能在不断发展的同时，也给传统著作权制度带来了挑战：人工智能创作物是否应适用著作权法，以及如何适用的问题成为悬而未决的难题。作者是著作权保护的起点和中心，而人工智能创作物由人工智能创作而成，缺乏"作者"角色，这使得是否应在著作权法上对其加以保护、保护条件及实施路径等问题存在诸多争议。在学界，存在不少反对在著作权法中保护人工智能创作物的观点，这些观点主要认为，体现作者"思想感情"的独创性表达才能被视为作品，并适用著作权法加以保护；而人工智能没有人类作者，且应用算法等批量生成，不具有独创性，难以满足该条件。支持适用的观点则认为，不必要求创作者一定是人类，对独创性的认定也应采取较为宽松的态度。而在业界，有关人工智能创作物的司法实践中出现了不一致的判决，有时被判定为受著作权法保护，有时被判定为不受保护。

总之，有关是否适用著作权法保护人工智能创作物的问题，人们莫衷一是。而如果适用，亦较难在现有法律体系中找到能够逻辑自洽的实施路径；个别学者提出了采用邻接权制度和共享机制保护人工智能著作权的路径。人工智能广告是人工智能创作物的一种，因此，以上问题亦成为困惑广告界的一大难题。而且，有的人工智能广告是响应广告受众的操作而生成的，这意味着其创作由广告受众参与，这使得人工智能广告在著作权法保护方面比一般的人工智能创作物更具复杂性[①]。

随着弱人工智能向强人工智能发展，机器不断挑战与超越人的局限，甚至拥有人的感知与情感。如果未来广告生产均交给机器制作，那么版权是归属给机器，还是制作机器的技术人员，还是公司？如果归属给机器，那么谁来保证广告的效果？如果产生了抄袭等问题，那么追责又应该落实到谁？因此，必须建立更加健全的版权归属条例和行业规范，将人机协同生产广告设置为智能广告的大远景目标，才能更放心地将智能技术应用于广告之中[②]。

6.3.2 广告创意与媒介技术的分离和抵触问题

广告创意与媒介技术的关系，是人与技术的关系在媒介领域的投射。媒介技术与人的关系一直是媒介技术理论的重要议题。随着技术的发展，媒介作为人的延伸不断扩展，从视觉延伸到听觉延伸，再到视觉和听觉的综合延伸，人类的"麻木性自恋"也越来越严重。当人类独有的思考能力和创造能力也都"延伸"到媒介后，人类会产生危机感，也会对媒介技术的野心产生抗拒和抵触，这正是现代广告创意面临的困境：当被现代科技加持的数字媒介具备了写作能力、创意能力、内容分发和精准营销能力后，广告人忽然觉得自己丧失了存在感，曾经的主导者变得无足轻重。

广告创意人对媒介技术的抗拒心理较为复杂，既有焦虑，又有无奈；既有恐慌，也有坚守——这是人与技术关系演变的必经过程，是人的主体性面临消解时的危机反应。

---

① 何竞平. 人工智能在广告中的应用现状与展望[J]. 青年记者，2021(22)：111-112.
② 宋汇灵. 新样态 新趋势 新挑战——场景经济视域下智能广告的发展与创新[J]. 中国报业，2022(16)：16-17.

大体来讲，广告创意人对媒介技术的抗拒体现在以下5个方面。

1. 技术性缺失带来的焦虑性抗拒

随着技术的发展和应用，广告创意人在数字媒介时代逐渐显示出技术缺失的不足。第一，互联网的普及使越来越多的人将线下活动转移到线上，网络强大的数据储存能力不但能留下人们传播活动的清晰轨迹，而且能依据海量数据轻松高效完成对消费者思想方式和行为习惯的精准洞察。相比之下，依靠问卷调查、抽样调查为主要手段的广告行业的消费者洞察则显得不太专业、精准和高效。第二，数字媒体技术涉及信息电子、软件工程、移动通信、计算机网络等诸多专业，具有很强的技术性，而传统广告创意相关专业则属于艺术类专业，两者涉及的是完全不同的学科门类。因此，面对一些新兴互联网公司发起的围攻和打击，传统广告创意公司基本没有还手之力。第三，人工神经网络、大数据算法等智能技术组成的数字媒介需要工程师、IT人员等大量的非广告从业人员，直接挤压了传统广告从业人员的生存空间。在这种情况下，作为工具逻辑和理性逻辑的媒介技术，一旦超越自己的技术范畴，去触碰以感性逻辑和情感逻辑为核心的广告创意，就会马上受到广告创意人的抗拒。这种抗拒，是因为技术逻辑下的广告与自身惯有工作方式和思维产生冲突，而且由于广告创意人普遍没有掌握这些新技术，面临着自身工作、专业及价值被挑战的问题，由此产生了焦虑性抗拒心理。

2. 主体性消解带来的危机性抗拒

2011年1月，美国杂志 *Fast Company* 刊登专题报道《被谋杀的麦迪逊大道》，引起一时轰动，"广告已死、创意已亡"的论调不断出现，传统广告创意人对新的数字媒介技术的抗拒声此起彼伏，其中，主体性消解的危机感带来的本性抗拒更加隐秘而激烈。数字媒介对广告创意人造成的主体性消解的危机主要体现在两个方面：一是人工智能、大数据等技术引领的广告智能创作趋势会逐渐消解传统广告创意人的主体性，从而让广告创意人自身产生了职业危机感。在人工智能、大数据技术的加持下，广告创意人发现媒介技术再也不是那个随时听取召唤的"奴仆"，似乎已开始异化为具有自性的新主体，马歇尔·麦克卢汉(Marshall McLuhan)笔下的"机器新娘"已经不再满足于被动地吸引消费者，而是强行进入人们的头脑，代替人们做选择。这让当年曾极力批判麦克卢汉的批评者们不得不喊出了"Who Killed The Adman？"人们彻底感受到媒介技术的霸道威力。二是以互联网企业为代表的新型广告企业凭借其数据及智能技术优势，以智能化广告运作模式和交易方式不断抢占广告市场份额，从而使传统广告行业陷入了危机，有些企业不得不提前转型，有的企业甚至直接破产或被兼并。例如，开创广告效果评估的雷蒙·罗必凯(Raymond Rubican)与首开消费者市场调研先河的史丹利·雷梭(Stanley Rousseau)，这两位在推动广告业从混沌状态进入广告创意科学化的过程中扮演过重要角色的广告巨子，却因为对数字媒介技术的忽视与抗拒，消失在历史的长河之中。在转型方面，京东、利欧、阿里、美团、筷子科技等企业探索性地将人工智能技术运用在广告创作环节,研发了"莎士比亚""AI段子手"等智能文字产品、"鹿班""万花筒"等智能图像产品、"羚珑""Aliwood"等智能视频产品,推动了广告创作环节的智能化应用,引领了广告智能创作的趋势。

3. 专业优势丧失带来的对立性抗拒

数字媒介技术的快速变革使传统广告创意人感到本身的专业优势面临着前所未有的挑战。作为"人的大脑的延伸"的数字媒介技术,特别是智能媒体技术,将部分甚至全部代替人的大脑功能,给广告创意人带来了重大挑战。与此同时,一批批以技术起家的互联网媒体数字营销公司不断涌现,数字营销、互动营销、病毒广告、社交传播、精准投放等新概念不断冲击广告创意人的头脑,令他们应接不暇。广告创意人一方面要面对以媒介技术为核心的营销公司的不断挑战,另一方面要面对客户迫切需要更加一体化营销解决方案的要求,生存变得艰难。在这种情况下,广告创意人对数字媒介技术表现出抗拒是在所难免的。他们认为,媒介技术的理性逻辑会将作为感性逻辑的广告创意彻底异化。相对于依靠数字媒体专业起家的互联网公司的创业者们,传统广告创意人对新技术的接纳属于被动性适应。

4. 全球化、标准化带来的冲突性抗拒

数字媒介的发展也促使广告创意人开始对媒介技术带来的全球化、标准化现象进行反思并主动出击。从20世纪90年代开始,广告业开始进入集团化运作。经济全球化造就了大量跨国公司,国际品牌客户需要全球化的广告代理网络,在这个代理网络中,广告代理公司与数量众多的媒体公司、公关公司、咨询公司一起组成了庞大的广告代理集团。在全球化的浪潮中,广告创意也开始了全球化进程。广告创意到底该呈现全球化还是本土化成为广告创意人面临的难题,擅长用头脑风暴提高传播效果的广告创意人很快发现,广告创意全球化似乎是一个新的陷阱,全球化就意味着必须将广告创意标准化,而标准化又是广告创意的天敌。由于存在这样一层不可言说的矛盾,广告创意人对导致全球化的互联网信息技术与数字媒介技术同样表现出抗拒的态度,在抗拒情绪激烈者那里,技术与创意之间的关系甚至是冲突性的。

5. 科学理性驱动带来的观念性抗拒

程序化及数字智能化创意降低了人力成本,实现了创意规模化产出,提高了创意生产的效率,创造了较高的经济价值。按照马克斯·韦伯的工具理性逻辑,带有艺术创造特征的传统广告创意人不应该阻碍智能程序创意的发展之路。但创意是一项艺术性的活动,依赖的是创意人以既有的经验为基础、在某种场景的激发下所产生的灵感,体现的是创意人的价值创造,属于价值理性的范畴。智能广告创意涉及的算法逻辑和人工智能技术从本质上讲是一种工具逻辑,尽管其创意内容也体现着理性与感性的融合,是工具理性和价值理性的统一体,但在一定程度上也仅仅是人工智能对已有素材的分析、总结和重组,程序化创意的设计还停留在通过人工智能分析、总结、设定已有设计风格的层

面，缺乏理性和感性兼具的"人性"色彩以及相应的文化经验逻辑支撑，相比于设计师和广告创意人员来说，其原创性大打折扣。智能媒介技术对广告创意的技术性介入，剥夺了传统广告创意人的创意资料和创意权力，使价值理性和工具理性的矛盾在广告创意层面不断具化为双方之间争夺创意权的行动。

人与技术的关系是人类社会发展永恒的话题。没有技术的发展与应用，人类社会很难进步；没有人的主动性、失去人的主体性，技术也很难得到合理有效的科学运用。因此，理性看待媒介技术，在充分尊重人的主体性、发挥人的能动性的基础上，科学接纳媒介技术，推动媒介技术与广告创意的"共生"，应成为广告创意界的共识。虽然广告创意对媒介技术经历过抗拒的阶段，准确而恰当地处理好广告创意与媒介技术之间的互动关系，实现良好的共生性互动，应该成为今后广告创意人进行广告创意的重要思维和行为方式[1]。

6.3.3 计算广告决策模型短视问题

1. 算法本身的缺陷

第一，算法是基于用户产生数据之后进行的，这种技术本身具有延迟性。比如，用户在淘宝浏览过甚至购买过某件物品之后，技术平台识别到该用户具有对该物品的需求，便会为其推送有关该物品的信息，而这种服务是发生在用户产生需求甚至解决需求之后，并不能有效激发用户产生某种需求，甚至可能做无用功。

第二，计算广告所应用的机器的学习是建立在静态的数据假设下的，而在真实的互联网环境中，数据的产生和改变是动态的、快速的，具有不可预测性和差异性。这种技术本身与现实的差异性导致算法不可能完全反映和计算庞大的数据网络。

第三，计算广告的归因问题制约着精准营销的实现。用户所受到的广告影响是多方面、多因素的共同作用，很难衡量从消费者认知产品到消费产品的过程中各个因素的影响程度。因此，在实际的广告效果评估中，业界常常把效果主要归因于用户的最后一次点击和转化。这种失之偏颇的方法难以真正使广告主明确自己在何时何地何处投放的广告是最有效的，也就难以支撑其进行更有效、更精准的广告投放。

计算广告本身的算法问题是制约其真正实现精准投放、精准营销的关键部分，也是最难以解决的部分。算法的缺陷不仅会降低广告主对计算广告的信任度，更严重损害着用户的体验，使得用户不能及时获得所需要的广告信息，消费潜力被抑制[2]。

2. 大数据"杀熟"造成消费者信任危机

计算广告使得针对消费者的价格歧视现象日渐成为常态。平台及技术主体对收集到的各种用户信息进行计算分析，根据用户的性别、年龄、地理位置、购物习惯等因素，

---

[1] 皇甫晓涛，黄珊. 智媒时代广告创意与媒介技术的关系转向[J]. 中州学刊，2020(9)：163-168.
[2] 肖璇. 区块链技术背景下计算广告优化机制探析[J]. 科技传播，2021，13(13)：142-144.

对用户进行大数据画像,细分出不同的用户群,给出不一致的价格。用户在经历了差异化定价后,还面临着被大数据"杀熟"的风险。

所谓的大数据"杀熟",就是商家在为新客户服务时会提供一些隐藏优惠,而为老顾客服务时却借着老顾客对品牌的信任及依赖度削弱优惠力度,甚至给出更高的价格。商家深知开发一个新客户的成本是远高于维系老客户的,因为销售成功的最终决定权是信任。正因为老客户对商家具备足够的信任感和用户黏度,商家才能在大数据的"计算"下肆无忌惮地消费用户的信任,算计用户的钱包。

大数据"杀熟"现象表明,消费者以为的自主决定,其实是被操纵的决定,而且消费者对此全然不知,这种现象被称为"楚门效应"。楚门效应的实质是:消费者在毫不知情的情况下其自主权遭到侵犯。在具体的网络购物场景中,消费者通过货比三家,自以为做出了最佳选择,殊不知自己看到的价格却是购物网站通过对个人数据的收集和挖掘所进行的个性化定制价格。在通过所谓的货比三家或长时间的比价产生购买后,当消费者以为自己得了便宜时,商家可能在暗暗发笑,因为一切都在商家的掌控之中,根本不存在消费者的自主选择。计算广告让"广告嚣张"和消费崇拜成为可能,这些算计不仅让消费者的非自愿参与行为频发,甚至会给消费者造成严重的情绪困扰①。

6.3.4 新媒体广告发展下用户人格权和隐私权被侵犯问题

1. 新型人格权

法律总是滞后于社会的发展,同时,随着人类社会的发展,法律在运动变化的过程中,法律体系也在不断完善。作为民法分支的人格权法,其范畴在不断扩大,其类型也在不断发展并获得了法律的确认。法律的确认促使人格权在被行使和利用的过程中日趋丰富。随着自由、民主、法治、公平等观念深入人心,人格权背后所代表与象征的人格权利益受到人们的关注,各种新型人格权不断浮现。

2022年央视3·15晚会曝光了"以免费Wi-Fi的名义诱骗用户下载恶意App""个人信息泄露导致骚扰电话不停""应用软件平台强迫捆绑下载不明软件"等深深困扰用户的信息通信领域违规问题,引起社会广泛关注。2022年3月16日,国家工业和信息化部针对上述侵害用户合法权益的行为立即进行严厉查处与打击,下架相关的App,并对涉案企业进行制裁与惩处,重拳出击,有效维护用户的合法权益。

不可否认,个人信息保护事关个人切身利益,国家打击侵犯个人信息的侵权行为,遏制和防范侵权行为的发生,切实保障公民权益,有益于营造和谐的社会风尚。另外,有学者认为,人格权不包含财产利益,其仅是纯粹的精神性权利,但是当今法律确认其包含某些财产利益。因此,许多国家开始采用公开权来概括这一类现象。鉴于此,随着互联网技术的与时俱

风险与挑战:精准广告与用户隐私

---

① 戴世富,陈倩楠. 计算与算计:计算广告的伦理反思[J]. 国际品牌观察,2021(22):18-22.

进,新型人格权侵权纠纷的涌现,人格权的内涵与外延将不断扩大、更加具体,其将不再局限于精神利益,人格权的具体问题也需要更加细化的法律规定。如此,方可为法官处理新型人格权侵权纠纷案件提供司法裁判指引[①]。

2. 新媒体广告发展中的隐私权问题

目前,物质生活水平显著提高,人们不再满足于吃饱穿暖的基本生活条件,继而开始追求精神生活的质量提升,开始愈发重视保护自身的合法权利,尤其是对个人隐私权的保护。随着社会经济文化的发展,隐私权从最初仅在个人私生活安宁范畴内进行保护发展成为个人有权自主决定私人生活。例如,自己可以完全独立地安排计划生活以及可以独立地控制自己的个人信息。然而,计算广告给人们的生活带来便利的同时,不可避免地,也侵犯了公民个人的隐私。最常见的现象是用户在浏览网页时,会有浏览记录,如浏览的入口、浏览的内容、浏览的频次、浏览停留的时间、对某类商品或者服务的感兴趣程度、交易所生成的订单信息等,这些内容都被后台数据库收录与保存。自2021年以来,虽然《中华人民共和国数据安全法》《中华人民共和国个人信息保护法》等相关法律法规相继出台,但社会上侵犯个人信息的事件屡禁不止。有些网站的运营商采用合法甚至是非法的方式收集、存储用户的个人信息,违规使用用户信息,抑或是将用户的个人信息作为筹码与广告商合作,严重侵害了用户的利益。另外,某些网站的运营商超范围收集用户个人信息、过度索取权限,贩卖用户个人信息。因为对广告主而言,这些数据无疑意味着无限的商业价值与经济效益,其违法行为的背后是商业利益的驱动以及对法律规范的漠视。用户对个人信息拥有独立支配的权利,未经权利人的允许私自将其出售的行为严重侵犯了权利人的隐私权。因此,如何在大力发展新兴经济、创新科技的同时织密织牢个人信息保护网,需要多方合力,齐抓共管。

6.3.5 广告内容可信度低和低俗化倾向问题

目前,我国新媒体广告行业呈高速发展状态,但由于自身发展不成熟、管理制度不完善等,新媒体广告内容存在着可信度低、低俗化倾向。

1. 内容质量低、可信度低

(1) 纷繁复杂,可信度低。当打开某一网页时,可能有五六个广告铺开在页面上,甚至还有一些弹窗广告很难关闭。例如,打开新浪网,网站首页就有20多个广告,令人应接不暇。各种广告信息纷繁复杂、五花八门,虚假广告信息遍地,让受众难以抉择,造成广告可信度降低。

(2) 内容单调,格调不高。有些网页和手机推送的小广告,制作简单,内容单调乏味,甚至有一些小游戏广告,让受众产生抵触甚至反感情绪。

---

① 陈太清,郁倩. "互联网+"时代下计算广告的法律问题及对策展望[J]. 山东商业职业技术学院学报,2022,22(4):81-88.

(3) 粗制滥造，缺乏创意。有些广告粗制滥造，不能满足受众本身的广告需求。

2. "辣眼睛"的低俗广告

"创意不够低俗凑"成为很多无良广告商吸引消费者的法宝。《中华人民共和国广告法》第九条明确规定广告不得"含有淫秽、色情、赌博、迷信、恐怖、暴力的内容"，但为了吸引消费者，有些广告商往往采用衣着暴露的女性图片、充满性诱惑的视频和充满性暗示的低俗文字赢得流量和关注。尽管监管部门严格管控，但色情、"软色情"的低俗广告依旧屡禁不止，尤其是在微信公众号、弹窗广告、App广告和网络游戏中更是常常出现[①]。

6.3.6 广告流量造假问题

国家互联网信息办公室在新修订的《移动互联网应用程序信息服务管理规定》中明确指出，应用程序提供者应当规范经营管理行为，不得通过虚假宣传、捆绑下载等行为，或者利用违法和不良信息诱导用户下载，不得通过机器或人工方式刷榜、刷量、控评，营造虚假流量。

企业级大数据和人工智能解决方案提供商北京国双科技有限公司(以下简称"国双")在中国广告协会的指导下，重磅发布《2023年中国全域广告异常流量白皮书》。该书提到，2022年全域广告异常曝光占比25.3%，较2020年降低1.8%，异常点击占比降低明显。

1. 虚假流量的发生机制：机器作弊与人为作弊

(1) 机器作弊。通过机器发送虚假流量、肉机访问网页、修改DNS/IP访问网页、爬虫技术访问网页等，可制造虚假流量。机器作弊可模拟浏览行为，产生大量网页浏览痕迹或点击行为，目的是实现流量增加。这种作弊方式成本相对比较低，且都是通过程序代码实现的。对于机器作弊比较好的预防措施是：通过正常的基础的用户行为分析来判断此类虚假流量，即通过屏蔽、补量(补量，顾名思义是数据少于正常数据，然后根据情况去补量。广告补量在汽车行业，房产行业，教育行业，金融行业，游戏行业，电商等较为常用)来减少此类虚假流量。

(2) 人为作弊。人为作弊通常是通过雇佣、激励的方式雇佣大批真实的人去点击广告、下载App、访问网页、注册等。因为这种作弊属于人为操作，很难将这部分流量与真实流量区分清楚，也就很难屏蔽。人为作弊的成本相对较高。对于人为作弊比较好的预防措施是：通过深度分析用户行为，如浏览时长、浏览路径、转化情况等来识别此类虚假流量，并提高"人为作弊"的运营成本。

---

① 刘凤芹.法治视域下互联网广告的规范化研究[J].菏泽学院学报，2020，42(3)：48-53.

2. 虚假流量的产生原因

(1) 媒体的自身流量不足，难以满足广告主的消耗要求，媒体为了获得利益，进而增加"虚假流量"，以让广告主的花费能够快速消耗；媒体为吸引广告主和投放平台的广告投放，通过刷量的方式提高流量。

(2) 很多广告主因为意识薄弱或者技术欠缺，没有对投放带来的用户行为数据进行深入的分析，未对各个渠道引入的用户质量进行详细评估，难以分辨真假流量，最终导致广告预算越来越多被浪费在虚假流量上，客观上纵容了作弊流量的发生，导致市场上出现"劣币驱逐良币"。

(3) 广告平台受利益驱使，或者为了广告主不合理的投放指标等，可能会选择和媒体联合做冲量，对虚假流量视而不见，一定程度上引发"虚假流量"的增长。

3. 虚假流量的弊端

(1) 广告投放费用的无效浪费。广告主投放广告是在进行数字营销，希望通过营销，将自己的产品、内容推销给目标客户，从而获得收益。当广告投放费用被消耗在无效的虚假流量上，那对于广告主而言就是经济损失，甚至是经济欺骗。

(2) 广告成本波动大。广告投放费用的消耗会带来一定量的广告曝光、点击以及转化。流量中掺杂虚假流量，且占比忽高忽低，会导致广告主的点击成本、转化成本随之而变化。这种波动会让广告主及优化师无法进行正常的操盘。

(3) 素材优化无章可循。虚假流量的混杂给素材是否能够起量(广告曝光后，达到一定数据后开始烧钱带来转化)、能否带来良好的转化增加了很多不确定性。素材团队如何衡量素材的价值性、如何迭代素材变得困难。

(4) 数据分析参考意义不大。掺杂了虚假流量的数据可以理解成"脏数据"。如果不剔除这部分脏数据，那么会对整体的数据分析产生负面影响。无论是外部数据的展示和点击，还是内部数据的转化量、转化成本，都会受虚假流量影响。例如，本来在做一个正向的流量AB实验，但是因为在实验后出现了虚假流量，导致转化效果变差，可能会得出实验负向的结论。如此这般，虚假流量会造成数据分析结果失真。

4. 如何应对虚假流量

(1) 监测广告曝光和广告点击。监测广告曝光和广告点击，结合第三方工具或者服务商对监测到的设备号行为进行分析，可筛选假量。例如，广告后台显示有10 000次广告点击，经过识别，5200次点击有设备号信息，4800次点击无任何设备号信息。这5200个有设备号信息的点击行为中，最近3个月无通话和短信记录、无Wi-Fi或4G/5G流量上网行为、无GPS活动记录的设备号共计3400个，最后剩余的真实广告点击设备号为1800个。

(2) 渠道管理。不同渠道存在的假量问题也不尽相同，即使同一个渠道，其中的不同广告版位也会有不同的表现。广告主在测试新渠道时，需要做好广告的流量监测，并借助第三方工具或服务商对流量的有效性进行分析。如果在某个渠道或某个广告版位发现异常流量占比过高，那么应立即停投止损。

(3) 人群包策略。使用DMP人群包有两个策略：一是定向高质量人群；二是过滤低质量人群。前者实施起来比较困难，需要有符合广告主产品的高转化人群包，这就需要向第三方靠谱的人群包数据平台购买，但是购买人群包也未必能保证广告能真正投放给这群人。后者有两种可行方式：①通过标签市场、人群圈选工具，圈出非受众群体，进行排除投放；②通过建立数据监测回传，对曝光人群、广告触点人群进行数据采集生成人群包，利用工具进行人群包的画像解析，判断人群质量情况。当分析结果与目标受众偏离较大时，则考虑将"低质量转化人群"进行打包上传，并做排除测试。

5. 虚假流量的治理路径探究

除了广告主、媒体、广告投放平台等相关方，产业链之外的力量也不容忽视。

(1) 法律方面。市场的有序竞争和良性发展离不开法律的保护。我国在诸多法律上都已经做出了努力，《中华人民共和国电子商务法》《中华人民共和国反不正当竞争法》《网络信息内容生态治理规定》等都明确规定，网络信息内容服务平台不得通过人工方式或技术手段实施流量造假、流量劫持以及虚假注册账户、非法交易账户、操纵用户账号等行为，破坏网络生态秩序。如若违反，有关主管部门将依据职责依法予以处理。

(2) 执法方面。除了虚假流量产生地，与其相关的黑产业链也应该受到严厉打击。执法机关应当持续加大打击力度，同时在技术上与时俱进，利用人工智能以及大数据等先进技术和手段加强监控。因为流量造假本质上与技术相关，执法机关可以联合高校、研究所制定一些执法手段来攻关。同时，执法机关可以与媒体、广告投放平台之间加强合作，建立用户、平台的举报及监测机制，携各方力量共同打击流量造假的黑色产业链。

6.4　新媒体广告监管与法规

随着移动互联网技术的发展，传统媒体控制渠道的局面被打破，传统媒体不再是企业投放广告的主要阵地，网络平台成为企业广告宣传的新宠。同时，随着信息获取的多渠道化、多样化，用户的注意力被严重分散，在"注意力=经济"的时代，为了获取更多用户的注意力，加大网络广告的投入被认为是理所当然的。然而，随着互联网广告的蓬勃发展，广告中的虚假信息也日益增多，严重影响了市场规范和社会发展。另外，网络广告具有复杂性，用户很难辨别广告宣传中信息的真假，其合法权益很容易受到侵害。

自《中华人民共和国广告法》于第十二届全国人民代表大会常务委员会第十四次会议修订后，互联网广告宣传是否规范，渐渐引起了国家的关注。互联网广告的形式多种多样、主体多、覆盖面大，对其进行规范存在着许多困难，如何对互联网广告传播主体权责进行划定，明确各监管部门职责，这对于完善和健全互联网广告市场具有举足轻重的意义[1]。

---

[1] 张绕新. 互联网广告的法律监管刍议[J]. 出版广角，2020(2)：80-82.

6.4.1 新媒体广告监管发展现状

1. 互联网广告新业态监管现状及难点

(1) 互联网平台广告监管的模式与法律基础。当前，我国广告行业主管部门为市场监督管理总局和各级市场监督管理部门内设置的广告监督管理机构，主要职能是对广告活动进行指导和监督，组织对各种媒介广告的发布进行监测，查处虚假广告和其他违法违规行为。值得一提的是，广告所刊登的内容同样受有关行业主管部门监督，如医疗美容广告要接受卫生健康部门的监督和引导。从法律意义上讲，我国的广告行业属于行政执法范畴。广告行业的自律组织为中国广告协会，是由在国内有一定资质条件的广告主、广告经营者、广告发布者、广告业相关企事业单位、社团法人等自愿结成的非营利性社团组织。同时，在互联网上还存在着大量的广告信息发布平台，这些平台具有独立运营和管理的权利。综合来看，以政府监管为主导，与行业协会、互联网平台企业自律相协调的平台广告监管模式在我国已基本成型。

从法律法规上来看，2011年，《互联网信息服务管理办法》修订；2015年，新的《中华人民共和国广告法》出台，随后，历经了2018年、2021年的两次修订；2016年7月4日，《互联网广告管理暂行办法》正式发布；2023年，新的《互联网广告管理办法》出台，互联网广告在监管制度上不断健全完善。另外，2018年新组建的国家市场监督管理总局及省级市场监管局多次向基层广告监管部门发布大量广告违法典型案例及其他规范性指导文件，同时搭建互联网广告监测平台，对互联网广告进行实时监控。此外，自2017年《中华人民共和国网络安全法》颁布实施，到2021年《中华人民共和国个人信息保护法》施行，再到2021年《中华人民共和国民法典》和《中华人民共和国数据安全法》颁布实施，新媒体广告的隐私伦理、数据安全问题不断明晰。

(2) 互联网广告法律监管的难点。相对于传统媒体而言，移动互联网的传播渠道更加丰富，互联网广告在制作和传播过程中显得更加复杂多变，由此造成互联网广告法律监管出现困境。首先，互联网广告法律监管主体并不明确，一方面，这和互联网广告生产传播所涉及的主体复杂多变不无关系；另一方面，互联网广告传播具有跨地域性，使得各区域监管部门管辖权难以确定。其次，互联网广告的表现形式多种多样，其中以网络视频广告最为突出。随着互联网广告市场规模日益扩大，消费者极易受到广告的影响。对互联网广告进行法律规制，主要是考察广告内容，但是，由于价值取向和立法解读等方面存在差异，要形成一个判断互联网广告内容的统一标准，是比较难做到的。

一是监管主体尚待明确。监管主体主要与管辖权相关。相对于传统广告而言，互联网广告所涉主体较多，也较为繁杂。在当今经济全球化背景下，在互联网广告中，许多产品或者服务、企业经营者、广告服务商等可能来自各个国家和地区，这对于认定互联网广告管辖权的国家来说，存在着一定困难。并且，不同国家的广告法有所不同，在适用法律方面也有难度。另外，互联网广告违法现象通常出现在网络上，由于互联网广告具有极大的覆盖面，这种跨地域性极易造成各区域监管部门管辖权不明晰。对于互联网广告法律监管而言，管辖权不明晰是基础性的难点。一个互联网广告违法行为可能会牵扯到很多职能部门，如果各部门职责不清，那么开展法律监管同样困难重重。

二是广告内容审查难。一方面体现在各种各样新型广告形式的出现，导致互联网广告的边界不断扩大，相关部门很难迅速建立相关法律对这些新型广告内容进行审查；另一方面，社会各界对互联网广告"虚假宣传""不正当竞争"的判断不尽相同。例如，某食品品牌"全网零食坚果行业销量第一"广告案虽已尘埃落定，但针对虚假宣传，社会上还是存在不同的理解。有人认为，一些广告用语不足以构成虚假宣传，只是为达到广告效果运用的夸张手法。这种不同声音的背后显露的是不同人对法律理解的不一致，具体而言就是对广告法中的虚假宣传和经济法中的不正当竞争价值判断不一致。如果由授权的行业主管部门对广告进行审查，那么可以在一定程度上保证审查标准的一致性，如保健品审查。但是该食品品牌的广告主体采用的是自我审查的模式，不能保证广告经营者和发布者会对广告具体内容严格把关，并且由于每个人的价值判断以及对立法的解读不完全相同，不能确保自查主体对法律禁止内容的理解统一。

三是监管难度大。在网络信息膨胀式发展、网民人数越来越多、网络开放空间日益扩展的大环境下，互联网广告的市场越来越庞大。公交站台电子广告、网页弹窗、App启动页、短信轰炸等成了各主要广告运营主体的投放形式与手段，且广告形式多样、数量复杂、广告呈现没有时间的束缚，网民在任何时间、任何地点都能浏览到广告信息，因此互联网广告的实质性审查和规范都难以实现。

四是调查取证难。不同于纸媒证据的保存，对互联网广告进行规制主要基于电子数据进行。互联网广告的传播具有地域广、传播迅速的特点，并可删除链接，电子数据很容易丢失，也不容易被找回，给监管部门的取证工作带来很大困难。另外，依据证据规则和司法实践，由于电子数据是可以伪造和修改的，监管部门在认定证据的真实性、合法性时，也有可能陷入两难境地[①]。

2. 我国互联网广告新业态监管存在的问题

1) 协同监管生态尚未形成

(1) 协同监管"大生态"尚未统一。在各种互联网广告面前，在"互联网+"经济发展潮流中，仅仅依靠政府部门对互联网广告的监督，结果难免不尽如人意，这就要求互联网广告自律组织和社会各界共同努力，共同监督。从目前协同监管的情况来看，政府监管部门是互联网广告监管的主体，中国广告协会、地方广告协会等行业自律组织在互联网广告投放之前，主要起到引导作用。例如，在广告发布之前进行合法性咨询和日常宣传倡导等。对社会监督来说，普遍采用的是消费者协会监督和社会舆论监督，但这种监督方式只涵盖了和人民生活密切相关、涉及自身利益的互联网广告，监管范围存在局

---

① 张绕新. 互联网广告的法律监管刍议[J]. 出版广角，2020(2)：80-82.

限性。

(2) 协同监管"小生态"存在壁垒。目前，对于互联网广告进行规制的政府部门以市场监管部门居多，但是在操作的过程当中，内设机构之间的信息共享、部门联动、协同执法等，仍有不通畅之处。另外，依据《广告法》《互联网广告管理暂行办法》的有关规定，各级市场监管部门本着属地管辖、源头治理的原则，主要负责对所辖区域互联网广告的监控、管理。其他有关部门，如公安、网信、工信、卫生等部门均要根据职责分工，对互联网广告的审核与发布开展协同监管。但是在现实中，这些部门并没有建立起有效的交流和联系，这使得互联网广告的监管出现了许多盲区。2023年发布的新版《互联网广告管理办法》提出了"广告发布者所在地市场监督管理部门管辖异地广告主、广告经营者、广告代言人以及互联网信息服务提供者有困难的，可以将违法情况移送其所在地市场监督管理部门处理""广告主所在地、广告经营者所在地市场监督管理部门先行发现违法线索或者收到投诉、举报的，也可以进行管辖"，整体上仍然秉持的是属地管辖、源头治理的原则。当前，一则互联网广告在发布和传播过程中涉及的内容已不限于某一个领域、某一个地区，领域交叉、地域广泛是目前互联网广告的主要特征之一，而且监管依然拘泥于"各自扫尽门前雪"的执法理念，造成协同监管的效果并不是很理想。

2) 互联网广告领域法律法规和规章缺失

随着各类互联网广告的层出不穷，针对互联网广告的规制，《广告法》已经很难满足互联网广告的监管需求，原国家工商行政管理总局于2016年出台了《互联网广告管理暂行办法》。该办法是我国第一部关于互联网广告专项整治工作的规范性文件，旨在加强对互联网广告市场活动的有效规制，维护消费者合法权益。近两年来，在新业态快速发展的形势下，《化妆品监督管理条例》《药品、医疗器械、保健食品、特殊医学用途配方食品广告审查管理暂行办法》《网络交易监督管理办法》《网络直播营销管理办法(试行)》等针对重点监管领域的相关法规文件相继出台，但是也凸显了互联网广告法律法规的不完整、不成体系、滞后性等缺点。

2023年，国家市场监督管理总局出台了新版的《互联网广告管理办法》，对新出现的直播营销、商业种草、算法推荐广告等新型互联网广告形态进行进一步规制。但在互联网技术高速发展的背景下，各类新型媒介形态不断涌现，互联网广告作为一种新兴的媒体形态，其内容良莠不齐，呈现多样化特征，并且外延不断扩展。面对互联网广告这一巨大监管领域，相应法律法规和规章不全，且大多以通知、办法、规定等形式出台，法律规范的位阶偏低，造成监管部门所能做出的惩罚力度不大，很难对互联网上的广告违法行为进行威慑。

3) 互联网广告监管技术力量薄弱

目前，我国已经上线了全国互联网监测平台，部分省份、地市的市场监管部门还研发了互联网广告监测系统。这些技术监管手段可以有效提高互联网广告监管水平。尽管如此，互联网广告量级大、互联网广告在精准投送语境中具有分散性、违法广告的认定标准很难明确、广告图片不容易辨认等技术性困境，仍然是监管力量作用发挥的瓶颈，技术监管对互联网广告的监管尚无法做到全覆盖，且当前各地对互联网广告的监管方式仍以人工搜索巡查为主，监管效率不高，技术监管之"睿智"难敌互联网广告之"狡猾"，很难从互联网广告的海洋里准确地筛选到真实违法广告①。

3. 国外互联网广告监管经验

(1) 美国互联网广告监管情况。美国设立了包括政府管理、行业自我规制、跨行业非政府组织机构管理在内的成熟互联网广告监管制度。美国对互联网广告的监管法律法规体系相对健全，美国联邦贸易委员会已经为互联网广告监管和广告主制定了行为手册，对广告承办者与发布者的行为与职责作出规定，自2000年以来，这些法律法规已经过数次修订。与此同时，关于互联网广告中消费者隐私权的保护问题，美国除制定了《互联网广告网民保护法》以及《电子信息保护法》外，还依靠于行业组织的监管，如美国TRUSTe组织(一个帮助美国政府对网站隐私保护政策进行审核的非营利性实体组织)推出"网络隐私认证计划"，只要各主要站点遵守自己的基础准则，就可以获得认证标志，保护公民隐私安全。

此外，美国对互联网广告中网络平台的自我规制也非常重视，各大搜索引擎都对广告发布制定了严格的相关禁止或限制条款，规范广告发布者的行为，从根本上减少政府的监管负担。所谓自我规制，就是一个组织或者一个协会制定并执行规则，调控对规则的遵循，以及在会员组织内或者社团内实施规则。与政府规制相比，行业自我规制能够更快地顺应市场的变化，所付总体费用也比较低，管理过程更具有动态性。美国互联网广告行业在很大程度上遵循了自我规制，自我规制的主体由互联网媒体平台、广告科技公司及行业联盟等组成。

(2) 欧盟互联网广告监管情况。欧盟对互联网广告进行的规制，主要聚焦于药品、视频、机动车、影音媒体、酒精广告等领域，以维护消费者权益为目的，欧盟各成员国国家都有相关法律出台。与此同时，欧盟还颁布欧盟法，不仅有具备实体性、程序性的完整法律规范，也有多种决议和行为准则对互联网广告进行规制，运用强制手段和非强制手段引导互联网广告行业的良性发展。除法律法规、规范性文件之外，就互联网广告具体规制而言，英国在规范各种广告方面分工明确，不同的部门主管着不同的广告领域，避免监管部门相互推诿，以提高监管效率；法国设立了若干部门，承担网络调查与保障工作，同时在新技术手段的推动下，对互联网广告进行全面的管理②。

---

① 程秀才，李晓雨，傅启国. 互联网广告新业态监管难点及对策研究[J]. 中国市场监管研究，2021(12): 58-61.
② 熊伊. 共建共治共享视域下中国互联网广告治理路径探析[J]. 中国广告，2021(10): 35-38.

6.4.2 新媒体广告监管新法规

《"十四五"广告产业发展规划》指出，要完善法律法规，引导规范发展，大力推动广告产业与网络环境净化、城市规划、城市安全、隐私数据安全协调发展；聚焦提升用户体验，规范相关广告的展示方式、展示时长、展示频率和展示数量；要提高治理能力，维护良好秩序，强化智慧监管，积极适应广告新业态新模式发展要求，依托互联网、人工智能、区块链、大数据、云计算等技术，提高违法广告发现能力，强化网络存证功能，减轻人工审核负担，提高执法效能，提升广告监管智慧化水平，加快推进竞争政策与大数据中心广告监测能力建设，优化广告监测资源配置，推动区域广告监测工作协调发展。自《"十四五"广告产业发展规划》出台以来，相关部门结合规划内容，积极开展互联网广告法律法规的建设及完善工作。

为切实维护广告市场秩序，保护消费者合法权益，推动互联网广告行业持续健康发展，国家市场监督管理总局在2023年修订发布了《互联网广告管理办法》。

新版《互联网广告管理办法》为适应我国互联网广告行业发展的新特点、新趋势、新要求，对原《互联网广告管理暂行办法》进行修改完善，创新监管规则，进一步细化互联网广告相关经营主体责任，明确行为规范，强化监管措施，对新形势下维护互联网广告市场秩序、助力数字经济规范健康持续发展具有重要意义。《互联网广告管理办法》的主要依据除了《中华人民共和国广告法》(以下简称《广告法》)，还包括《中华人民共和国电子商务法》(以下简称《电子商务法》)，如《电子商务法》对竞价排名广告、互联网平台责任义务的相关规定，在本次《互联网广告管理办法》的修订中都有体现，具体内容如下所示。

1. 对互联网广告参与主体进一步界定并强化其义务

(1) 修改互联网广告发布者定义，与传统广告保持一致。新版《互联网广告管理办法》不再将是否能够核对广告内容、决定广告发布作为广告发布者的判定条件，仅将发布行为作为广告发布者的认定标准，与《广告法》中对于广告发布者的界定保持一致。也就是说，广告内容展示在哪个媒体上，该媒体将被认定为广告发布者。同时，承担广告审核责任的主体发生了变化，部分此前不属于广告发布者的主体由于新规的出台，被认定为互联网广告发布者，并需承担相应的广告审核责任，该条款对互联网广告的合法合规具有重要意义。另外，程序化购买的相关广告条款被删除，新规出台以后，不论该广告是通过程序化购买还是其他的方式，只要是展示在媒体上，广告发布者就需要承担责任。

(2) 进一步强化广告发布者、广告经营者的义务。广告发布者、广告经营者作为四大广告主体中的两类，《互联网广告管理办法》进一步强化了两者的义务，主要变化包括明确了"身份信息"的具体含义和需要登记的其他信息范围；明确了广告档案保存的最低时限为三年；新增了配合互联网广告行业调查的义务。其中，广告发布者、广告经营者需要保存的档案包括以下几项：广告主的真实身份、地址和有效联系方式等信息，广告活动的有关电子数据。广告发布者、广告经营者的身份信息包括名称(姓名)、统一社会信用代码(身份证件号码)等。另外,企业同样需要查验核对用户身份信息的真实性。

(3) 加强了互联网信息服务提供者的法律义务。2016年的《互联网广告管理暂行办法》提出,互联网信息服务提供者应当制止明知或者应知的违法广告,新版《互联网广告管理办法》同样也沿用了该项规定。同时,新规还提出了互联网信息服务提供者的其他义务,包括记录、保存用户真实信息(不少于三年),身份信息包括名称(姓名)、统一社会信用代码(身份证件号码)等。与此同时,企业还需要查验核对用户身份信息的真实性;监测、排查、及时处理违法广告并记录;建立有效投诉处理机制;不得阻挠、妨碍市监部门开展广告监测;协助配合市监部门开展违法广告调查;依规采取警示、暂停或者终止服务等措施。

2. 进一步明确和细化互联网广告的外延

随着互联网广告新技术、新营销模式的出现,互联网广告外延逐渐扩展,《互联网广告管理办法》的修订过程中也积极关注了行业热点。

(1) 竞价排名属于商业广告。2016年,《互联网广告管理暂行办法》出台,充分回应了竞价排名与程序化购买的议题,将竞价排名认定为广告。

(2) 直播营销属于商业广告。新版《互联网广告管理办法》同样也关注到了商业种草、直播营销等热门话题。对于互联网直播营销,明确了以互联网直播方式推销商品或服务,是可能构成商业广告的;更进一步明确了直播营销人员以自己的名义或者形象对商品、服务作推荐、证明,可能构成广告代言;互联网直播活动中的各主体需根据身份履行广告审查等相应法律责任和义务。

(3) 软文推广属于商业广告。《互联网广告管理办法》第九条第三款为新增规定,该规定指出:"除法律、行政法规禁止发布或者变相发布广告的情形外,通过知识介绍、体验分享、消费测评等形式推销商品或者服务,并附加购物链接等购买方式的,广告发布者应当显著标明'广告'。"这条规定明确了通过"知识介绍、体验分享、消费测评"等软文形式推销商品或服务并附加购买方式的,均构成广告,为软文的商业广告界定及规制问题提供了解决思路。

(4) 商业广告与其他信息的区分。在互联网广告领域,广告和非广告信息的界定也持续性受到行业关注。新版《互联网广告管理办法》把带有明显商业言论自由属性的商业广告,与法律、行政法规、部门规章、强制性国家标准以及国家其他有关规定要求应当展示、标示、告知的信息做了明确区分,便于后续的管理。

3. 细化"一键关闭"要求,并将其扩展至开屏广告

新版《互联网广告管理办法》扩大了"一键关闭"要求的范围:启动互联网应用程序时展示、发布的开屏广告适用关于"一键关闭"的规定。《互联网广告管理办法》明确了违反"一键关闭"要求的具体情形:①没有关闭标志或者计时结束才能关闭广告;②关闭标志虚假、不可清晰辨识或者难以定位等,为关闭广告设置障碍;③关闭广告须经两次以上点击；④在浏览同一页面、同一文档过程中，关闭后继续弹出广告，影响用户正常使用网络；⑤其他影响一键关闭的行为。

4. 明确并加强广告主体对落地页的审核业务

新版《互联网广告管理办法》进一步强化了广告主体对落地页的审核业务，明确提出"广告主、广告经营者和广告发布者应当核对下一级链接中与前端广告相关的内容"，即明确将跳转链接广告审核义务的边界划定为"下一级链接中的广告内容"，便于日后互联网广告的管理。另外，广告主体需留存好已履行相关义务的证据，以备查验。

5. 新增对算法推荐方式发布广告的要求

新版《互联网广告管理办法》顺应了互联网广告行业发展的新形势、新变化，新增了对算法推荐方式发布广告的要求，全新地提出了"算法推荐服务相关规则、广告投放记录需记入广告档案"的条款。

除了对算法推荐广告投放需记入档案的要求，其他相关法规也对算法推荐服务中用户标签是否能选择、修改或者删除有所规定，但就用户标签是否能被用户修改这一问题存在争议。例如，《互联网信息服务算法推荐管理规定》第十七条第二款指出，算法推荐服务提供者应当向用户提供选择或者删除用于算法推荐服务的针对其个人特征的用户标签的功能。相对于《互联网信息服务算法推荐管理规定》的征求意见稿，正式发布的《互联网信息服务算法推荐管理规定》有两点变化：取消了要求算法推荐服务提供者给予用户修改用户标签的功能；添加了"针对其个人特征"的用户标签的功能。这意味着，如果算法推荐服务有使用到个人特征形成的用户标签，那么用户应当有权选择或者删除涉及个人特征而生成的用户标签；反之，如果算法推荐服务使用的是不针对其个人特征的用户标签，那么用户无权对此进行选择或者删除。

6.4.3 新媒体广告行业自律

完善行业制度规范和自律机制，既是行业协会充分发挥其独特优势的体现，也有助于构建互联网广告的绿色生态环境，推动互联网产业科学发展，起到降本增效、扩大内需、推动消费的积极作用。随着互联网广告业务规模不断扩大，对互联网广告相关技术标准提出了更高的要求，需要加快出台相应标准以指导行业实践。中国广告协会和中国信息通信研究院、中国通信标准化协会、广电总局规划院等机构，以及MRC(美国媒体评级委员会，Media Ratings Council)、TAG(美国可信责任组织，Trustworthy Accountability Group)、MMA(美国营销创新联盟，Modern Marketing Association)等标准化委员会在最近几年与国内外其他专业机构密切协作，参与《互联网广告发布者广告审查标准》《互联网广告数据应用与安全技术要求》《应用程序广告行为规范》《互联网广告监测与验证要求》《移动互联网广告标识技术规范》等的制定和征求意见工作，与时俱进，以推动互联网广告的绿色、健康发展。

依据《中华人民共和国电子商务法》《中华人民共和国消费者权益保护法》《中华人民共和国广告法》《中华人民共和国产品质量法》《中华人民共和国反不正当竞争法》等法律法规和有关规定，同时在前人工作的基础上，经充分研究，征求了多方面的意见，其中既有电商直播的相关公司，也有MCN机构、阿里巴巴、字节跳动和其他头部平台企业以及其他机构的观点，中国广告协会于2020年7月出台了《网络直播营销行为规范》。该规范共分为总则、基本原则、主要内容三大部分，分别从"依法保护""依法治理"和"依法管理"三个方面提出了具体要求。该规范指导直播营销活动解决突出问题，其中就有对全面、真实、准确揭示货物或劳务的情况的要求，严把直播产品与服务的质量关；规定网络直播营销主体不使用刷单、炒信及其他流量造假手段，虚构或者篡改交易数据、用户评价等，并提出加强市场监管，规范直播内容生产、经营行为，建立统一的网络直播交易平台等措施。《网络直播营销行为规范》是国内首份网络直播营销活动行业规范性文件，既明确指出网络直播营销作为一种社会化营销方式，具备广告要素，为网络直播营销的行业定位奠定了基础，还为确保网络直播活动的持续、健康开展发挥了推动作用。

继规范颁布之后，中国广告协会进一步主张强化网络直播营销选品标准，邀请商户、MCN机构与主播、平台和其他业态的主体，专家与媒体、消费者组织与政府监管部门的代表，直击业态之痛，举办了"网络直播营销选品规范"研讨会。2021年3月，中国广告协会发布《网络直播营销选品规范》，本规范涵盖了供货厂商的主体资格、产品的实际质量、包装标签说明书和其他标识展示以及与产品质量相关的内容，进一步贴近消费安全，对网络直播营销和直播选品、直播销售、售后服务等行为作出了指导，以促进业态健康发展。同时，该规范还对直播商品的分类进行了细化，明确了直播商品类别划分标准。2021年4月，国家互联网信息办公室、公安部、商务部、文化和旅游部、国家税务总局、国家市场监督管理总局、国家广播电视总局七个部门联合发布《网络直播营销管理办法(试行)》，旨在规范网络市场秩序，维护人民群众合法权益，促进新业态健康有序发展，营造清朗网络空间。

党的二十大报告提出：突出广告导向监管，以实际行动忠诚捍卫"两个确立"、坚决做到"两个维护"；突出谋划广告监管战略方向，着力推动广告产业高质量发展；突出增进民生福祉，着力解决群众急难愁盼。这不仅是新形势下经济和社会发展的总体方向，更是互联网广告行业的总体方向。随着互联网技术的不断成熟和发展，广告产业进入了新的发展阶段。中广协作为我国广告行业最大的社团，在共建共治共享的社会治理格局下，起到连接企业、政府与社会的纽带作用，不断探索中国特色互联网广告创新治理之路。行业协会积极建设社会共治的创新治理体系，联手业态主体、社会组织前来协助政府工作，它不仅是治理中国互联网广告的一条重要途径，更是时代的需要[①]。

---

① 李彬. 大众传播学[M]. 北京：清华大学出版社，2009.

6.5 新媒体广告从业人员及组织的社会责任与素养

在数字时代，新媒体广告除了传达商业信息，也传达着诸多文化信息。2020年2月，敦煌研究院联合人民日报新媒体、腾讯公司共同打造的微信小程序——云游敦煌抢先体验版正式上线。这是首个集探索、游览、保护敦煌石窟艺术功能于一体的微信小程序。通过"云游敦煌"小程序，用户足不出户便可感受敦煌艺术之美，还能定制专属、个性呈现内容，并可以在小程序上预约购票、体验传统文化课程，在体验互动中获得知识，随时随地线上游览敦煌石窟。"云游敦煌"小程序，本质就是一则敦煌研究院向世人展示敦煌风采的新媒体广告，但因其蕴含着深厚的文化底蕴，还起到了传播经典文化的重要作用。美国经济学教授菲利普·科特勒曾把人们的消费行为大致分为三个阶段：第一个阶段是量的消费阶段，第二个阶段是质的消费阶段，第三个阶段是感性消费阶段。当人们的温饱问题得到解决后，就会开始追求感性消费。此时，人们的消费需求不再只体现为经济需求，而是逐渐演变成一种不完全物质性的，更多的是文化的、精神的、审美的消费，其中文化消费在现代消费活动中所占的比例越来越大。

广告是一种文化符号，用户在观看广告时，不仅在解读广告中的商品和服务信息，还在解读它所传达的生活方式、文化知识、价值观念，尤其是当新媒体平台能够以更加丰富多样的形式承载信息时，新媒体广告已经被赋予了传播文化的职责。因此，新媒体广告从业人员在进行广告创作时，需要重视广告传播所带来的社会影响，正视自己所肩负的社会责任，实现经济效益和社会效益的双赢[①]。可见，新的环境对新媒体广告人员及组织提出了更高的技能要求和责任要求。

6.5.1 新媒体广告从业人员及组织的社会责任

1. 广告的社会责任

广告不仅负有经济与法律上的义务，更负有超越这些义务的其他责任。所谓广告的社会责任，是指广告业在追求利润最大化的同时或经营过程中，对社会应承担的责任或对社会应尽的义务，最终实现广告业的可持续发展。

广告制作除了要考虑广告主、广告发布者、广告经营者的利益，还应适当考虑与广告行为有密切关系的其他利益群体及社会的利益；除了要考虑其行为对自身是否有利，还应考虑对他人是否有不利的影响，如是否会造成公害、环境污染、资源浪费或者影响社会风气、造成精神污染等。在进行广告决策时，对这些问题进行考虑并采取适当的措施加以避免，其行为本身就是在承担社会责任。广告的社会责任就是在广告活动过程中、在促进企业发展和经济繁荣的同时，要引导人们树立正确的消费观念、关心社会公益、倡导一种诚实守信的价值取向、促进社会主义精神文明建设。

在广告投放环节缺乏社会责任的表现如下所述。

---

① 张志，陆亚明，孙建. 新媒体广告[M]. 北京：人民邮电出版社，2021：55.

(1) 广告主的投机心理。"广告之父"大卫·奥格威说过:"我们的目的是销售,否则便不是在做广告。"广告的首要任务就是让受众记住其所宣传的产品。从心理学的角度,极端的情绪容易让人产生深刻的记忆①。广告主正是深知这一点,通过广告语、画面内容或播送方式,以一种重复、无聊、低俗或枯燥的形式宣传其产品,令观众产生厌恶、反感、恶心等负面情绪,而这些负面情绪会使观众下意识地形成对广告产品的深刻记忆。但这种广告只是片面地满足了广告主的需求,实际上是一种极其不负责任的行为。

(2) 广告制作者的素质问题。20世纪70年代末,我国只有10余家专业广告公司、数千名广告从业者,如今已有8万余广告经营单位、100万从业大军。来势迅猛的商品经济大潮,使得尚未做好充分准备的广告人匆忙上阵,难免出现一些问题。一是表现在正规广告教育方面。虽然自1983年以来我国专、本科广告教育方兴未艾,但普遍存在着重"器"轻"道"的教育思想偏失,由此导致广告的技法传授与职业道德教育的失衡,广告的社会责任教育没有受到应有的重视。二是表现在人才录用标准方面。一些广告招聘单位片面强调应聘者的职业背景和社会关系,重业绩指标,轻德行表现,在客观上为滋生急功近利的不良职业心态提供了生存土壤。三是由于某些以偏概全的社会评价。在不少人看来,广告职业的社会声望不高,"广告无学"的偏见仍大有市场,这种并非公正的社会舆论,对广告人来说,无疑会构成某种心理伤害,导致非良性社会互动行为的产生。四是广告制作机构唯广告主意志行事,自动放弃法规原则。广告制作者的素质问题可具体分为两方面:一方面是内部原因;另一方面是外部原因。内部原因是广告制作者遵循广告主的意图,没有自己的思考,无暇考虑社会责任。外部原因有三点:①广告的教育不完善,社会责任教育没有得到重视;②广告人才的录用"重业绩轻德行";③社会对广告行业的评价不高,给广告人造成心理伤害,导致非良性社会互动行为的产生。内外原因相结合,致使有的广告制作者缺乏社会责任。

(3) 广告发布者对广告缺乏把关。广告发布者是传播广告讯息的渠道。传播学四大奠基人之一——库尔特·卢因在《群体生活的渠道》一文中提出"把关人"理论。"把关人"又称守门人,指在采集、制作信息的过程中对各个环节乃至决策发生影响的人,在把关人的操纵下,只有符合群体规范或把关人价值标准的信息内容才能进入传播渠道②。但事实并不如人所愿,媒介在经济利益的驱动下,只要广告投放者出钱,就可以获得和金钱等价位的投放时段和投放频次。广告发布者对广告缺乏把关,将一些夸张、恶俗的广告投放给受众,缺乏社会责任。

新媒体广告从业人员应当承担的社会责任与其职业素养、道德素养紧密相连。新媒体广告从业人员要具备优秀的职业素养,应该保持公正、客观的态度,必须真实、准确、诚实地传播广告主的产品、服务和形象。新媒体广告从业人员要时刻保持自己的职业警觉性,时刻关注社会动向,把握社会价值需求,将新媒体广告与正面社会文化相结

---

① 王怀明.广告心理学原理[M].北京:清华大学出版社,2012.
② 李彬.大众传播学[M].北京:清华大学出版社,2009.

合。新媒体广告从业人员要具备高尚的道德素养，在自身具备积极向上的社会价值观的同时，更要引导用户树立正确的人生观、价值观；要做好文化宣传工作，积极弘扬正面、向上的中国传统文化，塑造文化认同感；不能刻意塑造对社会不利的舆论，不能影响社会和谐发展[①]。

2. 不同广告组织的社会责任

1) 广告主的社会责任

广告主是广告活动的三大行为主体之一，既是广告活动的发起者，又是广告活动的决策者，对广告活动负有主要的法律责任。然而，广告主在享有决策权的同时又面临着经济与社会责任的双重压力。对广告主来说，广告是营销活动的一个环节，是一种促销的手段，它承载着营销职责中非常重要的一部分。而营销的最终目标是实现产品和服务与消费者之间的交换，为企业创造利润。但是现代广告发展到今天，其社会性影响及效应已远远超越了传播商品信息这一基本功能。由于广告具有强大的渗透性、重复性和运用大众媒介传播的特性，它在向人们提供商品信息的同时，也在潜移默化地影响着人们的价值观、行为方式和生活形态等。

对于发起广告活动的广告主来说，他在利用广告追求经济效益的同时，也肩负着重大的社会责任，既要保护消费者的利益，也要把握正确的文化定位。一方面，广告是广告主与消费者沟通的重要桥梁，广告不仅具有传达商品信息、促进商品销售的作用，还具有树立企业形象的作用。只有真正做到从消费者的利益出发，在营销过程中自觉维护消费者的利益，并在真实的基础上投放一些对消费者的消费行为有指导意义的、颇具审美情趣的广告，逐渐树立起企业的知名度和美誉度，以义取利，才能获得长远的发展。另一方面，纵观20世纪以来广告学理论的发展脉络，明晰地反映出在广告诉求重点的转移过程中，广告的文化含量在逐步增加。由于广告文化会渗透到整个社会，广告主对广告中所蕴含的文化因素一定要有所把握，必须具有高度的社会责任感，正确处理利与义的关系，兼顾经济与社会两方面的效益。

总之，在广告的生态链中，广告主是广告存在的根本，因此广告主的广告观念和行为对广告业能否快速、健康发展影响巨大，对于构建健康的广告伦理规范、承担必要的社会责任而言，广告主责无旁贷[②]。综上，广告主在进行产品或服务的推广宣传时，应该将产品或服务的质量、特征、性能等相关内容明确地传达给消费者，并如实地向广告经营者和广告发布者提供全面、真实、合法的证明资料，并且将企业文化与产品文化融入产品广告中。广告主在广告活动中起决定作用，在广告的责任归属里负有绝对责任。

2) 广告制作者的社会责任

广告制作者是从事商品促销活动的策划者、组织者。有些广告制作者违背消费者的

---

① 张志，陆亚明，孙建. 新媒体广告[M]. 北京：人民邮电出版社，2021：55.
② 温小蕾. 浅谈广告伦理与广告社会责任[J]. 消费导刊，2009(17)：199.

利益，片面迎合广告主的做法，挖空心思做虚假广告，破坏了公平、诚实信用的广告原则[①]。

广告制作者的作用不仅仅是为广告主设计、制作和发布广告。广告制作者既要熟悉广告业务，又要深刻了解广告所涉及的法律法规。一方面通过市场调查等方法掌握广告主的具体情况和产品特点后，策划如何准确地将产品或服务的信息传达给公众；另一方面要本着对消费者负责，对社会负责的态度，对广告主提供的信息进行认真的审查。广告制作者是主要责任主体之一，要有社会道德，尊重消费者的利益，遵守诚实、公平的广告原则。

3) 广告发布者的社会责任

媒体作为广告发布者，是广告与公众见面的最后一道关口，有责任审查广告是否合法、是否合乎社会道德。广告必须借助媒介才能产生影响，媒介产业也须依赖广告才能更好的生存。广告媒体将广告的创意和内容加以具体实施，是广告活动取得成效的关键一环。长期以来，我国大部分媒体由于经营水平的欠缺，收入来源主要靠广告，面对经营的压力和广告主巨额广告费的诱惑，对广告审查不严，给一些违法客户提供了可乘之机。媒体的广告经营不是一种单纯的经济活动，媒体在经营中必须考虑社会责任，必须找到社会责任和经营活动的最佳结合点，在完成社会责任的前提下实现经济效益。

另外，广告社会责任监管机制缺失成了现实商业广告道德泛滥的温床。广告投放权力不受约束也必然在各种利益驱动下导致滥用。只有强化一种合理的、有效的广告社会责任监管机制，并且在这种规约下建立一种类似于行业协会性质的广告自律机制，才有可能从制度层面形成一个有助于优化广告业，推动广告社会责任建设，净化广告形象与提升广告品位的、可持续的广告社会责任构建机制。只有这样，广告的世界才会更加健康和美好[②]。

6.5.2 新媒体广告从业人员的素养

广告环境的不断变化，对广告人提出了更高的要求。当面对广告主时，广告人需要在短时间内进行高密度的输入、归纳及输出，才能完成一个品牌的定位或年度整合营销传播。广告人需要修炼以下4种核心素养：沟通创意简报及达成共识的能力；收集资料、分析归纳观点的能力；做品牌定位、制定年度传播策略及框架的能力；快速捕获大量灵感并做出来的能力；数字素养与人文素养融合运用的能力。

1. 沟通创意简报及达成共识的能力

合作前，甲方一般会提前准备一份创意简报，但是其中的创意需求都有待商榷，需要当面沟通才能达成共识。比如，甲方当前有明确的"品牌定位"和"年度整合营销传

---

① 温小蕾. 浅谈广告伦理与广告社会责任[J]. 消费导刊，2009(17)：199.
② 温小蕾. 浅谈广告伦理与广告社会责任[J]. 消费导刊，2009(17)：199.

播"诉求，企业自身情况和人群画像信息也相对完整，但是企业遇到了什么挑战、想要实现什么目标、行业及竞争对手情况等信息都不够明确，只有广告制作者不断提问才能达成共识，获得相对完整的信息。

2. 收集资料、分析归纳观点的能力

收集资料主要有三种方式：案头调研、定性调研和定量调研。以案头调研为例，在完全陌生的行业快速地找全、找对相关"行业报告"是突破口，常用的工具有搜索引擎、专业机构官网、数据及报告聚合类网站等。

快速找全资料只是基本要求，找对资料更重要。以市场规模和增长率为例，找到的招股说明书、券商报告和其他行业报告显示的数据不一样时，需要选择其中可靠的数据，或者交叉验证，综合出一份可靠的数据。

收集整理完资料，接下来最重要的就是分析归纳观点，从宏观环境、行业、竞争对手、企业自身和消费者等维度进行全面的辩证分析，每个维度都必须有一个清晰有力的观点，才能真正为后续品牌定位、传播策略、活动创意等内容服务。

3. 做品牌定位、制定年度传播策略及框架的能力

品牌定位、传播策略及框架制定是方案核心和说服客户的关键所在，起到承上启下的作用。

(1) 如何做品牌定位是困扰所有广告人的难题，可以尝试以下几种方法：仔细研读里斯和特劳特合著的《定位》一书；在各大平台上搜索相关定位文章知识点，研究总结；成熟的本土广告公司一般都有总结自己独家的定位工具，可以搜索研究学习；收集100条不同品牌的标语，然后归纳各种定位工具。

(2) 如何制定年度传播策略及框架也是困扰广告人的一大难题。策略是为解决问题而做的一种整体规划，而传播策略就是为了实现某些品牌和效果目标而做的一种整体传播规划，由传播节奏、传播目标、传播策略、传播主题和传播活动(传播内容和渠道)等方面组成。初入职场的广告人可以选取几个大品牌，整理其最近一年或是围绕某个新品上市，又或是围绕某个节点、热点所做的各种营销活动，然后尝试归纳该品牌的传播策略并梳理传播框架。这样做几次，很快就可以学会制定传播策略及框架。

4. 快速捕获大量灵感并做出来的能力

一个人的灵感有限，团队头脑风暴可以激发出更多意想不到的灵感。想要获得灵感，就要将"旧元素"进行"新组合"，把品牌作为固定元素，然后尝试构建品牌与宇宙万物的关联，比如将品牌与以下元素结合：解决问题、化解冲突、社交需求、畅想未来、怀念过去、兴趣爱好、价值观、发布会、挑战赛、跨界合作、神转折广告、改造自身、公益营销、环保营销、经典新编、科普课堂、新闻事件、音乐营销、娱乐营销、节日营销、用户共创、比喻、拟人、夸张、对比、示范等。

想到好创意只是第一步，将创意落地才是真正的难点。以较常见的证言广告为例，

设计一套证言海报，需要文案想出一句句证言文案，设计做出一张张海报，这绝非易事；再以品牌宣传片为例，需要想出故事梗概，写成脚本，再画出分镜，这些都需要细细打磨。

5. 数字素养与人文素养融合运用的能力

广告人聊"广告"

习近平总书记在中共中央政治局第三十四次集体学习时指出，要提高全民全社会的数字素养与技能，夯实我国数字经济发展的社会基础。彭兰教授在《智能素养：智能传播代媒介素养的升级方向》指出，面对全新的人机关系，传媒人应具备全面的专业能力与相适配的智能素养，即利用人机协同的方式，完成内容创意生成与智能传播的能力，这也是传统媒体时代媒介素养的迭代方向。互联网日益成为推动社会发展的新动能、维护安全的新疆域、文明互鉴的新平台，互联网广告传播也成为构建人类命运共同体的新阵地。因此，高素质的广告人才既要深谙科技创新技能，又要具备深厚的人文素养，在智能化的营销传播任务中，充分发挥技术赋能品牌传播的高效能与精准性，充分挖掘品牌元素中优秀的文化意涵与价值导向，将社会责任、家国情怀等优秀的文化元素融入其中，为中国品牌讲好故事。

综合讨论与练习

1. 思考新媒体广告环境发生了哪些变化？有哪些新业态的出现？为什么？

2. 由于新技术与新环境的变化，新媒体广告发展过程中出现了哪些新问题？应如何应对？

3. 分析一下广告监管与广告法规领域出现了哪些新问题、新法规？整理一则违法广告，结合具体的广告法规分析其违法之处。

4. 以你自身为例，谈一谈新媒体广告从业人员应该具备哪些基本技能与素养？

第7章 未来广告的展望

本章首先从元宇宙、AR/VR技术等新兴议题入手，展现未来经济、媒体、技术的发展趋势，并指出应对变化趋势的核心方法；随后关注AIGC热点，预测未来AIGC在广告创作中的发展趋势。

7.1 未来数字经济发展趋势

广告业具有经济、文化和科技三大基本属性。广告业是生产性服务业的重要组成部分。《"十四五"广告产业发展规划》指出："广告产业是经济发展的助推器。"可见，广告产业对国民经济发展具有重要意义。它是宏观经济的晴雨表，是激活消费的有力手段，是承载高端就业的重要渠道。新媒体广告是数字经济的重要基石，同样，数字经济发展的规模、速度、水平也将很大程度上影响并决定新媒体广告产业的发展。洞悉数字经济发展趋势，有助于分析未来新媒体广告发展态势。

1. 数字技术基础设施经过三年建设已初具规模

数字基础设施是数字经济发展的重要前提条件，是以数据创新为驱动、以通信网络为基础、以数据算力设施为核心的基础设施体系，具有较强的整合能力，在突破产业界限、知识界限、空间界限等方面有明显的优势，对提升数字经济发展水平起着重要作用[1]。

我国的数字技术基础设施经过三年建设已初具规模。"5G+产业物联网"将成为2023年的建设重点，"政府+核心企业"将成为这轮基础设施建设的引领者，并开启5G商业应用新篇章。截至2022年底，我国民用5G基站总数超过230万，但面向产业应用的场景开发还很不够，产业5G的应用场景创新还面临着价值创造不明确、企业动力不足等问题。作为数字技术基础设施的重要组成部分，5G在产业端的应用与消费端有所不同，在技术标准和应用方案上都需要与产业数字化场景深度融合，其中的重要路径就是要与产业物联网的建设同步进行。在政府的合理引导下，核心企业要带领产业生态内的相关企业一起，建立产业物联网技术标准体系，打通产业链上下游的数据通道，促进数据要素在产业生态内的流通、重塑产业的价值创造模型[2]。新媒体广告从业人员同样也

---

[1] 杨承佳，李忠祥. 中国数字经济发展水平、区域差异及分布动态演进[J]. 统计与决策，2023，39(9)：5-10.
[2] 朱岩. 2023年中国数字经济发展的十个趋势[J]. 上海质量，2023(2)：12-16.

要积极构建自身的产业物联网技术标准体系，为广告产业链创造全新的数字化价值。

2. 数字产业化规模不断扩大，企业积极进行数字化转型

2023年，随着政府数字基础设施投入的增加，中国的数字产业化规模快速扩大，无论是技术还是经济基础设施都开始走向大规模产业化，产生十万亿元人民币级别的市场机会。过去，传统产业的数字产业化任务往往集中在数字科技部门，2023年这些部门逐渐找到运营产业云、产业数据资产、产业互联网等模式的新路径，并开始显示出巨大的价值创造能力。随着平台经济的兴起，消费端数字生产性服务业与产业端数字服务平台大量涌现，这些平台企业成为引领数字化转型的先锋者。从个体层面来看，数字产业化空间也极其巨大，2023年面向数字艺术、新电商、社交等数字空间服务市场，将涌现大量的数字自由职业者[①]。

传统的广告公司同样也在引入数字化技术人才，不断进行数字化转型；大型互联网公司正在依托自身平台，打造广告产业新模式。广告数字产业化发展的同时，也创造了如全媒体运营师、互联网营销师等众多新的岗位。

3. 数字化消费不断增长，不断拉动内需

现阶段，我国消费增长仍然面临复杂的压力，而数字经济改变了传统消费模式，催生出平台经济、共享经济、"互联网+"等一系列新型经济形态和商业模式，推动"产消者"时代加速来临。在数字化时代，数字消费也将对数字经济提出更高的要求，诸多研究也证实了消费与数字经济的正相关关系，因此，数字化消费有利于数字经济发展水平的提升[②]。

目前，围绕着消费者端的数字消费市场正在不断扩大，这是政府扩大内需战略的重要途径，同时也是新媒体广告产业发展的重要风口。未来，新媒体广告从业人员需要利用好数字需求，围绕新兴的数字消费场景，为消费者提供更加优质的广告交互体验。

4. 对核心技术的研发投入仍需要不断强化

强化核心技术仍是我国数字经济发展的一个重要趋势，有利于解决我国数字经济大而不强的问题。从本质上看，我国仍然不是"数字经济强国"。作为当前全球研发投入最集中、创新最活跃、应用最广泛、辐射带动作用最大的技术创新领域，数字科技领域也是我国核心技术"卡脖子"相对突出的重要领域。因此，应当加强自主创新和国际合作，持续推动应用场景开放，加强从基础层、技术层到应用层各个层级数字科技的持续性创新和应用。从未来发展趋势来看，我国数字经济仍应在网络基础技术、高端芯片、大数据技术、云计算技术等多个方面加强研发，从而强化核心技术。

大数据、5G、VR/AR、云计算等核心技术同样也是驱动新媒体广告产业发展的核

---

① 朱岩. 2023年中国数字经济发展的十个趋势[J]. 上海质量，2023(2)：12-16.
② 杨承佳，李忠祥. 中国数字经济发展水平、区域差异及分布动态演进[J]. 统计与决策，2023，39(9)：5-10.

心动能,未来的新媒体广告从业人员需要投入更多的研发成本,促进新媒体广告内容、形式、流程的不断创新,助力新媒体广告产业链健康良性发展。

7.2 未来媒体发展趋势

广告和媒体之间的关系密不可分,两者相辅相成。媒体是广告的重要载体,广告是媒体的重要收入来源。新的媒体的出现,以及旧的媒体的革新和重新组合,将重新定义和书写新媒体广告内容生态。随着媒介技术的发展,未来媒体有以下几个发展趋势。

1. 新技术推动形成多感官融合体验趋势

(1) 音频市场的多元化。《未来媒体蓝皮书:中国未来媒体研究报告(2022)》指出,5G、大数据、云计算、区块链、元宇宙,新概念层出不穷,新技术不断推进演化,智能汽车、智能音箱、智能家居、智能穿戴设备等硬件设备端的普及,为在线音频市场的发展打下良好的基础。在此基础上,对于内容输出和商业化拓展,各家音频App纷纷布局。例如,云听平台利用新技术,除了布局车联网,还进军智能穿戴设备,为儿童手表主流品牌定制"云听""听课文"两款应用;为鸿蒙生态和小米小部件提供"听广播""听资讯""听书"等轻应用产品;模拟中央广播电视总台主持人声音,推出AI主播;推出"云听朗读测评"和"乡音博物馆"产品。又如阿基米德App自研专利技术,推出"音频自动拆条技术""智能语音合成技术""自动编排技术"等。

商业音频平台则与上下游链条企业合作,打造多元产品,深耕垂类精品内容。商业音频平台借助5G技术,解决音频传输的无缝衔接问题;参与大型现场活动的直播,丰富事件性直播的传播方式;与智能设备搭配,感受更美妙的音频内容;与视频搭配,更好传达出音频表达的意境;坚持PGC+UGC模式,鼓励原创,鼓励多元,增加用户活跃度和黏性;与视频、阅读、游戏企业合作,开发、制作并运营IP。

(2) 视频市场的三维化。2022年,元宇宙的概念大为流行,受到互联网、金融、广告营销等领域的热烈追捧。所谓元宇宙,指的是超越于现实世界的、更高维度的新型世界[1]。在元宇宙中,不论是纯虚拟世界,还是数字孪生的极速版真实世界,都可以以三维方式呈现。第一,更多的虚拟空间场景及数字孪生场景以三维方式呈现,给人以更逼真、更立体的空间感。第二,许多物品(产品、展品或文物等)以三维方式呈现,这不仅可以更好地展示物品的特性,还有利于用户全方位地细致观察。第三,许多数字虚拟人以三维方式呈现,不论是全真(或超写实)的虚拟人,还是卡通形象的虚拟人,三维呈现已经相当普遍。第四,部分数字藏品也以三维化的方式加以呈现,甚至以动态三维方式呈现。这一切将使未来的新媒体广告变得立体而真实。

(3) 智能穿戴设备不断迭代。智能可穿戴设备是指对日常穿戴物品,运用摄像头、

---

[1] 喻国明,耿晓梦. 元宇宙:媒介化社会的未来生态图景[J]. 新疆师范大学学报(哲学社会科学版),2022,43(3):110-118.

传感器、芯片等科学硬件，通过软件支持和云端控制进行数据交互的设备。当前，智能穿戴设备多用于健康监测等领域，但在技术不断发展、用户需求存在缺口的背景之下，智能穿戴设备将继续推动音视频市场的创新，如华为、OPPO、小米、苹果公司等都在积极推出自己的TWS(true wireless stereo，真正无线立体声)耳机，该耳机将朝着能够与智能产品进行语音交互、实现生命体征监测等功能发展。

新技术、新设备的不断出现，将推动音视频市场朝着多感官融合体验的方向发展。但未来音视频市场如何变化，从供给侧角度看，基于声音和影像产品的传播和供给必将更加丰富多元；从需求侧角度看，能够满足用户个性化需求，彰显声音和影像"陪伴"本质的产品才是好的音视频产品。

2. 短视频产业迎来全民参与创造时代

蓝皮书指出，从用户总量上看，2021年我国网民数量保持增长，而从具体的年龄分布上看，则呈现更加年轻化和年长化的特征，曾经位于年龄层两端的、被忽视的银发族和少年群体，越来越多地参与到视频创作当中。究其原因，一方面是创作短视频的技术在不断降低门槛；另一方面，这两个群体的用户参与意愿更强。

其中，根据QuestMobile统计数据，Z世代(1995年至2009年出生的一代人)用户数量在2021年同比增长13.5%，规模超过3.12亿人，成为下游用户市场的生力军。作为较早接触数字化设备的群体，他们习惯于视听所带来的感官刺激，对短视频体验有天然的偏好，在人均使用移动设备42.4小时/月的2020年，Z世代的人均移动设备使用时长就已超过48.9小时/月，而其中短视频的月人均使用时长为35.1小时，远远超过在线视频、游戏直播、娱乐直播等其他产品。但需注意的是，Z世代虽然更加愿意为内容消费，但他们的消费特点反映了对当下碎片化、低质化、茧房化信息的厌倦。作为短视频产业消费端的重要组成部分，他们的个性化需求或将倒逼上游做出有针对性的调整，促使产业正向发展。

同时，中国人民大学人口与发展研究中心发布的《中老年人短视频使用情况调查报告》指出，短视频应用已经成为当代老年人获取知识、社交娱乐、展示自我的新工具。2021年，包括短视频应用在内的众多新媒体产品均上线了"长辈模式"，对页面字体大小、对比度和触摸区域等进行了优化。使用门槛的降低、操作界面的人性化设计、内容的精准定位，拉近了媒介技术与老年人的距离。不同于Z世代的主动，作为"数字移民"(digital immigrants)的老一辈相对被动，短视频产业的开放让他们得以加强与社会的连接，提高了他们在退出劳动力市场后的社会适应力与社会参与度，也由此缓解了媒介技术高速发展所产生的数字鸿沟问题。不可否认的是，我国人口的老龄化进程伴随着数字化和信息化的快速发展，未来的短视频产业发展，需要更加重视面向高龄市场的服务。

3. AIGC成为未来媒体内容生产机制潮流

随着生成式人工智能(AIGC)技术浪潮飞速卷入各个行业，传媒业正在经历着前所未有的变革。AIGC是指基于生成式对抗网络、大型预训练模型等人工智能技术，通过已有数据的学习后，以适当的泛化能力生成相关内容的技术。当前，在文案、海报、短视频等多个内容生产场景中，AIGC已经成为数字内容生产的重要机制，并由此产生内容智能化生产的新兴产业。尤其在定位、选题、数据分析等需要重复性、搜寻资料类的工作中，AIGC的能力并不逊色于传统工作者。

大语言模型进化速度一日千里，对从事新媒体广告的专业人才提出了全新的要求。面对全新的人机关系，广告人应具备全面的专业能力与相适配的数字素养，适应人工智能技术快速迭代的方向。不远的将来，AI协助内容生成（AIUGC）与AI创作（AIGC）会为我们提供更低的创作门槛以及更丰富的创作思路。

4. 跨屏整合的壁垒正在打破

对于目前的广告传播生态，一方面，各类媒体平台的生态格局已基本形成；另一方面，媒体组合各司其职。而到了元宇宙时代，不仅电影、视频、动画与游戏的界限开始模糊，戏剧（含话剧、音乐剧及歌剧等）与游戏的界限也变得模糊起来，各种媒介之间已经变得不分你我、互通共融。以VR电影为例，在VR技术和体感技术不断发展的今天，电影的边界不断地向游戏扩张。用户思维的泛娱乐化以及技术的发展正改变着电影的宣发渠道、内容生产、管理制度等。再以VR戏剧为例，用户在其中的漫游、交互等行为非常接近于游戏，这不仅使戏剧与游戏发生了交融，也导致VR戏剧与游戏的界限不再清晰。

5. 数字虚拟人及机器人参与传播趋多

元宇宙中有许多数字虚拟人、数字化身及机器人，它们不仅是元宇宙新的角色或某种意义上的"用户"，也会参与到新媒体传播。这种传播已经不只是过去的真人之间的传播，会出现至少两种新的传播方式：一种是真人与数字虚拟人、数字化身及机器人间的沟通与传播，其中会有类似于真人间的咨询或交流，前提是数字虚拟人、数字化身及机器人在机器学习等人工智能训练下，智能水平与沟通能力不断提升。另一种是数字虚拟人、数字化身及机器人相互之间的沟通与传播，这在过去是无法想象的，但在未来元宇宙的传播中将不足为奇。

另外，越来越多的品牌开始尝试和虚拟偶像联动或者创建自己的虚拟偶像，利用IP的力量为品牌造势，达成更好的传播效果。例如，2022年由天娱数科旗下元梦工作室孵化的虚拟数字人"天妤"，是一位以"敦煌飞天"为蓝本打造的虚拟数字人，如图7-1所示。近些年

图7-1 虚拟数字人"天妤"

来，由于消费者的消费喜好转变，以及国家的大力扶持，国风文化盛行，"天妤"精准地把握住了"国风"这一文化破壁的趋势。截至2023年4月22日，"天妤"在抖音平台上已拥有356.8万粉丝、2830.3万点赞，实现了"破圈"。

6. 数据真实性及可追踪正在不断优化

以数字藏品为例，NFT(非同质化通证)应用即是一种可在区块链上记录和处理多维、复杂属性的数据对象，可使数字藏品在每次交易时向版权方支付相应的版税。基于区块链技术的新媒体传播亦有助于落实国家"文化数字化"战略中的"加强文化数字化全链条监管"[①]。随着区块链等通证技术的应用，数据真实性及可追踪性正在不断优化，为打造诚信的产业生态提供了技术保障。

7.3 未来技术发展趋势

新媒体广告的发展离不开媒介技术的发展，移动互联网技术、大数据处理技术、人工智能技术是目前新媒体广告的三大核心技术。以下将根据新媒体广告生产的各个环节(包括数据来源、广告内容生产、广告投放、效果评估)，预测未来广告技术的发展趋势。

新技术赋能营销新场景

1. 数据来源环节

(1) 小数据。小数据是指具有高价值的、个体的、高效率的、个性化的信息资产。越来越多的品牌意识到大数据只能给予他们指导性意见，很多广告主已经开始转投小数据，追求数据的个性化、生活化和场景化。比较典型的是通过穿戴式产品收集小数据。

(2) 隐私计算技术。隐私计算(privacy compute或privacy computing)技术能够在保护数据本身不对外泄露的前提下实现数据分析计算的技术集合，达到对数据"可用、不可见"的目的；在充分保护数据和隐私安全的前提下，实现数据价值的转化和释放。比如，百度点石安全计算平台和蚂蚁链摩斯多方安全计算平台。

2. 广告内容生产环节

(1) 裸眼3D。裸眼3D是对不借助偏振光眼镜等外部工具，实现立体视觉效果的技术的统称。该技术的代表主要有光屏障技术、柱状透镜技术。

(2) AR/VR。AR(增强现实)技术是实时通过相机影像的位置和角度精算，并加上图像分析技术，将真实世界信息与虚拟世界信息无缝集成的新技术；VR(虚拟现实)技术是通过计算机仿真技术、传感技术、三维图像技术等构建的虚拟环境以增强用户虚拟体验的新技术。

(3) NFT。NFT，非同质化通证。作为营销内容，NFT打破了物理空间的限制，给营

---

① 陈永东.基于元宇宙的新媒体传播趋势分析[J].青年记者，2023(1)：18-20.

销内容的趣味性、艺术性和价值性等带来了创新。作为营销媒介，NFT让消费者拥有了独一无二的社交货币，刺激消费者进行二次宣传，从而让品牌快速在社交媒体上出圈，形成病毒营销。

(4) 互动装置技术。互动装置技术是基于计算机图形、信息采集与处理，并且通过运算将各种数据输入输出，再通过载体在空间中展示出来的艺术形态。

虚拟、互动、虚拟+互动——AR、VR、MR广告的差异分析

3. 广告投放环节

(1) 二维码。扫描二维码成为消费者打开数字内容的一个重要渠道。通过巧妙的设计，吸引用户扫描二维码观看广告是一个重要的广告投放路径。

(2) 图像识别。图像识别技术是人工智能的一个重要领域。它是指对图像进行对象识别，以识别各种不同模式的目标和对象的技术。

(3) LBS定位。基于位置的服务(location based services，LBS)，是利用各类型的定位技术来获取定位设备当前的所在位置，通过移动互联网向定位设备提供信息资源和基础服务。

(4) 算法。通俗来讲，算法就是结合用户的互联网使用场景，为用户推送个性化的内容。算法最初是为了实现资讯、短视频的个性化推送，但广告可以巧妙地利用算法，实现对用户的精准投放。字节跳动是国内算法技术研发的先驱者。

(5) 物联网。随着智能家居和可穿戴设备的普及，万物互联逐渐形成。广告投放开始根据消费者的生活场景进行投放。

4. 效果评估环节

区块链技术是效果评估的主要技术。借助区块链技术，品牌方与数字媒介签订智能合约，将品牌方与数字媒体平台的信任机制从制度信任升级到机器信任。智能合约不仅规定了流量造假的处罚方式，还能在整个过程中监控数字媒体平台的行为。例如，Kiip的Ethereum平台上，广告主可以每小时下载一次所有有关时间戳、互动、印象等数据，品牌方只需要为那些达到自己要求的广告付费。

7.4　未来AIGC广告趋势

在众多的技术中，以AIGC为代表的生成式智能技术已经对新媒体广告业产生了深远的影响，并将继续成为影响整个行业变革的重要技术。

7.4.1　AIGC应用中的主要技术

AIGC指的是由人工智能生成的内容(AI-generated content)，这种内容的创作是由计算机程序自动完成的。这种技术的主要实现方式是通过机器学习和自然语言处理技术，

让计算机能够根据大量的数据和先前的语言知识，自动生成与人类写作相似的文本。伴随着人工智能和机器学习技术产生的AIGC已经对广告业产生了影响，并在未来可能产生颠覆性的作用。具体来说，AIGC的主要技术包括以下几项。

(1) 自然语言处理(natural language processing，NLP)——使用算法和模型来理解、处理和生成自然语言文本。

(2) 生成对抗网络(generative adversarial network，GAN)——一种基于深度学习的技术，能够生成具有真实性的内容，如图片、音频和文本。

(3) 递归神经网络(recursive neural network，RNN)——一种能够根据先前的输入生成新的输出的神经网络。

(4) 转换器(transformer)——一种基于自注意力机制的深度学习模型，被广泛用于自然语言处理任务，如文本摘要、机器翻译和生成对话。

这些技术使得计算机能够模仿人类的写作方式，并生成各种类型的内容，如新闻报道、商品描述、故事、音乐和诗歌等。

7.4.2 AIGC在广告行业的应用

1. 将AI作为广告的核心创意形式

采用这种思路的品牌未必在广告设计中使用AI技术，他们往往把"AI人工智能"作为营销中的创意亮点。

2023年5月初，肯德基为宣传K萨系列新品，邀请品牌代言人朱一龙共同创作《初次体验与AI对话》，如图7-2所示。视频中，朱一龙向AI提问："你知道一见倾心的味道吗？"在听完AI的回答后，朱一龙向AI分享自己的理解，同时将K萨的食材和特别烹饪方式娓娓道出。

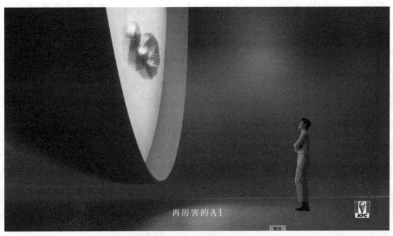

图7-2　肯德基·初次体验与AI对话
(引自特赞Tezign微信公众号)

2022年7月,亨氏发布了"Heinz A.I. Ketchup"的创意广告。该广告利用AI图像生成工具DALL-E 2,通过"以文生图"的方式画出不同的番茄酱。然而,无论向AI输入什么千奇百怪的关键词,最后生成的图片都像"亨氏"的产品,如图7-3所示。视频的结尾,"It has to be Heinz Ketchup(一定是亨氏番茄酱)"的文案出现,仿佛亨氏已经在人工智能的世界里建起了自己的番茄酱王国。

图7-3 亨氏·Heinz A.I. Ketchup创意广告
(引自特赞Tezign微信公众号)

除了在广告物料中运用AI作为创意亮点,在与消费者互动时也可以在机制中加入AI工具。2023年3月,可口可乐发起"Create Real Magic"的比赛,邀请消费者们一起参与这场AIGC的共创之旅。粉丝们登录网址,挑选喜欢的可口可乐的品牌元素,利用DALL-E 2和GPT-4这两款AI模型,通过"以文生图"的方式便能轻松地完成一幅创意作品。

2. 将AI作为传播物料的设计工具

当AI作为传播的物料工具时,ChatGPT等AI模型可以被用来智能生成创意文案,Midjourney、Stable Diffusion等AI绘画工具也被大量运用在平面广告和视频广告的制作中。

不得不提可口可乐在2023年3月发布的经典广告片《Masterpiece》。在这则广告中,可口可乐贯彻"Real Magic"的理念,将美术馆里的艺术作品和现实生活联系在一起,让名画生动上演了一场"艺术馆奇妙夜"。据悉,这条广告是实拍、3D制作和AI绘画合力完成的,而其中AI的部分则借助了AI绘画工具Stable Diffusion。

除视频广告案例外,平面广告中的AIGC应用案例更是不胜枚举。2023年5月,淘宝品牌but lab围绕新品"苦命甜心"为主题,创作了系列海报,如图7-4所示。对于不熟悉AI绘画工具的消费者而言,其实很难发现这些背景图片是由AI生成的。虽然作品中使用的AI作画工具还没有那么"完美",细究也会发现破绽:背景往往是复古风格,人物造型和场景搭建也有一些年代感,电脑和人的比例偶尔会出现错误,画面中即使出现了文字也往往是不可读的语言。但无论如何,我们也会不由得惊叹,现在的AI绘画在细节和精美度上可能已经超乎我们的想象。而对于品牌方来说,模特、场景搭建、拍摄等广告流程的预算如今在AI的帮助下都可以被节省下来。

图7-4　but lab·苦命甜心海报
(引自特赞Tezign微信公众号)

3. 将AI作为产品设计的重要工具

2023年3月底，钟薛高推出单价为3.5元的新品Sa'saa系列冰淇淋。这个系列的冰淇淋从"名字由来""口味选择""包装设计"到"产品推广"的几个产品设计重要环节都是由AI完成的，如图7-5所示。

图7-5　钟薛高·Sa'saa系列冰淇淋
(引自特赞Tezign微信公众号)

7.4.3 AIGC的发展可能存在的风险

AIGC作为一个高效的创作工具，极大地解放了人类的劳动力，让人类可以从事更多创造类的工作，同时也给人类如何使用智能工具提出了新的挑战。AIGC的发展可能存在以下几种风险。

AIGC业态

1. 知识产权风险

AIGC可能侵犯他人的知识产权，包括但不限于版权、商标、专利等。由于AI可以生成大量的内容，可能会增加侵权的风险。"Stable Diffusion案"作为全球首例知名的AIGC商业化应用领域，算法模型及训练数据版权侵权案，自起诉书公布伊始便引起了各界关注与探讨。Stable Diffusion模型对版权作品的利用存在于两个阶段。第一，AI模型训练阶段。Stable Diffusion利用版权作品训练内部组件"图像编码器"(U-Net模型)，辅之以"Clip文本编码器"(Text Encoder模型)，最终做到只需输入一段描述性文字，即可生成对应的图像内容。第二，AI模型应用阶段。Stable Diffusion经过充分训练后，可以依据用户给出的文本输出最终图像。但这些生成的图像内容，很大概率包含并展现作为训练数据的版权作品的元素及特征。目前关于AIGC内容创作者是否拥有内容的知识产权这一问题，仍存在较大争议。

2. 伦理风险

AIGC的内容可能会涉及敏感的主题，如种族、性别、政治、宗教等。如果生成的内容缺乏伦理标准，可能会引发社会争议。ChatGPT等AIGC模型在输出端所展现的内容生产能力和人机互动能力，都要基于输入端源源不断的数据投喂和学习训练，在汲取海量网络语料过程中，给极端主义者、恐怖分子等制造极端信息，通过人为"数据投毒"来训练AI模型留下了可乘之机，最终可能让AI模型演变为输出极端言论的新渠道。

3. 可信度风险

由于AIGC可以生成逼真的文本、音频和视频等多种形式的内容，可能会被用于欺骗，甚至可能被用来作为操控舆论的工具。如果不加限制地广泛应用，可能会严重破坏信息的可信度和社会的稳定性。首先，ChatGPT等AI模型具备强大的信息生产和结构文本的能力，能源源不断地生产各类真假难辨的信息，影响国际舆论。美国新闻可信度评估与研究机构NewsGuard发现，如果对ChatGPT提出充斥阴谋论和误导性叙述的问题，它能在几秒钟内改编信息，产生大量具有逻辑、令人信服却无明确信源的内容。其次，ChatGPT的回答基于对国际互联网已有语料的学习，来自欧美发达国家的英语信息占据主导地位，因此ChatGPT的回答不可避免是对某些价值观的强化，无法提供价值观的竞争。

4. 质量风险

由于AIGC的生成是基于算法的，可能会受到数据集和算法本身的局限性，导致生成的内容质量较低或存在错误。答案准确性不高、无意义的主要原因包括以下几个：①在强化学习过程中，没找到可使用的数据；②训练模型谨慎度提升，可能拒绝本可正确回答的问题；③监督训练中行为克隆对模型产生误导，导致信息失真。同时，训练数据的偏差和过度修正会导致ChatGPT过度使用某些短语，使答案过度冗长。此外，仅依赖大规模离线语料进行训练，无法像人类一样基于现有信息进行判断推测，导致ChatGPT等AI模型的算力、训练成本偏高，实时性不够及智能程度不足。

5. 社会风险

AIGC的普及可能导致大量的内容被自动化生成，这可能会导致人类失去原创性和创造力。如果不加以限制和引导，可能会对社会的文化和价值观产生影响。在国际社会中，文化产品的市场份额及市场规模是国家竞争力和国际地位的体现。拥有强势文化的国家利用数字化技术和数字平台大量倾销文化产品成为可以预见的未来。长此以往，全球文化或将面临文化多样性、丰富性、复杂性降低的风险，这对保持文化多样性和文化创新活力都极为不利。

综合讨论与练习

1. 请结合数字经济发展与科技创新的大环境，谈一谈你对未来广告发展趋势的理解。
2. 请以AI技术、ChatGPT为例，思考智能科技是如何赋能新媒体广告场景的。

附录 | 新媒体广告术语

新媒体广告中英文术语

新媒体广告词汇